当代民间武术家口述史

侯胜川 著

人民体育出版社

图书在版编目（CIP）数据

当代民间武术家口述史 / 侯胜川著. --北京：人民体育出版社，2021
ISBN 978-7-5009-5957-1

Ⅰ.①当… Ⅱ.①候… Ⅲ.①武术家-生活状况-研究-中国 Ⅳ.①G852

中国版本图书馆 CIP 数据核字（2021）第014183号

*

人民体育出版社出版发行
北京中献拓方科技发展有限公司印刷
新 华 书 店 经 销

*

787×960 16开本 17印张 289千字
2021年8月第1版 2021年8月第1次印刷

*

ISBN 978-7-5009-5957-1
定价：74.00元

社址：北京市东城区体育馆路8号（天坛公园东门）
电话：67151482（发行部）　　邮编：100061
传真：67151483　　　　　　　邮购：67118491
网址：www.sportspublish.cn

（购买本社图书，如遇有缺损页可与邮购部联系）

自　序

2017年博士毕业后，我身边的同学很快将自己的博士论文付梓，看到他们在朋友圈的喜悦分享或者赠予我的纸质著作，由衷的为他们高兴，他们也会问我的书什么时候出来？我尴尬的笑笑，非是不想。所以，这本小书的面世要感谢郑州大学体育学院博士科研基金的资助。

出书写序似乎是一个固定的程序。

这使我的思绪得以回到10年前。我和硕士阶段的同学梁子一起参加福建师范大学的博士研究生考试，在仓山学生街附近的一家小饭店吃饭时，抬头看到电视播报日本海啸的画面，直升机空中盘旋，地面上汽车奔驰，潮水汹涌而来，瞬间地面上的房屋桥梁一片废墟，那画面定格在我的脑海中。它使我思考大环境、大时代背景下平民的生命意义！

习武有年，遇见很多武术人，穿梭于他们中间，有时候我会想，他们从哪里来，要到哪里去，都经历过些什么？这一个个活生生的人，其实都是一个又一个鲜活的故事；他们行色匆匆，像是路过的风景，稍纵即逝。

当然，我想关注的还是关于他们的武术故事。

在那么多的中国古代艺术中，武术是一个特殊的符号，尽管国粹之名并非武术独有，但是惟有武术最能令人返思，不仅关乎身体，更关乎精神。每每民族国家危难之际，统治者、大众都会想起武术这一古老的祖传艺术，将其作为恢复中华、民族自强的工具。遗憾的是，人们更在意歌舞升平的太平盛世，往往忽视武术这一关乎身体、精神的祖传遗产。

人是健忘的，但是民族不能。

2019年年底至今的新冠疫情全球化，我们更能体会"百年未有之大变局"背景下世界格局的风云变幻，世界从来都不是一个美丽的新世界，它警示我们要始终保有一颗居安思危的心，同时也反问我们，中国武术何为！

作为祖传技艺，民间始终是中国武术薪火相传的大本营，所以，邱丕相先生提出要"到民间去，问艺于民"，但是，民间武术杂糅了中国从古至今的文化，以至于路云亭先生认为武术自身的复杂性超越了现代任何学科的解读极限；民间不乏以武术之名"挂羊头卖狗肉"的江湖习气，在鱼龙混杂中，既有"假大师"也有"真功夫"，而在宣传中，民间很容易成为失语的地方，因为多数民间武术人并不善于书写，或者他们本身就不具备书写的权力，因而，很多辛劳一生的民间武术者默默无闻，除了手中厚厚的老茧，他们很难留下些什么；试想，如果不是徐皓峰的《逝去的武林——1934年的求武纪事》，有多少人会知道一位文人风骨的武术大家李仲轩！

作为一项言传身教的古老技艺，民间武术人的离去往往意味着人去艺绝，这不仅是对祖先的不敬，更是对后人的不负责，所以，他们不应该默默无闻失语于现代社会，对他们的评价不应在他们离开之后用一个匿名的、冰冷的数字符号表示，在历史中，他们应该留下自己的名字，他们的经历、记忆、讲述及对他们的评价都应该具有官方性的内涵和意义。所以，对学界而言，要求我们要眼光向下，反映社

自 序

会底层的平民百姓在大变局中的日常生活，继而在宏大叙事的背景下体会布迪厄指出的"许多最触及个人私密的戏剧场面，隐藏着最深的不满、最独特的苦痛。男女众生但凡能体验到的，都能在各种客观的矛盾、约束和进退维谷的处境中找到根源。"在布迪厄看来，个人性即社会性，最具个人性的也就是最非人性的，既是地方性也是全球性的。因而，对普通民间武术人的关照与书写，理应是学界的研究伦理，普通民间武术人不应该是文化传承与传播的无名氏。

但是，中国民间武术混杂的江湖体中，它既可能散发出乌烟瘴气，又可能集聚着侠义之气，选择何种人进行书写，以何种视角切入他们的生活，继而打开民间武术人纷繁复杂又多姿多彩的武术人生，让我困惑了很久。

2014年的暑假，我回到老家洛阳，经同学介绍，找到了某市级非遗拳种代表性传承人，初次见面说明我的来意，想找到有代表性的民间武术人做口述史的整理，当面相谈甚欢，我以为这种双赢的事一定成了，然而，事实证明，以我初涉江湖的心态去研究民间这泥沙俱下的江湖，显然是难以成事的，对方曾提出让我出3万元"劳务费"的要求，我大吃一惊，原来没有钱连做学问都寸步难行，究竟是自己错付了还是我不明白这神秘的民间武林怪相！当然，这一插曲并没有妨碍我研究的前行，但是它却成为一个开始，它使我更加谨慎、更加严肃的对待我的研究命题：谁才是真正的民间武术人；后来的日子，这种自我的痛苦在研究对象中来回切换，仿佛我就是他们，他们就是我！

我始终相信，平凡的人身上，时代的高度耀眼可见。

大二那年，郑学明先生给我引荐了一个铁裆功的民间武者，说想在大学找几个人跟着学，原谅我已经忘记那位民间武者的姓氏，甚至他是哪门哪派也没有记住，但是他扎好马步，让我随意击打的神情，如今历历在目！

　　记不清是哪年的暑假，经同学介绍，我在洛阳市瀍河桥附近跟一位马姓老师学剑术，马老师是位民间武术人，没有自己的工作，就每天带附近的孩子们练武术，收取一定的学费为生，没有场地，就在马路边的人行道上，坚硬的石板路，马老师购置了一些垫子，方便孩子们练习空翻，下雨天就到旁边工商银行的廊道上，20年过去了，不知马老师是否还风雨无阻的坚守在那里！

　　仔细想来，这样生活在社会底层的民间武术人像是我身边教诲武术的过客，每一个人都给我留下了些东西，润物无声的支持我的成长，他们当然不应是一群历史的无名者，但是，书写作为一种权力表达，几乎与他们绝缘，他们像是中国武术在华夏广袤大地的星星之火，在格格不入的现代社会中蹒跚前行，也因为如此，每一个走进民间武术的研究者都会看着那种勃勃生机的涌动，进而感叹中国武术文化的厚重。

　　1993年，法国社会学家布迪厄与22位合作者奉献了《世界的重量：当代社会的社会疾苦》这一历时3年底层调研的巨著。他们对外来移民、失业工人、临时工、基层管理者等作为访谈对象，通过"对社会的疾苦、悲惨的境遇、难以自明的不满或怨恨进行探索性的考察"，向人们呈现他们的经历、故事，他们的痛苦和对痛苦的感受；对学者及普通民众而言，它使我们更加深刻的体会郭于华指出的"历史是如何书写的"诘问！

　　确立对民间武术人的研究方向后，以何种视角切入是我考虑的问题，不过，对于这一点我并没有迟疑太久，在上海体育学院读硕士期间，接触了戴国斌先生的相关著作，从他对武术门户的理解和定义中我仿佛找到了民间武术人的一种看不见的局限性和创新可能性。作为李汉林所称的单位社会，武术门户在近年来的民间武术界尤为热闹，各种武术门派层出不穷，仿佛任何稍有武术功底的民间武术人都可以进行自由的民间武术文化"圈地"运动，肆意的消费武术这一本就边缘化的文化遗产，并从中名利双收。

当然，麦当劳式的武术消费注定了昙花一现，这一民间武术文化的产生理所当然地得到官方和学界的批判，然而其造成的恶劣影响会在一段时间里持续发酵甚至催生出更多的"武术门户"，这使我想起民国期间的门户之争与批判，时隔将近一个世纪，门户何以总是成为武术史中的批判对象，它存在与否，或者存在的意义是否总是跑偏或者被误解等，对武术门户的解读并不能仅仅观照它之于武术发展中的"争议"，更应该看到这种"争议"背后武术文化生产的生机，并用具体的案例说明这种繁荣的"分中之和"！

确立调查对象和研究视角之后，就开始思考用什么样的研究方法？作为失语的民间武术人，让他们发声，并尊重他们的声音，必须要"平视"而不是学界惯用的"俯视"，以他们为主体，认真的倾听他们说了什么，学者需要分析的是他们为什么这样说，只有对他们娓娓道来的倾听和凝视，才能进入他们的精神世界，了解他们的武术人生，进而明了武术之于他们的意义所在，那种心酸、喜悦、纠结、无奈的百味人生，使我真切的感受到平民百姓武术人为武术发展做出的挣扎以及他们对待武术的那种温情，愈是深入民间武术人群体，我就愈发感受到中国武术生生不息的动力源泉，所以，倾听、记录他们的声音，并历史的分析他们诉说的背景是我的主要方法。

每次口述访谈结束的晚上，我都会坐在电脑前听录音回放并转化成文字，渐渐的，我就代入那种状态，他们究竟是鲍曼语境的后现代社会的受害者还是文化英雄，或是兼顾了旅行者和观光客的幸福与缺憾。英国社会学家泽格蒙特·鲍曼提出了"流浪者是后现代性的受害者",并由此促成了"观光者是后现代性的英雄"的命题。因为流浪者对于生活的无以应对和选择不自由,是在生活中无法成为观光者的流浪者。但是,他们又用自己点点滴滴的武术文化实践感染了身边的每一个人,他们对民间武术文化风景的欣赏促成了自己在现代社会中的文化英雄角色。

所以,林语堂先生说"北平的动人之处是平民"。

总体来看,我的民间武术研究不乏对民间武术人尤其是平民英雄的褒扬,理解他们在练习武术、传授徒弟、做大武术、申报非遗过程中的艰辛、喜悦、无奈,但是这并不意味着民间武术真的就是踏踏实实、心怀武术理想的武术人的净土,恰好相反,民间武术是泥沙俱下的江湖,我脑海中不时显现出岳永逸描述的活色生香、热闹喧嚣的一片烟火气息的民间万象,仿佛就是北京天桥三教九流的街道。

最后想说的是,博士毕业后,除了整理期刊论文时需要查阅资料,我几乎没有看过博士论文,它仿佛是压迫我生活的一座大山,其中的辛苦,冷暖自知,颈椎病的后遗症至今还在折磨着我,好不容易翻越了,我不想再看它哪怕一眼,除了修改几个错别字,博士论文几乎是原汁原味的样子,打算出版它时,曾想重新修订下,以便对读者负责,犹豫几天后,还是觉得保持它原来的样子较好,博士论文的出版算是对我那段痛并快乐时光的一个总结,它的瑕疵与不完美也能时刻警示我更加谨慎的前行之路。

本书尚有诸多需要改进之处,敬希指正!

侯胜川
2021年2月1日

前　言

作为武术文化研究中的边缘对象，民间武术家一直被社会称为"拳师""武师"，在这种"赳赳武夫"的命名含义中，多数民间武术家一直处于文化和社会的底层，难以得到有效的关注。在文学研究中，他们经常以老舍先生笔下的沙子龙和冯骥才先生笔下的"傻二"形象出现，作为社会变革的两个极端被评说；在现实生活中，他们从"文革"中的"资本家打手"出发，经历了"后革命"语境的谨慎练拳、收徒，在市场经济大潮中成为不成功的消费者，在政府"武术搭台，经贸唱戏"策略中成为用完即弃的配角等。

对当前武术研究而言，前行中的"回望"更能坚定远方的自信；所以，从民间武术家的角度出发，勾勒出他们在不同社会背景下如何处理武术与自身的关系是本研究的初衷，或许这才是中国武术最应该关注和珍惜的。

基于此，本研究以口述史、文献资料、访谈、现场观察、逻辑分析等研究方法，对一个普通武术社会中的基本单位——门户的民间武术家进行考察，以一个民间武术家的武术人生为线索，力图阐释门户在当代的复兴、分化、分裂、掌门人选举的权力运作、拳谱的编撰等现实问题。本书内容主要包含以下几个方面：

（1）对一个民间武术家的50年武术人生概括，从其习武缘起阐释武术学术研究中关于武术本质、起源等问题的不同视角争论。从马斯洛人生需求理论来看，习武可以在个人安全、精神自信方面提供给"家里穷"的孩子帮助，从而使民间武术家群体产生一种"武术就是打的技术""武术本质是技击"的理念，并在自己的武术人生中实践这一信仰。从戴国斌主张"武术研究应回到拳种产生的'现场'"，"在创拳者与其他拳种武术人的互动与交往（对立、比试、争论）中展现拳种，甚至可以形成一个又一个武术人物的传记"。通过武术反映人生，或以人生反映武术，在二者的互喻中，武术中的学拳、练拳、玩拳与人生的生存、生活、生命交相辉映。

（2）"厨会"是一个民间武术门户当代重生的中介。在上代宗师去世后，弟子们通过群体间的集体回忆构建了一次次的"厨会"，在厨会中，以对宗师的祭祀为引导，牵出众弟子的"英雄归来"，在"事死如事生"的伦理背景下，共谋了门户的复兴：整理拳套、申报非遗、选举掌门人、组织竞赛、编撰拳谱。

（3）作为文学想象和武术门户的现实生存需要，一方面，"掌门人"构建出一种武侠江湖中常用的武术术语来描述现实中的武林，并且建构出传统宗法结构中的"头人制度"来管理门户、门派等类似共同体的日常运作；另一方面，武术门户中人又需要特定的"头人"作为国家、社会和个人之间的中介，来打通各自之间的"任督二脉"。但是掌门人毕竟不同于现代企业的管理者，他需要继承传统权威，因而必须处理好与"师父儿子"的关系，同时需要拥有现代"科层权威"来处理与其他弟子以及门户在社会中发展的问题，甚至在一定程度上需要禅让给"师父子孙"以应对血族世袭的传统。

（4）以门户作为中国武术社会中最小单位来分析新门户、新拳种的产生。单位在彰显稳定的同时也隐含了分裂，对一个民间普通门户的分化实践考察中，新门户通过谱系再造、与原门户保持一定的距离和张力来完成自己的武术社会出身，继而通过申遗、创造掌门人来巩固新门户的地位。在另一层面来看，分化、分裂作为一种趋势，是统一的重组；分化、分裂本身就意味着新事物的产生，但分裂本身并不是新事物的原因。所以，无论新、旧门户，需要辩证的、系统的看双方在时代中产生的问题，而不必局限于一时一地。总而言之，对待武术门户的统一与分裂问题，我们所要做的是：超越传统，面向未来。

目　录

第一章　绪论 ……………………………………………………（1）

　　一、研究缘起 …………………………………………………（1）

　　二、研究意义与目标 …………………………………………（6）

　　三、研究内容 …………………………………………………（7）

　　四、文献综述 …………………………………………………（8）

　　五、研究思路与方法 …………………………………………（29）

　　六、创新之处 …………………………………………………（32）

　　七、概念界定与分析 …………………………………………（33）

第二章　武术人生：一个民间武术家的50年 …………………（43）

　第一节　一个民间武术家视野中的民间/国家武术考察 ……（44）

　　一、求武缘起 …………………………………………………（44）

　　二、民间/国家武术的分野 …………………………………（47）

　第二节　"文革"期间的偷拳背景与习武、上学纪事 ………（54）

　　一、"文革"背景下的偷拳 …………………………………（54）

　　二、习武纪事 …………………………………………………（56）

　　三、上学纪事 …………………………………………………（63）

第三节　艰辛生存中的武术实践 ……………………………（64）

一、搬运苦工 ……………………………………………（64）

二、粮店仓管员 …………………………………………（65）

三、停薪留职中的社会经验 ……………………………（66）

第四节　武术的打与比试 …………………………………（67）

一、"朋友之义"的武术之打 …………………………（69）

二、"踢馆"的武术对手比试 …………………………（72）

三、比试结果的文化分析 ………………………………（77）

四、武术生活化的自我比试 ……………………………（82）

第五节　"后山武馆"的传播实践与社会变迁 ……………（83）

一、寻根：历史使然 ……………………………………（84）

二、经历：个人必然 ……………………………………（85）

三、"后山武馆"的历史、文化背景 …………………（86）

四、"后山武馆"的文化隐喻 …………………………（91）

五、"后山武馆"的衰落 ………………………………（94）

六、"后山武馆"的后武术形态 ………………………（100）

七、"后山武馆"的关闭与重启 ………………………（101）

第六节　仪式实践中的民间武术家传承 …………………（103）

一、"文革"期间的仪式实践 …………………………（105）

二、拜师仪式的简化与复归 ……………………………（106）

本章小结 ……………………………………………………（122）

第三章　香店拳弟子的"厨会"：一个民间武术门户的重生与发展叙事　（124）

第一节　厨会中相关概念　（125）

一、厨会：共食中围炉闲谈　（126）

二、社神：互助社团　（126）

三、集体欢腾　（127）

四、共同体　（129）

五、集体记忆　（130）

第二节　死的纪念与生的庆典：香店拳弟子的厨会　（131）

一、厨会的契机：社会精英的介入　（132）

二、香店拳重生的准备：1989年的厨会　（134）

三、香店拳的重生：2005年的厨会　（137）

第三节　"愿主"：香店拳厨会中的资金与人力　（146）

一、"厨会"的愿主与募捐技术　（146）

二、拳谱的编著与出版发行　（151）

第四节　祭祀的文化基础　（159）

本章小结　（160）

第四章　掌门人：民间武术门派的权威构建与秩序运行　（162）

第一节　"掌门人"的文学想象与当代镜像　（162）

一、武术社会中的掌门人镜像　（163）

二、掌门人的传承机制 ……………………………………（166）

第二节　掌门人的现实需要和权威再造 ………………………（169）

　　一、式微的传统与掌门人的现实需要 …………………（170）

　　二、历代掌门人的由来 …………………………………（172）

　　三、掌门人的历史叙事及门派的生成 …………………（178）

第三节　掌门人选举中的有机团结与机械团结 ………………（182）

　　一、香店拳掌门人的产生背景 …………………………（182）

　　二、分工中的香店拳内部机械团结和有机团结 ………（185）

　　三、禅让：掌门人的权力让渡 …………………………（196）

　　四、代表性传承人选举的技术 …………………………（198）

　　五、分工中的宗族制度的衰落 …………………………（201）

本章小结 …………………………………………………………（202）

第五章　门户分化、分裂中的掌门人实践考察 ………………（204）

第一节　单位社会中的武术门户 ………………………………（204）

　　一、单位彰显了稳定性 …………………………………（205）

　　二、单位隐含了分裂 ……………………………………（206）

第二节　民间武术门户的分化实践考察 ………………………（207）

　　一、农家拳的策略 ………………………………………（208）

　　二、儒家拳的抗争 ………………………………………（217）

第三节 门派中的门户掌门人 ……………………………（225）

  一、登云农家拳掌门人 …………………………………（225）

  二、儒家拳掌门人 ………………………………………（227）

第四节 门户的"分中之合" ………………………………（228）

  一、分家实践与门户分化 ………………………………（228）

  二、门户分化的矛盾 ……………………………………（231）

第五节 社会分工中的门户分化与分裂 ……………………（237）

  一、社会分工中的失范 …………………………………（238）

  二、失范中的整体和谐 …………………………………（241）

第六节 统一与分裂：武术社会中门户发展常态 …………（243）

本章小结 ………………………………………………………（245）

第六章 研究的结论、不足与展望 ……………………（247）

第一节 研究的结论 …………………………………………（247）

第二节 研究的不足与展望 …………………………………（249）

第一章 绪论

一、研究缘起

中华人民共和国成立以来，尤其改革开放至今的近40年间，对武术的研究蔚然成风，根据笔者的梳理，研究内容多涉及武术教育、武术发展、武术传播、武术传承、武术文化、地域武术、竞技武术、传统武术、武术训练等方面。在更为细微的层面，关于竞技武术难度动作的生理、生化分析也在20个世纪末和21世纪初成为研究的热点，甚至，也有关于传统武术典型动作的发力技术分析，如《对太极拳中"沾粘连随"与"敷盖对吞"两大技法比较分析》《运用中国功夫测试工程对咏春日字冲拳击打效果分析》《武术劲力探秘：形意拳崩拳动作分析及效果评价》《陈氏太极拳掩手肱捶动作技术的比较分析》。我们看到，无论是宏观的武术文化、发展、教育问题还是微观的鞭腿、旋风脚动作都有众多研究涉及。而在关于"人"的研究中，以"非遗武术项目"的传承人研究居多，而非关于纯粹的"武术人"的问题研究。在以上海体育学院武术学院郭志禹教授为首的地域武术文化系统梳理中，他和他的博士生相继完成了《中州武术文化研究》《巴蜀武术文化探骊》《齐鲁武术文化研究》《吴越武术文化研究》《燕赵武术文化研究》《陇右武术文化研究》《荆楚武术文化研究》《关东武术文化研究》《岭南武术文化研究》《滇黔武术文化研究》《闽台武术文化研究》《秦晋武术文化研究》《漠南武术文化研究》等一系列成果；与此同时，2007年人民体育出版社组织相关学者、专家编写了第一批《中华武术传统名拳纵览》的书籍，包括《古越武术》《荆楚武术》《八闽武术》《燕赵武术》《三秦武术》《燕京武术》《巴蜀武术》《齐鲁武术》《三晋武术》《中州武术》。根据笔者的梳理，这些已经出版的成果多以武术、武术文化为研究对象，在涉及"人"的部分皆是作为论证的手段，而非主线，这使笔者深感疑惑：作为历史的见证者、武术技术和武术文化的持有人——武术家，尤其是民间武术家何以成为武术研究大潮中的"边缘者"，仍然健在的他们是如何走过之前的风风雨雨，未来的路又如何走下去；在消费文化、视觉转向、娱乐至上的当代，他们又遭受了怎样的"礼遇"；在师兄弟分道扬镳，和政府"打交道"的申遗过程中又有哪些心路历程；在武术"申奥"屡败屡战的背景下，民间武术家又有怎样的声音？对这一系列问题有疑惑，勾起了笔者的好奇心，也促使笔者近两年来研究方向的转向。

（一）当前研究下行趋势

当前的社会学研究中，"落地"走入民间成为研究的新方向。民俗学、人类学、社会史等学科已经走在了前列，"其视野、方法和切入途径，足以成为社会思想研究转向民间的借鉴典范。[1]"部分社会学研究中，如"我们关注的研究对象是在中国城乡社会中占人口多数的非精英群体，即普通居民群体。他们既非政治精英，也非经济精英与文化精英，却是城乡社会基础的重要组成部分。[2]"因为"他们的人生轨迹与日常生活可以折射出现代中国。"那么在当代的武术文化研究中，探究民间武术家的精神世界是我们转向民间、走进武术家世界的根本原因。在笔者看来，对普通民间武术家的研究同样能够折射出当代中国武术发展的症结所在，也是在中国武术"申奥"屡败屡战的背景下做出的应对之举。换而言之，关注民间武术家，对武术中的武术家进行研究是当前武术研究中的重要内容。因为，民间武术家并不意味着一定要去远方寻找一些光怪陆离的事项，而是关于地缘的远近和人情之间的生疏。他们就在我们身边，我们身边无处不在的"他者"。

1999年，英文版《世界的重量：当代社会的社会疾苦》一书出版，该书由皮埃尔·布迪厄等22位作者合力完成，旨在反映当代社会普通大众的生活苦难，其访谈对象以外来居民、流浪者、失业者、临时工、农民、白领、包工头、街头混混等社会下层普通人为主。"布迪厄等作者以深切的悲悯之心和细

---

[1] 胡翼鹏. 社会思想的民间形态及其阐释理路——以丧俗仪式"叫夜"的文化阐释为例[J]. 社会学研究，2015（4）：206.

[2] 杨善华. 社会底蕴：田野经验与思考[J]. 社会，2015，35（1）：78.

致的关注，耐心的倾听走进这些普通人的生活，并由此而承担了社会学研究的政治使命与道德意涵——展现普通人的社会疾苦并通过社会学的解释，揭示其背后深刻的根源。"该书在世界范围内引起了较大的反响，也激励其他研究者的研究转向。

自20个世纪40年代口述史学方法在西方普遍运用，"英雄史观"开始了向"平民史观"的转向。我国学界在改革开放后才开始口述史方法的应用，关于武术学术中的口述史研究，较早涉及的见于上海体育学院戴国斌教授和他的研究生们作出的部分成果，而在近年出版的书籍中有部分关于武术家的口述资料中，以武术技理技法为主，多为资料的集合，难以称得上为学术成果。口述史法一改为精英作传的历史常态，以"平民化的历史"为线索，让不掌握话语权的普通百姓发出自己的声音。民间武术家在日常生活中与普通大众无异，他们的政治、经济、伦理生活和邻里相同。根据青城派掌门刘绥滨的讲述，即使偶尔为政府所用，也是很少给钱，且用完即弃。说明当前对民间武术家的口述研究正当其时。

在以往的武术文学、掌故、小说中，武术社会中的英雄人物经常被人们艺术化的作传，如杨露禅、霍元甲、黄飞鸿等武术家，这些武术宗师在口口相传中，传奇色彩浓厚；而身边平民武术家的平民史学更加真实，贴近生活，更能引起大众的关注，因为，英雄史观作为榜样未必人人都能做到，而适应平民才是普通大众的重要归宿。

传统历史是某一群体主观上建立的过去，传统武术史基本出自于官方武术工作者之手，他们所掌握的文化背景、意识形态、传播媒介通常服务于社会上层，而中下层的平民武术家声音长期被忽略，以民间武术家的个人记忆观照社会记忆，了解他们心中的过去，以及期望、认同和焦虑，对于武术研究而言，更多了一扇了解真实的窗子。邱丕相教授指出："到民间去，问艺于民，从传统中汲取养分，让我们的武术研究更加接地气。[1]"卢元镇教授指出"体育改革的具体路径是将'自上向下'的改革和'自下向上'的改革相结合。[2]"其潜台词是此前的体育改革一直延续了"政府部门开始的改革"路径，缺失的是

---

[1] 邱丕相. 进入新纪元的中国武术研究[J]. 北京体育大学学报，2013，36（9）：3.
[2] 卢元镇，张新萍，周传志. 2008年后中国体育改革与发展的理论准备[J]. 体育学刊，2008，15（1）：2.

"自下向上"的改革，诚如此，则学术研究需要做到从下开始。武术研究也应如此。

（二）武术工艺层的主要持有者的研究稀缺

学者胡刚把武术中难以传播、难以表述，却对习武者的成功起着至关重要作用的内容称之为武术工艺层面，是武术的核心内容，处于技术和理论层面的中间，只可意会不可言传，唯有亲身体悟方能感知，是区别"真功夫"和"假把式"的主要标志，因此，竞技武术的习练者以及对武术浅尝辄止者皆难以领会和把握，潜心修炼的民间武术家成为这一层次武术人的仅存者，对民间武术家的研究也是继承武术核心内容的必然。申国卿指出："武术发展演变的历史同时也就是人类从事相关武术实践活动的个体生命过程的积累接力和再传递，然而我们的目光在大多数情况下往往只聚焦传送者手中的'接力棒'，却无暇关注用尽心力延续武术文化传递的众多普通的接力者本身[1]"。诚然，对武术的关注理应首先关注武术工艺层的持有者，冯天瑜认为："人创造了文化，同样文化也创造了人自身[2]"，所以，对武术人的研究，尤其是民间武术文化、技艺的传承者研究，是理解武术文化、进行武术文化再生产的必要环节。

（三）个人苦难即社会苦难的代表性

以"苦难"来概括当代民间武术家的生存状况似乎有些夸张，但是在笔者的前期访谈中发现，真正的民间武术家，以弘扬本门武术为使命的民间武术家，时常纠结在精神和物质的双重贫穷之间，由于"国家和市场的双重撤退"处于武术特定结构的民间武术家（重要传承人，掌门人，代表性传承人，技理持有人）会经常感受着特有的"位置性痛苦"以及对于中国武术的集体衰落和民间武术家的普遍苦难流露出无奈之情，从习武有年的身体之苦以换取身体之坚以及精神的充裕，在现实中，心灵之苦多于当年汗流浃背中的身体之苦。

---

[1] 申国卿.燕赵武术文化研究[D].上海：上海体育学院，2008：232.

[2] 冯天瑜，等.中华文化史[M].上海：上海人民出版社，2005：2-15.

从这一意义上而言，个人苦难即社会苦难，以门户视角的民间武术家研究具备一定的民间武术家群体代表性。以民间武术家的个人苦难反映的社会苦难对中国武术的整体发展研究是一个新的切入视角，具有一定的借鉴意义。

（四）民间武术家的社会屏蔽弊端

对民间武术家而言，全球化的开放模式或许是一个单行道，或者称为"文化围城"现象，所谓开明武术家以此为机遇，发现仍难以为继。保守者仍固守其精神的乌托邦，以此为洪水猛兽，但不可阻挡。封闭性极强的民间武术家能够再生产出一个跟父辈相似的武术家，被称为社会屏蔽制度。几乎历史上所有的社会都采取了一定的社会屏蔽，如等级、血统、地缘等制度，民间武术同样有类似的屏蔽制度，但是当武术受众几不可闻时，任何屏蔽制度则形同虚设。

城镇化进程加速了传统乡土社会的撕裂，民间武术家所处的熟人社会转变为半熟人社会甚至是陌生人社会，加速了血缘关系和地缘关系的陌生化，熟人间求武、荐武、切磋、交流、慰藉等现象逐渐淡化，对于类似的尴尬、无奈，作为主角的民间武术家是如何应对的，引起了本研究的极大兴趣，也是本研究的初衷之一。

（五）门户的由来困惑

费孝通先生曾言："中国乡土社会的单位是村落，村落即山村坐落，是一个宗族群体群居概念"，由此引发了笔者对中国武术群体的基本单位是什么的疑问。费孝通先生进一步指出了村与村之间的孤立和隔膜现象，那么中国武术群体中，由拳种流派分裂而出的门户之间是否也有类似的孤立和隔膜？在笔者的前期调研中，确实发现了类似的独立和孤僻现象，那么笔者更加疑惑的是作为同宗同门的他们为何自立门户后要自绝于此呢，他们的发生机制是什么，对本门派乃至中国武术的发展又有哪些影响？李汉林研究员在其著作《中国单位社会：议论、思考与研究》中提出了"单位"作为一种"制度、统治、社会结构"[1]的存在，于是，笔者思考作为武术界的术语——门户，是否也具备了李

---

[1] 李汉林.中国单位社会：议论、思考与研究[M].北京：中国社会科学出版社，2014：1-15.

汉林对单位的界定!

这一系列问题的闪现虽是一念之间，却时常萦绕心间，也是笔者以门户视角切入民间武术家研究的动因之一。

二、研究意义与目标

（一）研究意义

1. 理论意义

首先，阐明当代民间武术家研究的重要性和稀缺性，对当前武术研究的文化自觉建构和完善有建设意义。社会的发展以人的发展为前提，在中国武术现状中，武术人尤其是掌握武术工艺层面的民间武术家的发展显得更为重要。然而，对民间武术家的昨天、今天以及未来的研究在整体性和系统性层面尚不多见，这使得武术主管部门在制定奥运武术、民间武术、大众武术等发展战略时难以宏观掌控进行有限的资源分配。在媒体曝出武术又无缘2020年东京奥运会的新闻之后，"屡败屡战"的奥运战略是否要进行调整，从民间武术家的角度出发，或可为中国武术的发展战略提供有效的理论依据；其次，论证民间武术家在日常生活实践中的武术文化传承，对研究民间武术家实践与养成、需求与供给、形式与内容相结合的中华优秀传统文化有一定的参考价值；再次，本研究的口述史方法在对民间武术家研究中的运用为今后武术学术研究中口述方法的探索也具有一定的理论意义。最后，对武术社会最基本单位——门户在当代存在形式的梳理，可以对传统话语中"声讨的门户"加以规避，促进生产"新意义"和"新技术"的门户发展，武术门户的分化、分裂对中国武术的综合创新和百家争鸣、百花齐放有现实意义，对这些问题的客观评价和深入研究具有典型意义。

2. 实践意义

首先，对民间武术家的当代社会实践有借鉴意义。在认识到民间武术家之于中国武术重要性的基础上，在政府资金不足的现实条件下，民间武术家如何获得申遗、荣誉称号、政策支持等福利条件是需要在实践中获得真知的，然而基于人的复杂性以及各门户、拳种的禁忌等问题,并非简单的政策福利就能获得良好的社会效益,本研究从民间武术家的立场能为政府在施与社会福利的实践中提供参考;其次,为"中华优秀传统文化传承发展工程"提供决策依据。2017年1月25日,中共中央办公厅、国务院办公厅印发的《关于实施中华优秀传统文化传承发展工程的意见》认为,伴随着我国社会、经济的深刻变革,面临三个"迫切"问题:深化对中华优秀传统文化的重要性认识、深入挖掘中华优秀传统文化的价值内涵、以政策支持构建中华优秀传统文化传承发展体系,以此增强文化自信、自觉,激活中华优秀传统文化的生机与活力。民间武术家的当代武术文化传承能够为"中华优秀传统文化传承发展工程"提供新的增长点。

(二)研究目标

对福州市地方拳种香店拳门户的民间武术家进行梳理,观察他们日常生活中的收徒、授徒、习练、仪式,以口述史的平民叙事方法探求他们在近30年的个人/门户武术发展转换中的人生历程的酸甜苦辣,以及隐藏在背后的社会必然和个人偶然,涵盖民间武术家谋生、家庭经济、子女教育、闲暇活动、宗教仪式、社会活动等方面,对其进行归纳、总结、提炼,进而总结出当代平民民间武术家的生存状态、社会成因以及门户的当代存在状态和积极意义。

三、研究内容

(一)研究对象

以福州香店拳房利贵门户为主要研究对象。香店拳是省级非物质文化遗产,吴孔谈为福州市武术协会香店拳委员会会长,福建省庆香林俱乐部秘书长,以该香店拳房利贵(吴孔谈师父)门户主要成员的生存状态以及门户武术发展、调适为线索进行研究。

对拳种的门户及民间武术家的选择,基于以下4点考虑:

(1)本研究在选定民间武术家及其门户时参照希尔斯的观点,信仰或行动延传超过三代人的时间或者延传百年即形成了传统,即选定延传三代或者传承

100年以上的拳种（香店拳起源于清朝乾隆年间。距今两百多年，香店拳在福州已经传承6代，第六代掌门人为王华南先生）。

（2）根据研究下行的考虑，选择门户力求小众化，避免如太极拳、形意拳等"庞然大物"，大如河南温县陈氏太极拳成为省、市、县三级政府的经济、文化品牌，政府意志体现较多，难以展现其原始生态，不具备平民武术家存在门户的代表性。香店拳为省级非物质文化遗产，处于非遗视野的中游，其门户传承处于自发的零散状态，较能反应多数民间武术门户的生存状态。

（3）因为人的身份的复杂性，本研究限定民间武术家为官方武术管理体制之外的武术人，具备独立的门户，并具有门户发展的历史使命感。

（4）民间武术家的根据地大多在农村、城中村等具备稳定乡土关系的社会环境，其影响力不限于邻里，涵盖了与本门武术相关的各色人等。

（二）重点难点

（1）重点：以香店拳房利贵门户的生存状态和发展为研究重点。力图以平民叙事的方式展现民间武术家的典型生活场景，从而管窥这一阶层成员的武术生涯、社会地位、生存状态、未来态势，形成有别于传统精英武术史的民间武术家的微观武术史。

（2）难点：本研究仅是这一阶层民间武术家的生活片段，难以称作为"史"，且限于笔者史学学术水平，对口述史法的运用和掌控是本研究的难点。

四、文献综述

（一）门户

门户（portal），原意是指正门、房屋的出入口；后来引申为派别、宗派、门第、人家等[1]。互联网中是指集成了多样化内容服务的Web站点，又称为网络门户，即网络浏览者的出发地点，人们经由这道门进入网络世界。费孝通先生在

---

[1] 百度百科. 门户 [EB/OL]. http://baike.baidu.com/link?url=OpigZdJ955GzUBvi6-ATdXC5fQl0cxj5Or9ZX YW6SF L6 gvEm8mX5FqEXMQwcFrI_NLLYfyhJZL03Rp7ZSa9U-bv0fd7cwesxiwuJBXzVERW.

《乡土中国》中说："无论出于什么原因，中国乡土社区的单位是村落[1]"。对拳种、门派、流派的研究一直都是武术文化研究中的热点，那么，中国武术流派、拳种、门派的基本单位又是什么？

1. 关于门户的声讨

武术研究中不只是宏大叙事的纯文化风格，亦应该视角下行，找准武术生产的基本单位，剖析其内部建构和生存机理。曹丕在《典论·论文》指出："文人相轻，自古而然"。"文学史上因门派之见导致文人之间发生争斗、攻击乃至水火不容的事情更是屡见不鲜，导致文学流派与学派之论争异化为单纯的门户之争！[2]"究其原因，多是利益之争和夺取文坛的话语权。而武术社会中，关于门派的争斗甚至发生过武斗。

民国中央国术馆期间，关于门户的声讨声音多了起来，陈铎民指出："不曰少林即曰武当，亦有托名古人，分门别户，以资号召，于是派别万千，而门户之见已成。[3]"对此，张之江也多次疾呼："泯门户之私，融宗派之见。"实际上，门、户是房屋中的层次的概念，类似的有堂、室、第等，美籍华人孙隆基在《中国文化深层次结构》一书中指出中国人最为看重内、外区分，如登堂入室、外公外婆、表兄弟、堂兄弟等说法；同样，民间的家谱常以房屋中的堂、室、户表现出来，以此观之，武术中的门户更加类似于门派下面分门别户。实际上，多数有关的研究中并没有刻意把"门户"和"门派"等概念区分开来，如李成银等在《近代中国武术传播的新特点》中指出的："这种传播方式具有强烈的封闭保守性……缺乏横向的交流和切磋，并造成各门派之间的相互保密和封锁，形成武林中所谓的'门户之见'"[4]。可见，在文中"门户"是一种约定俗成的概念用语，等同于"门派"的武术界惯用术语。而从拳种的概念来看，在中国武术协会认定的129个拳种中，以"门"命名的拳种有数十种之多，如自然门、僧门、化门、空门、杜门等。而这里的"门"显然对应于门派之门而非门户之"门"[5]。

---

[1] 费孝通.乡土中国[M].北京：北京出版社，2011：6.
[2] 刘克敌.文人门派传承与近代中国文学变革[J].中国社会科学，2011（5）：144.
[3] 陈铎民.对于国术之管见[M]//民国国术期刊文献集成：14卷.北京：中国书店出版社，2008：219.
[4] 李成银，申玉山.近代中国武术传播的新特点[J].河北体育学院学报，1999，13（1）：79-63.
[5] 侯胜川，周红妹.批判与辩护：武术门户概念的辩护[J].上海体育学院学报，2016，40（6）：72.

在栗胜夫教授主编的《中国武术发展战略研究》一书中指出武术门派的封闭性、斗争性滋生了狂妄自大和排除异己的狭隘山头主义思想。"门户之见、宗派主义是历史的产物,是中国封建社会小农经济意识的表现,是武术文化中的糟粕部分,在我国社会主义现代化精神文明建设中,它的存在对中国武术的发展是有害无益的。[1]"民国期间的中央国术馆少林门派王子平和武当门派高振东的搏斗,其结果是少林与武当二门的机构被撤除。易剑东教授对此也有论述:"宗派门户之见影响武术竞技的深入进行"[2]。如1928年,"国考"因为"门户之见严重,一些人被打得头破血流,筋断骨折";随后的第二届"国考"同样"受门户之见和其他因素影响很深"[3]。在上述两位教授看来,"门户之见"是武术发展的毒瘤,但是两位作者在文中并没有详细论述何谓门户。通读全文,笔者以为他们所谓的门户指的是狭隘的小团体思想,在中央国术馆设立的少林、武当门,实际上并非习练少林武术或者武当武术,在今天看来,更像是大学建制中的两个不同系别而已,既然并非同一门派,又何来武术"门户之见"?所以栗、易文中的门户并非单纯的拳种、流派、门派中的门户概念。

综上所述,"门户"仅是在声讨武术中的小团体时才使用的术语,并没有形成真正的武术门户概念。那么,在今天,武术社会中的"门户之见"是否一如往昔,值得进一步探究。前《中华武术》杂志主编昌沧提出了关于门户之见的和解之道:"天下武术是一家,德艺双馨传天涯;武林中人皆师友,不宜细分你我他"。或许,今天的门户之见依然存在,只是变换了方式。"在今天,师承与同门关系日渐淡薄和异化是一个不容否认的现实,具体表现为:文学创作上无流派,学术研究上无学派。一方面是师生之间的情感交流基本缺失,师生关系日益功利化和淡化;另一方面是同门之间创作和学术研究中的互助关系也被异化,变成为生存、为争夺所谓的学术制高点和话语权的明争暗斗。[4]"

---

[1] 栗胜夫.中国武术发展战略研究[M].北京:人民体育出版社,2003:156.

[2] 易剑东.民国时期武术竞技述论[J].成都体育学院学报,1995,21(3):11.

[3] 国家体委体育文史工作委员会,中国体育史学会.中国近代体育史[M].北京:北京体育学院出版社,1989:278-279.

[4] 刘克敌.文人门派传承与近代中国文学变革[J].中国社会科学,2011(5):144.

2. 门户的形成

中国文化发展中一直强调"学统"与"道统"的合法性。重视家族本位的思想意识和宗法伦理道德观念，当门户独立出来，自成体系，风格迥异时，形成了自己的门派而独立于武林之中。在武术研究中，较为系统和较早提出门户概念的是上海体育学院戴国斌教授。戴国斌教授从场域入手，认为"门户"是武术场域中基本社会单位[1]。多数早期研究者多用门派、流派的概念，张选惠教授认为："流派总是在扎实地继承传统套路上有所创新，另辟蹊径、突出新的技术特点和运动方法，进而从整体上突破原有套路（拳种）而形成。具有独特风格的套路练习要达到形成流派的地步，还必须拥有一定的群众继承，并为武术界乃至社会所公认。[2]"王涛博士在其博士论文中用"流派"而非"门户"一词，如"洪均生著《陈氏太极拳实用拳法》在陈氏太极拳中又自成一派。实际上，如果细分的话，各拳种流派真是非常多"[3]。王涛在称谓洪均生太极拳用的是流派，"洪式太极拳第三代传人李驻军在1998年第三期《武魂》杂志上发表的文章中正式使用了这一名称（洪式太极拳）。[4]"也有称洪传陈氏（式）太极拳。在二者的比较中，可以看到该名称的细微的演变历程。陈氏（式）太极拳——洪传陈氏（式）太极拳——洪氏（式）太极拳，笔者认为其经历了门派（流派）——门户——门派（流派）的反复过程的否定之否定过程。戴国斌教授分别在其博士论文、博士后出站报告以及相关学术论文中对门户这一武术场域特殊称谓进行了详细论述。并给出了门户的界定："门户，作为武术界的专有名词，是一个与拳种、流派相关的概念。如太极拳是武术的一个拳种，它的流派有陈、杨、吴、武、孙等，而门户即是太极拳某一派某一代某一个具体的武术共同体"[5]。同时指出门户和流派的区别："一方面，门派是门户的基础，没有武术的门派也就没有武术具体的门户存在；另一方面，门户是门派存在的载体，门派的形成要在门户中诞生，门派的传播要借助门户来实现，门派

---

[1] 戴国斌.中国武术的文化生产[M].上海：上海人民出版社，2015：82.

[2] 张选惠.谈谈武术流派的问题成都体育学院学报，1981（2）：39.

[3] 王涛.中国武术的传承研究[D].北京：北京体育大学博士研究生学位论文，2009：65.

[4] 好搜百科.洪式太极拳[EB/OL].http://baike.haosou.com/doc/6795398-7012127.html.

[5] 戴国斌.门户：武术的想象空间[J].上海体育学院学报，2009，33（3）：80.

的发展也要依据门户之'大本营'和'根据地'"[1]。按照戴国斌的研究,门户是门派的下位概念,比之其他研究的笼统用语,显然戴的研究更为深入详细。

而对于门派的分化和各地各门派流动而造成新门户的形成,林伯原认为武术家进入城市的交流和生存,"推动了武术门派的分化和发展,中国近代许多拳械流派的形成以及新拳种的产生都与这一时期武术家入城有关。[2]"

在刘伟对其恩师王世祥的回忆中,"师父怎么教,我就怎么传,如果能够超越师父,你再往上加上自己的东西,不是不能改,你得先吃透,真能超越,你才能改,如果不是就别瞎改。[3]""差异化生产"是自立门户的基础,吃透本门技艺,超越老师才具备了进行"差异化生产"的资格。如当代温县陈家沟陈氏太极拳"四大金刚"之称的陈正雷、王西安、朱天才、陈小旺四人分别有自己的传承体系,形成了各自的风格特征。以陈正雷为例,其在宣传上突出了陈正雷一户的特点:陈正雷太极年会、陈正雷太极夏令营、陈正雷太极之光静修营、陈正雷太极推广中心等活动。在陈正雷相关的网站、微信中称自己门户为"陈正雷体系",其长子陈斌被称为"陈正雷体系少帅"。用现代术语"体系"以及"陈正雷"三字是其宣传的特点,突出品牌宣传又不落痕迹的自成一家,或许这也是现代"门户"新趋势。

(二)民间武术

康戈武研究员认为:"民间武术是相对于军旅武术(亦称官方武术)而言的,在中国武术史学中,一般将古代军旅中传习的武术,称为军旅武术,而将流传于军旅之外的武术,统称为民间武术。"在今天看来,军旅武术已经基本不作为主要的军事技能而淡出历史舞台,但是官方武术仍然存在,只是换了另一种形式,仍然代表国家战略,即竞技武术[4](套路、散打),那么,按照康

---

[1] 戴国斌. 门户对拳种流派的生产[J]. 上海体育学院学报, 2013, 37(4): 77.
[2] 林伯原. 中国近代以前武术家向城市移动及对武术流派分化的影响[J]. 体育文史, 1996(3): 16.
[3] 刘伟, 口述, 福堂, 整理. 相逢与告别——怀念恩师王世祥[J]. 中华武术, 2015(7): 23.
[4] 在20世纪90年代后期至21世纪的前10年中相关武术研究中,关于"官办武术"大多指竞技武术(套路、散打),一众学者如马明达、王岗、程大力等都对官办武术的弊端有所涉猎;而在笔者看来,竞技武术并非官办武术的唯一,流行的大众健身系列武术如简化太极拳以及学校武术等皆出自于官方体系。

戈武的说法，与之对应的仍是民间武术。张绰庵等认为民间武术是"在人类生存本能的基础上产生的，长期流传于民间，以家传或师徒传承为主要方式，以攻防动作为基本素材，以提高个体攻防技击为主体价值，注重德艺双修、体用兼备的民族传统运动形式。[1]"在对民间武术的概念中，显然参照了官方的"武术"概念，其落脚点在民族传统体育运动并无指出与之对应的官方武术，因此，这一概念引申在"传统武术"上仍然可行，显示了该概念的非唯一性。尽管传统武术和民间武术在特定情况下指的是同一种武术形式，如形意拳既是传统武术又是民间武术，但是在民国时期的武术改造中，形意拳具备了国家生产武术的官方性质，所以，康戈武研究员的看法更适合民间武术概念的界定。

通过中国知网，以"民间武术"为关键词进行题名检索，截止到2015年8月，搜集到126篇论文资料；而以"民间武术家"为关键词的检索中，共有35篇相关文献，仅有4篇题名包含的文献，其中学术论文仅为1篇，在其余的31篇文献中，类似于"民间武术家"称谓的有武校校长、杰出八极拳家、盛世武林人、97岁老拳师、南武当开山宗师、明末武术家等。尽管中国知网的检索并非相关研究的全部，但是仍可看出当前武术研究中关于"民间武术"及"民间武术家"的稀少，进而涉及民间武术家或以民间武术家为研究对象的就更加的稀缺。在笔者对部分专家的访谈中，专家也指出对民间武术家群体的研究尚不多见。且多数研究中以"民间拳师""民间武师"称之，拳师并非拳中大师，乃是对习武有年的人的统称，类似于修车师傅，指称有一定技术的手艺人，所以，民间对武术有称之为玩意、把式等。如郭书芬在其硕士论文中指出："大多的民间武术拳师文化水平有限，能够通过文字把武术的精要论述清楚的很少，民间武术的传承多是'言传身教'，随着老拳师的相继离世，很多优秀拳种没来得及传承就已消失殆尽了。[2]"郭玉成教授进一步指出："民间武术传承的主要特征是脆弱性、长期性、师承性及非标准性。[3]"郭所指出的"非标

---

[1] 张绰庵，韩红雨，马振水.对河北民间武术文化历史特征及其成因的初步研究[J].山东体育学院学报，2008，24（10）：29.

[2] 郭书芬.河洛文化视域下洛阳地区民间武术的传承与发展研究[D].成都：成都体育学院硕士研究生学位论文，2013：25.

[3] 郭玉成.中国民间武术的传承特征、当代价值与发展方略[J].上海体育学院学报，2007，31（2）：41.

准性"实际上契合了戴国斌所指出的"门户的差异化生产条件。"

（三）民间武术家

"有些知识、技能和技艺是保存在民间艺术家的头脑中的，只有这些匠人、艺人、艺术家们在以不同方式将它们复述、表演、制作出来时，人们才会感受到它的存在。[1]"笔者的疑问是，这些匠人、艺人、艺术家的称谓是如何界定的？

关于"武术家"的称谓也存在较大的争议。程大力教授认为："特别微妙的是'武术家'的称谓。练传统武术者，但凡有相当功夫，有一定年纪，别人则多称其为武术家，他本人亦多欣然受之甚至有时就自称武术家。[2]"对习练"样板武术"（竞技武术套路）的武术工作者则称为教授或者教练，或者"只会称他们的职务或职称"。而关于当代武术的几种形态和称谓，程大力教授指出："样板武术、样板武术人多称传统武术、传统武术人为'民间武术''民间拳师'等。"程大力眼中的样板武术、样板武术人指的是竞技武术和竞技武术的工作者，实际上指代了武术的生产形式，而与之相对应的民间武术和民间拳师则是传统武术体系内容，在他看来只有习练传统武术的民间人士才能称为"武术家"，换言之，武术家等于民间武术家。这些称谓的概述是程大力教授在当时武术发展背景下的自我理解，具有一定代表性，即民间武术家难以被官方认同，是自我朋友圈对有功夫和年长的民间传统武术习练者的尊称。另一位知名武术学者马明达教授对"武术家"也有自己的独到见解："'武术家'是一个相当崇高的称谓，它是一个习武者所能得到的最高荣誉。"[3]应当具备"品德高尚，学识渊博，技艺超群"的特点。显然，马明达教授更关注的是武术家的硬件（功夫）、软件（道德）是否与之匹配。乔凤杰教授也持此观点，"我们都知道，一位具有几十年习武经历的民间老拳师，可能并不能做出一些'高、难、新、美'的技术动作，但其高尚的武德修养，深厚的武术功力才是

---

[1] 方雪燕，彭连生.非物质文化遗产传承与民间艺术家的生存发展[N].中国文化报，2007-05-09（3）.

[2] 程大力.传统武术：我们最大宗最濒危的非物质文化遗产[J].体育文化导刊，2003（4）：19.

[3] 马明达.要讲正气——谈我对"武术家"概念的理解[EB/OL].转引自http://blog.sina.com.cn/s/blog_5f565bd00100fz59.html

人们公认的武术大师的标准。[1]"

王林博士以传播学的视角用"民间传播者"指代了一部分民间武术家,"除官方组织以外的传播者在此统称为民间传播者,即非组织传播。[2]"王文中所谓的民间传播者的传播方式涵盖了"家庭传播""区域传播""结社传播""寺院传播""口传心授、耳提面命"等方式。如果我们把"传播"替换成"传承",则民间武术传播者身份变成为民间武术家。

浙江大学林小美[3]教授在其著作《清末民初中国武术文化发展研究》中专门有一节名为"民国时期武术名家对武术科学化的影响"的论述,分别对武术名家的武术流派、武术内容、武术文化思想的影响作出了概括,这些武术名家包括霍元甲、张之江、孙禄堂等人,但是作者文中对这些武术名家多是寥寥数笔勾勒出名家对武术的贡献,对于武术家个人为何能够做出如此贡献及其成因并无说明,而且林以"武术名家"称谓以上三位武术家乃是武术家中的精英。可见,多数研究仍以武术为核心内容,作为民间武术重要持有人的民间武术家仅在研究中作为配角偶尔出现,且作为武林精英的"名家"稀缺,不具广泛代表性,作为基础的大众民间武术家仍然埋没在历史中。笔者始终以为,对精英的关注绝非武术研究的全部。

与武术学术研究的遇冷境况不同,关于民间武术家的口述整理和回忆性文章、资料在网络间的博客、武术网站、微信间得到较好的传播,由于这些传播载体影响较小,且以叙事为主,多掺杂了个人主观判断,仅能作为资料参考,未能成为学术研究的主流,仅在少数武术之人间流传,但是作为开放的网络媒体,至少给大众打开了一扇了解民间武术家这一特殊群体的窗户。如网络流传王金石的《海淀莺房胡同的回忆》一文,介绍了建国初期北京海淀区的民间武术家如于殿甲、魏闻达、吴增、黄茂庭等。其中,有介绍民间武术家功夫的如"刘华璞大师,别看他很瘦小,到老年腿脚好像也不灵便,可一打起拳来就完全变了一个人,那精神气质、灵活多变,打出拳的整劲儿混然一体少有人能比"。"他就是董一臣大师,人称董老、董四爷。他主要是练杨式太极拳。他

---

[1] 乔凤杰,王刚.让"标准"成为多元之一:论武术的现代发展[J].中国体育科技,2015,51(5):68.

[2] 王林.武术传播论纲[M].武汉:湖北人民出版社,2011:190.

[3] 林小美.清末民初中国武术文化发展研究[M].杭州:浙江大学出版社,2012:130-137.

打出的太极拳轻逸洒脱，暗含内劲儿，如行云流水，气贯长虹，炉火纯青，美不胜收"。还有介绍教学特点的如"练梅花桩拳的韩其昌大师，很注重教徒弟们推手和散打能力，在教徒弟演练步法方面也很有特色：两人或更多人在老虎棋的线路上穿梭往来，且在相遇时，或进攻或躲闪，灵活多变很有实战性和观赏性。[1]"类似栩栩如生的回忆性文章在网络武术论坛中不乏见到，是武术学术研究中的重要资料，但对于其真实性则需要研究者深入民间进行甄别，笔者也深信，这样的研究极有意义，且大有可为。

　　研究者普遍认为，愈是接近武术源头的武术就愈加的纯粹。民间武术家所习练的本门武术被认为是最接近本源的武术形式，在"北京2008奥运会"期间的申奥失利之后，民间武术家被重新重视，被认为是重建武术本源的最有力来源，"'重建'的主要工作在于使埋没于历史深处的文化遗产重见天日。文化遗产的开掘时常伴随一种福柯曾形容过的'起源神话'的想象。[2]"在笔者看来，这种想象究竟是一种幻觉还是一种真实，在北京奥运会后，对传统武术的呼唤难道仅是作为对竞技武术失利的一种报复性喧嚣？这需要借助对民间武术家这一群体的生存描述，来证实或者证伪。换言之，民间武术家的武术在当代到底具备了多少的阐释力？因为，任何一个研究者在预设研究时都必须直面一个前提：即任何具备民间武术家称呼的武术人都必须加入现代性的话语平台，直面同门武术家或者其他门派武术家的竞争或对话，直面其在现代经济、文化、政治、审美、消费等一系列条件下的挑战是融入还是半推半就还是与之隔绝，这是亲临一线的民间武术家所必须面对的问题。根据对戴国斌[3]教授的访谈，民间武术家一定要具备解决生存和做大武术两个基本要素，武术家一定心怀文化使命，否则难以称为武术家。以此而言，哲学和功利主义的武术人绝非武术家。同样，民间武术家在面对现代性时，必须具备交锋和对话的能力，即能够"接着教"而不仅是"照着教"，承接师父的传授继往开来，向下一代"教"，从而教出自己的功夫，进一步产生新意义、新武术乃至新门户。民间武术家理当如是，而不是原封不动教授前辈的本门武术给下一代。

---

[1] 王金石. 海淀莺房胡同的回忆[EB/OL]. 形意拳网，http://www.xingyiquan.cn/Article_Show.asp? ArticleID=688. [2013-04-24].

[2] 南帆. 当代中国文论的反思与重建[J]. 中国社会科学，2015（4）：151.

[3] 根据2015年7月24日在上海体育学院武术学院办公室对戴国斌教授的访谈整理，大意如此。

第一章 绪论

民间武术家对现代的挑战、回应以及修正究竟是一种重新建构还是自觉的自我生产，这是研究过程中需要仔细甄别的。作为最接近本源的武术形式的活态传人——民间武术家的作用至关重要，那么，如何界定民间武术家，更进一步，何为武术家，是本研究初始的重要命题。有确切师承，但是仅得其皮毛的武术人并不在本研究范畴之内，难以称得上武术家之称谓。而另一类民间武术人，他们因杂学其他武术而自悟成一派创"某某拳学"以哗众取宠者，获取经济利益，更不算武术家。在笔者的田野调查中，得知一自创武术门派武术人因名不正言不顺而找到另一位民间武术家，希望对方承认自己所创拳学为该民间武术家所在门派的嫡系，并以高价诱之，被该民间武术家拒绝。

蒋纯焦[1]在论述晚清塾师作为一个阶层的消失时指出其中的原因：科举制度的废除隔断了塾师阶层的仕进之路，降低了该职业的吸引力，间接的切断了塾师的后续补充；新式教育的逐渐普及挤压了传统塾师的职业空间；近代社会生活变迁和生产方式的逐步形成改变了塾师的社会角色，成为新时代的"不适者"。在本研究中，以晚清以来塾师的历史来看民间武术家阶层，会发现其中的不少相通之处。晚清及民国期间被誉为中国武术的"黄金时期"，其主要在于当时的中国在世界强国环伺之下做出的本能之举：以国术强国强种以自卫。鲁迅直白地指出："要我们保存国粹，必须国粹能保存我们"[2]。在鲁迅的初衷里，国粹（包含了武术）能够保存我们，即可不必反对甚至是可以接受。当然，在艰难的舍取中，武术被作为最后的利器重视起来，从精神和身体两个层面来武装国民。

在国家层面以国术应对列强的坚船利炮，在民众层面，以国术保卫自我。因此，武术（国术）作为工具吸引了国家和民众的注意，作为武术技术和理论的主要"持有人"——民间武术家在儒家重文轻武思想中拥有了不可多得的一席之地。那个年代出生和成长的民间武术家中一大批人成为建国后的国家武术工作者，身份由民间武术家转换为国家武术家，如北京体育大学的张文广教授、上海体育学院的蔡龙云教授、武汉体育学院的温敬铭教授以及成都体育学院的郑怀贤教授等人成为国家武术的精英。

---

[1] 蒋纯焦.一个阶层的消失：晚清以降塾师研究[M].上海：上海书店出版社，2007.
[2] 鲁迅.热风·随感录三十五年，鲁迅全集：第一卷[M].北京：人民文学出版社，2005：305-306.

（四）保护—传承为主流的传承人研究

进入21世纪以来，因为"非遗"热，上至"世界非物质文化遗产"，下至"市级非物质文化遗产"，各地文化部门、武术门派闻风而动争相申遗。在这一过程中，各武术门派中德高望重、技艺精深或上一代宗师的嫡系传人被任命为"传承人"。虞定海教授和他的学生牛爱军博士在其著作《中国武术传承研究——非物质文化遗产视角》中统一对民间武术家称之为代表性传承人，如少林拳的代表性传承人刘宝山、王长青。北京体育大学王涛在其博士研究生论文《中国武术的传承研究》对各门派武术家称之为"传人"。此外，多数相关研究中都以传承人来替代民间武术家，在笔者看来，除了相关研究者的研究视角不同之外，还有当前文化思潮的原因。当国人研究传统文化，或重构、重建各类传统文化技艺，这些技艺的持有人被"挖掘"出来，成为研究的连带对象（并非研究对象，因为研究者关注的是非物质文化遗产，而非传承人）而成为传人。

赵斌、代凌江在《峨眉武术文化的特征与发展路径》一文中指出："要从文化保护和传承的视角做好峨眉武术的挖掘、整理、保护、发展工作，在成渝经济一体化发展的基础上，促进两地峨眉武术文化的一体化发展，全面构建新时期峨眉武术文化内涵。[1]"实际上，自20世纪80年代以来，在中国武术界中，"挖掘、整理、保护、发展"是其核心思潮，程大力教授撰写的相关文章如《关于中国武术继承、改革与发展的思索：由武术门派的渊源成因看武术门派的走向》《传统武术：我们最大最珍贵的濒危非物质文化遗产》《中国武术发展大战略：保护与改革》，周伟良教授的《论非物质文化遗产保护中的传统武术》，郭玉成教授的《中国民间武术的传承特征、当代价值与发展方略》，张云崖等教授的《传统武术的非物质性传承研究——从非物质文化遗产的视角》，牛爱军等的《非物质文化遗产保护视野下的传统武术传承制度研究》《对传统武术保护问题的探讨——以非物质文化遗产名录中的传统武术为例》等论文，非遗、传承是该类研究的关键词。事实上关于对传统武术、民间武术、中国武术的保护和传承类研究非常之多，不难看出其核心要义在于对武术这一文化遗产在当代的发展提供方略并指出其重要性，而在赵斌、代凌江的

---

[1] 赵斌，代凌江.峨眉武术文化的特征与发展路径［J］.上海体育学院学报，2015，39（4）：41.

论文中，分明看出了"保护和传承"的话外音，武术要搭乘当地经济的东风，并借此构建新的武术文化。明显有别于20世纪90年代流行的"武术搭台，经济唱戏"通用策略，武术由表面上的主角转换为实际上的配角。把武术（传统武术、民间武术、中国武术）当做财富的思路，牵引出的是有钱大家赚的心理，对武术的态度暗示了对民间武术家的态度。

（五）民间武术家的生存研究

1. 贫穷的民间武术家

"每年春节，我们买些礼品，封个红包，去拜访老拳师。很多老拳师家里都非常可怜，为武术事业奋斗了一辈子，教了那么多徒弟和学生，老了生活那么清贫，几乎连自己都护不住。[1]"年轻时护佑亲友的武术，在年迈之际却护不住自己的晚年生活，这种情况折射出民间武术家在社会变迁的当代生存窘境。

在季培刚的《太极往事：晚清以来太极拳的传承系谱》一书中，有关于著名陈氏太极拳家洪均生艰辛生存的描述，"在当时的历史环境下，洪老师生活状况非常差，没有工作，居住在一间不足9平方米的棚子里，靠教拳为生。[2]""（洪均生）中年丧偶，子女又多，生活艰难，由学生们资助，住在济南东巷的一间陋室里。因无工作，一度被安排扫大街为生。[3]"这种情况一直到改革开放后，因为洪均生太极拳功夫的精湛，吸引了日本学生，政府方才重视起来，洪均生的生活状况才有所改善。对此，笔者也深有感悟，国内许多工艺大师和文化遗产多存在着墙里开花墙外香的怪象，因为国外友人重视而引起自身重视的案例并不少见，大师尚且如此，遑论普通的民间武术家！同样，在刘伟的回忆中，"当时（1988年）王世祥没有什么生活来源，只靠汽车维修和水暖工的技术打一零工，生活拮据。"作为技艺精湛的武术家，其手中武术在生存方面不如汽车维修和水暖工的技艺，如此"功夫"自然难以得到家人的理解，刘伟的师娘说："他（王世祥）的遗憾是没有让儿子和孙子坚持练武，是我给

---

[1] 戴志勇.一个家族和一门绝艺[EB/OL].2015-07-11.世界太极拳网.

[2] 龚建新.太极大家洪均生[J].中华武术，2006（6）.

[3] 季培刚.太极往事：晚清以来太极拳的传承系谱[M].北京：中国商业出版社，2011：292.

他们拦住了，因为我不想子孙们像他一样活得那么苦，练得那么累，更不想让他们和你师父一样，不顾家，年轻的时候，他的人和心都在师父家，只给我留点儿买米买面的家用。[1]"或许，对于真正的民间武术家来说，在浮躁的社会中，内心永远是沉静的，因而无法得到家人的理解和支持。赵亮在讲述他的爷爷赵斌时写道："他的家里非常简陋，但爷爷却知足常乐，命名为'知足庐'"[2]，身居陋室而处世恬淡的民间武术家受人尊敬，而更多的武术人因无法得到内心和现实的统一而走向"社会化"。

方雪燕、彭连生认为民间艺术家的生存现状堪忧，对比旧时的民间艺人以卖艺为生，而随着社会的变迁和人们观念的改变，民间艺术的"专门人才也最匮乏，青黄不接的现象非常严重"[3]。郭玉成教授认为民间武术的自然传承在非农耕文明的社会背景下会缺失传人，当"人们为了生计而四处奔波时，传承民间武术被放在次要地位。[4]"郭玉成教授进一步指出民间武术的生存状态被边缘化，"仍在苟延残喘"，同时认为"民间武术的科学研究其实也已经被边缘化了"。在笔者看来，郭玉成教授虽然指出的是民间武术的生存堪忧，事实上也指出了民间武术家的生存状态，"当民间武术家的贫穷成为一种普遍现象，那么，他们对武术的集体逃离必然造成中国武术的整体没落。[5]"因为民间武术毕竟掌握在民间武术家的手中。杨祥全教授在其著作《津门武术》中对部分在天津生活的民间武术家的习武事迹和创（传）拳历程都有论述，由于该书主要在于地域武术文化研究，没有关于民间武术生存、生活的片段，也显示了当前研究中对于民间武术家生存关注的缺失。

成都体育学院龚茂富博士从传播学的视角对青城派武术的当代传播做了系统梳理，出版题为《中国民间武术生存现状及传播方式研究》一书，该书对比了青城派何道君和刘绥滨两类民间武术家对该派武术的传播方式，并由此对应了各自的生存状态，指出："'门户之见'仍然充斥于民间武术之中。'掌门

---

[1] 刘伟，口述，福堂，整理.相逢与告别——怀念恩师王世祥[J].中华武术，2015（7）：25.

[2] 赵亮.文以传家，武以立德[J].中华武术，2015（6）：51.

[3] 方雪燕，彭连生.非物质文化遗产传承与民间艺术家的生存发展[N].中国文化报，2007-05-09（3）.

[4] 郭玉成.中国武术传播论[M].上海：复旦大学出版社，2008：163.

[5] 侯胜川.当代民间武术家生存状态研究[J].体育文化导刊，2014（3）：65.

之争''自我身份认同危机'是青城派武术中冲突矛盾的突出表现。[1]"笔者也从该书中深受启发，两位青城派民间武术家都有各自的发展武术实体店——武术馆，虽然龚茂富博士是以民间武术的传播为主要线索，但在一定程度上也能反映出民间武术家的当代生存状态。从该书中虽未看出青城派何道君和刘绥滨在自身经济生活上的贫困，但是在他们的自身武术馆的发展中常因为经济上的困难而难以走得更远。

当然，有部分民间武术家因为国家需要而改变了自己的"民间"称呼。"对事关武术之事必须采取特事特办的办法，破格将陈小旺、陈正雷、朱天才、王西安以及焦洪波、郑光荣、郑淑敏七位民间武术高手编入省体工大队，成为全国首批吃'皇粮'的民间武术家。[2]"这类转型的民间武术家在本研究中称之为"精英现象"，对于类似于杨祥全在《津门武术》中涉及的民间武术家，本研究界定为"英雄现象"，除此之外的民间武术家则是本研究的重点对象"平民现象"。

2. 流动的民间武术家

在笔者的文献梳理中，惊喜的发现一篇林伯原撰写的论文《中国近代以前武术家向城市移动及对武术流派分化的影响》，该文中林氏较早使用了"民间武术""武术家"等本研究所用词汇，如"1840年鸦片战争的爆发，使民间武术主要在农村开展的状况发生了变化。[3]"但是在该文的引用文献中没有用武术家称谓而是"武术拳师""武士"。此外，该文涉及了两点本研究的重点概念：其一，武术家的职业选择。由于鸦片战争后，大部分农民成了无产者，农民向城市流动以获得新的生存空间，使农村的民间武术家有更多机会成为城市一员，为谋生而设立武馆。在广州，"机行中的武馆多至几十间，机行中每人都学会了一些武术"[4]。同时，"当时各派各门武士聚集京师（北京）者，皆多名手。有的在各军营教练外营兵士者（新兵）；有立武场教授普通人民者；

---

[1] 龚茂富.中国民间武术生存现状及传播方式研究[M].北京：人民体育出版社，2012：202.
[2] 王友唐.爱并享受着亲情、友情和武术情——张耀庭八十寿辰感怀[J].中华武术，2015（7）：17.
[3] 林伯原.中国近代以前武术家向城市移动及对武术流派分化的影响[J].体育文化，1996（3）：14.
[4] 广东文史馆.三元里人民抗英斗争史料[M]//成都体育学院体育史研究所.中国近代体育史资料.成都：四川教育出版社，1988：7.

有在私宅传三五人者，比比皆是。[1]"随着武举制的废除，武术被列为学校教育内容，以及辛亥革命后尚武思潮的影响，"1915年全国教育联合会通过的'军国民教育施行方法案'中，有'各学校应添授中国旧有武技'的决议。1919年4月，北洋政府教育部颁布了'关于提倡中学校练习武术'文，为许多武术家提供了就业的机会。[2]"于是，城市中的很多学校到民间聘请武术家到学校任课。

根据林伯原的研究，在那段时期，流动到城市的民间武术家职业选择有限，"走镖（个体镖师）或设镖局（集体保镖）；设场收徒，传授本门派武术；入军中充任武术教师；充当卫士、捕快（又称捕役，在官署担当缉捕工作的差役）；开办武术私塾；经商或从事其他工作，而兼习武术。"从中可以发现，民间武术家的生存分为公与私两类，前者以市场为主导，凭借自身及朋友圈谋生；后者进入官僚阶层作为下级军官而生存，即便如杨露禅和董海川等一代宗师亦概莫能免，武术家并没有明显的社会地位。直至辛亥革命后，民间武术家进入学校成为武术教师，才逐渐被社会认可，随后，成立的相应武术团体"举办武术培训班，编写武术教材，从事武术研究，出版武术书刊，组织武术表演，开办武术学校，向社会推荐武术教师，甚至拍摄武术电影向社会宣传武术等。各地从事武术锻炼的人越来越多。武术工作已成为公认的一种社会职业。"至此，民间武术家的社会地位才有所提高，职业选择才更多。

林伯原在研究中指出，武术家的流动促进了武术流派的分化。以太极拳为例，林伯原指出杨露禅"1849年左右跟陈氏著名拳师陈长兴学拳的杨露禅回到了河北永年县，授拳自给。不久又到北京教拳，遂使太极拳首次在大城市中传播开来，在北京传习时，杨露禅为了适应保健需要，逐渐改编了陈氏老架的拳套动作。后经杨露禅第三子杨健侯（1839—1917年）和杨健侯之子杨澄甫（1883—1936年）的修订，遂成为杨式太极拳。"此外，类似的还有山西心意拳、河北八极拳、河南苌家拳、山东螳螂拳、陕西红拳等皆是由于本派武术家的城市流动带动武术的传播和流派的分化。根据林伯原的论述，结合本研究看来，其流派概念对应了"门户"的特点，如杨露禅的杨氏太极拳在没有形成庞

---

[1] 马良.中华北方武术体育五十余年纪略[M]//体育卫生.1924,3（3）//中国近代体育文选.北京：人民体育出版社，1992：137.

[2] 林伯原.中国近代以前武术家向城市移动及对武术流派分化的影响[J].体育文史，1996（3）.

大的体系前，仅是陈氏太极拳的门户分支而已。

3. 无法消费的民间武术家

侯胜川在《当代民间武术家生存状态研究》一文中，从消费社会的视角出发指出中国武术的生产和消费在当代因为"个人自由"而变得肆无忌惮，"100天打通大小周天和全身经络，丹田内气外放，掌劈12cm厚石碑；铁拳砸穿2cm厚石碑；铁布衫抗大力士铁棍暴打，均有出现在《搏击》《拳击与格斗》之类武术杂志广告中"[1][2]。以洛阳市心意拳为例，"据某武术杂志介绍，洛阳心意拳是一个古老的优秀拳种在洛阳东关，所有会心意拳的四家加起来也不能把先辈们所传套路打全面，他们的生活也不富裕，有的靠卖牛肉汤维持生计，他们的拳术传给谁呢。实际上，早在20世纪80年代，在洛阳市体委的支持下成立了洛阳心意拳研究会，但是由于经费短缺，研究会基本处于瘫痪状态，很少举办交流活动。[3]"该文随后从民间武术家的工作伦理和社会抉择上指出，多数民间武术家不但没有解决自己物质上的贫困，甚至又陷入精神上的双重贫穷，最后作者认为政府对民间武术家用完即弃和社会无效率是造成当代民间武术家底层生活状态的主要原因。

2006年出版的一本由李仲轩口述，徐皓峰整理的回忆性书籍《逝去的武林——1934年的求武纪事》披露了大量形意拳门人习武的真实事迹，而作为主角的李仲轩老人晚年"靠给西单一家电器商店守夜谋生"，1988年冬出车祸而导致口不能言，全身瘫痪，"被运回门头沟的老屋里待死"[4]。在另外一本2010年出版的名为《逝去的武林——高术莫用》的著作中也有涉及李仲轩老人晚年的生存状态："我看到了他住的地方，那是用砖头在商店后补垒出一个小隔间，条件很差。[5]"李仲轩老人一辈子恪守对尚云祥宗师的誓言，从未收徒，从而导致"在形意传承上，李老这一脉算是断绝了"的绝唱发生。从这两本书中我们可以看到身怀绝技的民间武术家李仲轩老人晚年的凄惨生活状态，

---

[1] 张立新.太极拳神话现象的深层剖析—以闫芳视频为切入点[J].体育成人教育学刊，2012（6）：49.

[2] 侯胜川.当代民间武术家生存状态研究[J].体育文化导刊，2014（3）：63.

[3] 刘同为，侯胜川.论中国武术传承过程中的产权保护[J].广州体育学院学报，2007（5）：53.

[4] 李仲轩，徐皓峰.逝去的武林：1934年的求武纪事[M].北京：当代中国出版社，2006：154-155.

[5] 李帼忠，徐骏峰.逝去的武林：高术莫用[M].青岛：青岛出版社，2010：38.

因为从未收徒，导致民间武术家对武术消费的最简单实用途径的中断，所以其手中武术技艺无法体现出其当代价值，从而让人难以相信一位当年叱咤武林的武术家的晚年会是如此寒酸。也正因如此，在《逝去的武林：1934年的求武纪事·序一》中，作序者胡刚认为："应为各位武林前辈书写传记，以弥补著作不方便写出的内容，那将是对历史不同侧面的记录，将是人类文化的一大财富！无论对前人还是对后代都是功德无量！"

实际上，部分民间武术家对于自身及其所练门户武术在当代社会的定位有着不确定感，笔者在一篇武术博客中看到一位民间武术家关于自我生存危机的描述："作为一名名不见经传的传统武术中年拳师，可以说是危机四伏。论阅历不如老年拳师；论体能不如年轻一代；论技术不如科班体院派的技术先进；论功力不如馆校的学生；论动作高飘美不如体操运动员；论古朴简洁不如寺庙僧道。练一辈子武，越练越窝囊。[1]"在笔者看来，该民间武术家以"武师"自谦，并自认本门武术不如其他武术形式颇多，显示了该民间武术家在当代社会的不自信和对当前武术形式的迷茫，以及对未来自身武术去向的难以定夺。难以想象，一个自我定位模糊的人如何得到社会的确认。王智慧在其《传统惯性与时代整合：武术传承人的生存态势与文化传承》一文中，对部分传统武术传承人进行访谈，他们"从内心深处感受到了生活环境的改变对传统武术的影响，目睹了武术传承在社会变迁的影响下产生的震荡与文化调试过程。[2]"对自身门户武术在当代的窘迫有着清醒的认识："没有原来那股子练功的狠劲了，我觉得传统武术肯定是在退化"。"现在国家追求的是武术的健身和表演价值，技击上有散打，传统武术不入流了"[2]。以上民间武术家的话语反映了他们作为"不成功的消费者"的内心焦虑与彷徨，并自认一种"传统的失落是现代化必然的"心态。由此，笔者认为，作为普通的民间武术家，他们对自身的生存环境和社会态势有着清醒的认识，他们的"作为"或者"不作为"，"成功"或者"不成功"都是国家力量和社会趋势等多方合力的结果。

---

[1] 大河游侠玄空大师. "一工不干二作"与武师生存环境的联想[EB/OL].[2012-04-13]. http://blog.sina.com.cn/s/blog_5ea18f5e01011jn7.html.

[2] 王智慧. 传统惯性与时代整合：武术传承人的生存态势与文化传承[J]. 上海体育学院学报，2015，39（5）：75.

4. 社会地位低下的民间武术家

笔者早期在一本专业武术杂志阅读过一篇文章，大意是该文作者（一名官方武术工作者）到老拳师家拜访，希望老拳师能够贡献出自己的祖传武术套路，但是该文作者指出该套路有部分动作不符合技击内涵，希望老拳师能够重新改编，但是"固执"的老拳师坚持祖传的神圣而不以为然，最后在"执着"的作者"感化"下，老拳师终于"变通思想"对原有套路进行修改而更加符合所谓的技击含义。这篇成文于20世纪80年代末的文章呈现了一位贫穷的民间武术家形象，反映了当时的社会背景：首先，武术工作者对所谓的符合技击内涵定义强加在传统武术套路中，表明了民间武术家的政治地位低下，难以保全自己的拳术套路；其次，以老拳师的称谓替代民间武术家显示了对民间武术家社会地位低下的认同和俯视态度；最后，以"固执"和"执着"的对比显示了对民间武术家人格的不尊重。

5. 文学视野中的民间武术家

老舍先生于1935年写过一篇小说《断魂枪》来反映社会转型时期民间武术家对持有技艺"传与不传"的纠结与无奈。沙子龙在面对"三千年未有之大变局"时，身上长了肥肉，关了镖局，放下了曾经的五虎断魂枪，"在白天，他不大谈武艺与往事；他的世界已被狂风吹走了。"毕竟，沙子龙曾经的骄傲不曾逝去，不屑于与市井之流较技，不愿人前展露功夫，只有夜深人静之际，才会"一气把六十四枪刺下来，而后，拄着枪，望着天上的群星，想起当年在野店荒林的威风。"每读至此，笔者总会潜心体会到一位心情黯淡的民间武术家的凄凉。时至今日，类似沙子龙的民间武术家自然不会有当年"东方的大梦没法子不醒了"的国家民族危难背景，但却会有"传给谁"的苦衷。无独有偶，冯骥才先生在小说《神鞭》中塑造了一个祖传"辫子功"的民间武术家傻二，最后由神鞭变成神枪手的故事。傻二的神鞭敌不过洋枪，并没有沉沦在回忆中。而是紧随时代脚步，以变革求生存。傻二说的"祖宗的东西再好，该割的时候就得割。我把'辫'剪了，'神却留着'。"对比沙子龙的人去艺绝，傻二至少留下了"神"。相信以老舍先生和冯骥才先生的敏锐不会无故选择武术作为他们寓意素材。当然，在今天看来，沙子龙对公共场合的逃离与傻二的剪掉辫子都造成了祖传绝技的遗失，难以褒贬其中的行为，作为当代武术研究，理应关注时代背景下的民间武术家的心路历程以及妥协和改变：他们何以至此，是否有更好的出路，社会需要作出些什么来避免类似的事情发生？

（六）口述史研究

兴起于20世纪40年代的口述史学自20世纪80年代在我国学界开始风靡开来，至今已经取得了相当丰硕的成果。根据"当当网图书商城"的检索，以"口述史"为检索内容的书籍超过了1000部，相关科研论文近万篇。

美国学者威廉姆斯说："我越来越相信口述史的价值，它不仅是一种编纂近代史的必不可少的工具，而且可以为研究过去提供一个不同寻常的视角，即它可以使人们从内心深处审视过去。[1]"

20世纪70年代以来，口述史学开始经历了与其他学科之间深刻的互动。在文化研究、人类学、叙事学、心理学、民俗学、图书馆学、档案学、新闻学当中被广泛的应用。如在2008年汶川大地震灾难过后，相关部门开展了大规模的口述史研究。我国学者在对一些重大历史事件进行回顾的时候，如太平天国起义、义和团运动、辛亥革命等，大多官方史料难以客观公正的记载，往往"带有强烈的偏见和歧视色彩"，基于此，研究者们发现传统的从"故纸堆"中寻找答案的方法难以挖掘出新的历史资料来，于是"很多项目纷纷利用了国际同行所指的'口述史学方法'，而在中国则称之为'实地调查'"[2]48。如南开大学历史系组织学生对义和团运动年逾古稀的人们进行广泛的调查访问，"走访了123位义和团骨干、团民、红灯照师姐和千余名亲历过义和团运动的老人。其中受访者最高年龄达83岁，比如义和团大师兄沈德生、二师兄李长庆、三师兄张金才和红灯照四师姐赵青。[2]49"显而易见，这些第一手资料的收集比官方提供的资料更为详实、生动和可靠。从而，"口述史学作为一种研究手段已经被广泛的应用于诸如'五四运动''北伐战争'和'中国民主革命'等基本领域。[3]"

---

[1] Michae Kammen, The Past Before US: Contemporary Historical Writing in the United states [M]. Cornell University Press, 1980: 394.

[2] 杨祥银. 当代中国口述史学透视 [J]. 当代中国史研究, 2000, 7 (3).

[3] 保罗·科恩, 迈尔·格德曼. 现代历史 [A]. A·F·塔斯顿, J·帕克尔. 中国人文和社会科学研究 [C]. 纽约: 社会科学理事会, 1984: 46.

在武术研究方面，无论著作还是科研论文，口述史学方法应用的成果显得相当稀少。张文广教授《我的武术生涯》，李仲轩口述，徐皓峰整理《逝去的武林：1934年的求武纪事》，张大为《武林掌故》，张力《马振邦武学集·宗师传奇》等都是近年来的关于口述或者回忆录整理的著作；在学位论文方面，戴国斌教授带领他的硕士研究生作出部分成果：陈梅宝《上海育才中学武术教育改革的研究：以口述历史为方法》，晁改英《太极拳锻炼的口述历史研究：以锻炼空间为视角》，张国良《气功锻炼的口述史研究》，周琴《木兰拳发展的口述史研究》，张美玲《武侠小说中的武术世界——武侠小说武术谜口述史研究》。此外，成都体育学院陈振勇教授、首都体育学院周之华教授、北京体育大学徐伟军教授、上海体育学院郭玉成教授也有指导部分研究生从事口述史层面的学位论文研究。上述口述史著作或类似口述史著作提供了大量的正史之外的资料，介绍了大量武林人物的习武经历和成名历程，如李仲轩口述、徐皓峰整理《逝去的武林：1934年的求武纪事》一书中，以晚年李仲轩老人的口述为线索，讲述了他的家族兴衰以及和多位师父的求武经历，并对形意拳的核心技术要义"以真传一句话"的方式生动形象地表述出来，吸引了万千读者，以至于在李老去世后，得到了众多武术爱好者的怀念和哀悼。遵循对尚云祥的承诺，李仲轩一生从未收徒，但却是用讲故事的方式传播了形意拳的真经，这也表明了口述方法的独特作用。

大体而言，早期国内外的口述史研究基本都是以对精英的访谈和作传开始的，基本以退休官员、知名学者、演艺名家等为主，这不难理解，任何思想基本都是自上而下开始的，且作者和出版社处于现实的考虑不得不选择公众人物作为口述对象，但是作为一种为平民、失语者、缺少话语权人群诞生的研究方法和历史学科，口述史学毕竟是要在底层民众大量运用的，所以，后期的口述对象逐渐向一代知青、各层民众、社会特殊技术行业从业者等扩散开来。武术研究中，邱丕相指出："到民间去，问艺于民，从传统中汲取养分，让我们的武术研究更加接地气。"[1]邱丕相的呼吁再一次将我们的视角指向民间武术的守护者——民间武术家。林语堂曾言："北平的最大动人处是平民"[2]，同

---

[1] 邱丕相."武术研究"专栏导读——进入新纪元的中国武术研究[J].北京体育大学学报，2013，36 (9)：3.

[2] 林语堂.语堂杂感集[M].香港：香港汇通书店，1963：22-29.

样,中国武术的动人之处离不开那些浸润着中华文化基因的民间武术家。作为缺席者,对民间武术家的口述史研究能够揭开曾经隐藏的历史,正如保罗·汤普逊所说:"它给了我们一个机会,把历史恢复成普通人的历史,并使历史与现实相密切联系"。口述史学研究的生动、鲜活、亲近特性能够吸引更多的读者,而在深层的社会心理来看,"在社会转型背景下,口述史及其相关研究不仅对历史学、人类学、社会学等学科具有深刻的意义,也发挥着不容忽视的社会'减压阀'作用"[1]。

总体来看,以上关于门户、武术家、民间武术家生存的研究中,存在下列问题:其一,概念不清、混合使用。如关于门户的研究中,存在门派、流派、门户混用的现象,门户被提炼使用仅在"门户之见"的研究中,其他场合多使用流派和门派;另外,武术家概念也存在争议,出现拳师、武师、武术家等合用现象,学者对武术家概念的界定也各有侧重,如偏重民间、否定官方等。其二,鲜有以民间武术家为研究对象,涉及民间武术家生存、发展的研究则更为稀少。研究者普遍关注的是作为"接力棒"的武术文化,对于传递接力棒的"文化传递者"往往视而不见和存而不论;而且,在武术"文化传递者"中,"大众和精英"的精英更易成为研究对象;虽然,各类研究中涉及民间武术家群体或个人并不少见,但仅作为研究的论证资料而非研究主体出现,显示了学界对民间武术家的关注程度不高。其三,口述史方法在该领域应用不足。口述史法最大特点在于其平民史观的转向,在笔者查阅的文献中,多是以回忆录、故事、心得体会形式出现的短篇,且部分回忆录仍以精英、英雄武术家为主,对故事背后的故事挖掘整理仍有欠缺。

当然,已有研究的丰富资料为本研究提供了极大的便利和广阔的空间,使本研究能够站在前人的肩膀上以门户的视角切入对民间武术家进行深入系统的考察。

---

[1]谢勤亮.倾听"过去的声音"——影像口述史的中国实践与发展路向[J].现代传播(中国传媒大学学报),2010(12):80.

五、研究思路与方法

（一）研究思路

研究主要从口述史的视角和单位的视角出发讨论民间武术家的当代问题。基于当前社会学研究下行的趋势，向下看、到民间去的研究理念深入人心，如冯骥才"人民的经历，才是时代的经历"，邱丕相"到民间去，问艺于民"的指向；因此，对不受重视的民间武术家进行口述史学研究符合当今社会学研究潮流；鉴于中国武术门派林立，选择武术社会的基本单位——门户中的民间武术家进行考察更具现实性和代表性；以一个门户的民间武术家为主线，厘清其学拳、习拳、授拳以来生存状态及对武术的体悟，以及其在练拳、比试过程中传播和发展门户武术的体验——坚守的喜悦和割裂的痛苦，并将这种体验融汇在个人生活和门户生活中；概括当前平民武术家的现状以及未来走向并对中国武术整体的影响。总结民间武术家在发展门户武术时的生存智慧，即如何应对周遭的邻里关系、介入武术的政治生活，如何应对困难的家庭经济状况以及应对错综复杂的社会关系，如何处理门户的分化与分裂问题。

（二）研究方法

1. 口述史法

研究拟重点对香店拳5位民间武术家习武经历、生活、生存、发展历程中的体悟深度访谈，以访谈对象"娓娓道来"的方式来梳理门户视角中的民间武术家。民间武术家作为中国武术的中坚力量，在各种武术场合中从来都是无声者和无名者，少有文字记录这一历史群体，偶尔出现在记录中也是以配角面目出现，作为征召、奉献的贡献者，是统计学意义上的无名者。口述史法作为一种新的研究文本，留住即将消失的声音，书写未被书写的历史，尤其适用于一向较少使用文字的弱势者，改变了以往书写者与被书写者的关系，比之他人书写的资料更为详实可信。本研究同时对其他1~2个门户民间武术家进行口述访谈，以获得更为广泛的民间武术家资料，力争使研究更加鲜活。本研究尽快转变在民间武术家眼中的高校教师、博士生、武术研究者的面孔，以朋友、拳友身份切入口述史的过程。具体操作办法：

（1）对象的确定

根据前期的调研，先行确定了香店拳掌门人，研究会会长、秘书长及其宗师之子及农家拳掌门人、儒家拳掌门人等5人。同时访谈登云下山村村民1人如下表1-1所示。

表1-1 主要民间武术家口述对象

姓名	所习拳种	所在门户	访谈时间	备注
吴孔谈	香店拳	香店拳	2014-2017	福建省庆香林香店拳俱乐部秘书长，福州市武术协会香店拳委员会会长，福州民间武术玩家拳艺堂堂主，香店拳后山武术馆馆长，中国武术六段
王华南	香店拳	香店拳	2014-2015	首任福建省庆香林俱乐部会长，福建省非遗项目香店拳代表性传承人，香店拳第六代掌门人，中国武术七段
房贞义	香店拳	香店拳	2015-2016	福建省庆香林俱乐部副会长，香店拳第五代宗师房利贵之子，中国武术六段
房阿俤	香店拳，农家拳	农家拳	2016	福州晋安区武术协会主席，农家拳掌门人，中国武术六段
潘立腾	香店拳，儒家拳	儒家拳（兼顾香店拳）	2016	福建省武术协会香店拳委员会秘书长，福州市传统武术协会会长，儒家拳掌门人，中国武术六段
孙友恒	洛阳心意六合拳	洛阳心意六合拳	2015	洛阳心意六合拳研究会副会长、秘书长，中国武术七段
陈信春	无	无	2016	登云下山村人，与上山村同属一个大队，少年时偶有练习香店拳，现在福建工程学院图书馆工作，熟悉村中往事，专门开设新浪博客撰写相关事件

（2）筹备实施

对受访人进行前期的感情沟通、电话联络保证一定的存在感。购买录音笔、照相机等硬件设备，提高访谈技能，善于捕捉受访者的言外之意，打开"话匣子"，控制访谈时间等常规技巧。

（3）资料整理与编码

对访谈对象的录音编码采用拳种名称第一个字母和受访者姓名的第一个字母和短线后数字结合的方法，数字代表访谈的次数，并在录音音频标题标注录音时间（如20151018）。如少林拳武术家刘宝山第一次访谈，则编码为LBS-1。为了尽可能的在文字上保证受访人的真实意图，本研究力图做到今日事今日毕，当天整理好当天的录音文字工作，在文字上尽可能标注受访人的语气（抑、扬）、心情（欢快、沉闷等），同时尽快做好访谈后记，记录访谈前、后及过程中产生的相关问题，尤其是访谈者的即时心理背景，从而使受访者的口述内容能够更加真实。

2. 专家访谈法

拟定对6~8位口述史学、武术研究专家进行访谈如下表1-2所示。获取专家对口述史方法运用、研究方向、民间武术家的界定、生存现状、未来发展、门户的当代形式和概念等方面的意见或建议。

表1-2　访谈专家

专家姓名	工作单位	职称	访谈地点时间	备注
吉*	河南师范大学体育学院	教授	2016.07，新乡	博士，硕导
戴*	上海体育学院武术学院	教授	2015.11，杭州	博士，博导
王*	武汉体育学院武术学院	教授	2015.11，福州	博士，博导
申*	河南理工大学体育学院	教授	2016.07，焦作	博士，硕导
杨*	浙江工业大学体育科研所	教授	2015.11，福州	博士
刘*	上海体育学院武术学院	教授	2016.11，上海	学士，硕导
杨*	温州大学口述历史学研究所	教授	2015.04，福州	博士，硕导

31

3. 文献资料法

依托多所大学图书馆等文献资料获取平台，综合文化学、经济学、社会学、历史学、教育学、民俗学等多学科知识对获取资料进行综合分析；对所调研的门户中拳谱、家谱、村中大事记、拜帖、民间武术家的个人等进行梳理。

4. 现场观察法

对民间武术家的收徒、授徒仪式以及门内集会、参与比赛、武术培训、教学、社会参与等日常生活实践和仪式活动进行现场考察，以贴近其真实生活状态，获得第一手资料。

5. 逻辑分析法

基于论文进行过程中的实地考察、现场观察和口述访谈，结合其他文献资料进行演绎、归纳、推论，逐步深入剖析相互之间的内在逻辑联系进行分析。

六、创新之处

（一）研究领域的拓展

在已有的研究中，底层民间武术家的研究较少，相关文献中存在"视而不见、存而不论"现象，官方也很少提及；虽然在网络间的博客、微信及相关武术网站中多有个人回忆性、总结性的短篇资料，但尚不足以成为学术成果。系统性的讨论和规模性的反思尚处于一个低度开发的阶段。本研究以平民叙事的方式展开对以门户为单位的民间武术家系统的整理，尽量展现出一幅平民武术家在习武、生存、生活、发展中的社会群像，以及他们为中国武术的"基因"存留作出的那些事迹。武术的生成与传播历史应是"英雄创新的高亢"和"平凡继承的低吟"所共同谱写的交响曲。这一知识领域的生成和建构，在很大程度上需要作为平民的民间武术家自身的讲述，因此，对民间武术家的口述整理，从普通人的武术生活洞悉武术文化的传播、延续历程是本研究的创新之一。

（二）研究视角创新

以门户的视角对民间武术家的研究是本研究的创新之一。从综述可见，关于门派的武术研究中有武术家相关简要研究，但是以门户视角切入，对以门户为单位的民间武术家生存与发展，以及门户中的分化、分裂现象进行描述尚不多见，作为中国武术社会中的基本单位，门户界定了民间武术家的社会身份，同时也确定了门户的武术社会身份，在两种身份的确立过程中，门户中的民间武术家采用何种技术完成自身和门户的身份构建等问题或许是门户视角的独特之处。

七、概念界定与分析

本研究的核心概念为"民间武术家"和"门户"，关于门户的辨析在文献综述部分已有涉及，而关于武术社会中"人"的概念限定则难以在内涵、外延上统一，所以本章并不纠结与"民间武术家"这一群体的硬件和软件来确立他们的身份以及何谓民间武术家的概念，而是引用鲍曼关于后现代社会的隐喻——流浪者与观光客来对比民间武术家在当代的存在状态和群体类别。

（一）民间武术家的界定困境

关于武术家或者民间武术家的称谓问题，马明达、程大力、乔凤杰等学者都有自己的看法，但是，无论是程大力的"有相当功夫，有一定年纪"的"民间传统武术习练者"，还是马明达的"品德高尚，学识渊博，技艺超群"或是乔凤杰的"武德修养，深厚的武术功力"的硬件、软件标准，都难以用实际标准进行衡量。同样，阮纪正的"只懂得拳艺操作的工匠是武术拳师，既懂拳艺操作又有武术理论的则是武术家"[1]论断也难以在实际层面得到验证。在访谈中，戴国斌教授指出了民间武术家一定要具备的"解决生存"和"做大武术"

---

[1] 阮纪正.至文为武：中国传统武术文化论稿[M].广州：广州出版社，2015：337.

两个基本要素，而不仅仅是自我修养和拳技的提升。显然，不同于其他学者对"武术家"的"硬件""软件"指标的限定，戴国斌在"自我生存"和"武术发展"两个层面来看待"民间武术家"的资格问题，从宏观的角度为民间武术家的概念界定拓展了新视野。

那么，对一个门户的民间武术家概念来说，如何用以上学者的观点来界定，并不是一件容易的事情。在我国传统艺术领域，尤其是民间，一直是产生各类"大师"的领域，各种自封或者哄抬的"武术大师"也是屡见不鲜，甚至有标称的不知所谓的"国际大师"。当然，自"大师"而下的"武术家"更是不知凡几，因为每个人都有自己认定的标准，如获得何种级别比赛冠军，何种武术段位，何种社会组织头衔等。问题是，近年我国各地的"国际传统武术节"此起彼伏，各类传统拳术项目的设置往往以地方稀有拳种为单项罗列，其金牌含金量大打折扣。以创办较早的"浙江国际武术节"为例，2012年的比赛中"设置了男、女20个年龄组别，单练、器械、对练、集体4大系列，778个项目类，进行了9582个单练、149项对练和253项集体项目以及31项个人全能，总计进行了11525个项目的角逐"[1]。可以想象，如果这类"国际"冠军都是武术家，这样的比赛将产出多少"武术家"，这样的"武术家"又如何服众。

（二）分类命名中的民间武术家群体

美国学者张鹂在其著作《城市里的陌生人：中国流动人口的空间、权力与网络的重构》一书中分析了汉语中"农民"一词是怎样在文化、政治上被发明出来的。她借用孔迈隆的说法，农民是被现代知识、政治精英将中国的乡村人群转化为"农民"——一种在文化上具有明显差异的"他者"[2]。同样，对于本应和艺术家齐名的"武术家"，尤其是对土生土长的"民间武术家"命名中，这一"他者"效应更加明显，而对于外来武术家，人们则相对温和得多，例如，人们在对李小龙的宣传和报道中，多数武术人并不仅仅将其作为一个电

---

[1] 侯胜川.当代民间武术家生存状态研究[J].体育文化导刊，2014（7）：66.

[2] 张鹂.城市里的陌生人：中国流动人口的空间、权力与网络的重构[M].袁长庚，译.南京：江苏人民出版社，2014：25.

影武术动作演员,而是极力宣扬其所创造的截拳道和他的武术哲学以及他在海外对"中国功夫"盛名的贡献,人们甚至念念不忘美国《黑带》武术杂志对其"世界7大武术家"[1]的美誉。

在笔者对早期各类专业武术杂志的查阅中,对民间武术家群体使用最为频繁的词汇是"拳师"或"民间拳师",对年龄稍长、习武有年武术人称"老拳师"。"拳师"一词相对应的或相近的是"武师",在词义上有"赳赳武夫"之意,是文化意义上的贫乏者群体,甚至有归结于莽夫之列之意。根据张鹏的研究,"分类和命名与社会权力密不可分"[2]。正如布迪厄所指出的"那种将食物条分缕析的分类工作"是用来明确社会意义和秩序的重要机制。福柯等也同样指出了:"命名与分类不单是描述、反映、再现社会秩序,它还可以形塑或重塑各个不同群体之间的权力关系。"

当然,社会权力和民间武术家的关系并非本研究所涉及的主要内容,且在随后关于"掌门人"的社会权力中有部分论述,但是,它至少给我们了一个启示,缺乏社会权力和话语权的民间武术家被命名为"拳师""武师"等词汇,意味着他们这一群体普遍处于社会底层,他们的被命名和分裂是社会、政治精英的发明,是长期以来我国传统社会中重文抑武的思潮延续。也直接导致了相关学术研究中对这一群体的忽视,也是社会对这一群体缺乏尊重和重视的表现。笔者使用"民间武术家"这一称谓旨在还原这一群体的应有历史地位,以使社会更多的人能够关注他们,这也是本研究的初衷。

(三)后现代社会的隐喻与民间武术家

如果说对一个武术社会中的最小单位——门户的考察具有一定的现实意义和代表性的话,那么,门户中的群体是否均可称的上民间武术家?

---

[1] 因为翻译的问题,原文应为"黑带群英殿"(Black Belt Hall of Fame),1972年,有7人入选"黑带群英殿",其中包括李小龙,尽管这种冠名为"世界7大武术家"的翻译并不贴切,甚至有高攀之嫌,但是,基于人们对李小龙在武术上成就的赞叹,多数引用者并反对李小龙的这种称号。

[2] 张鹏. 城市里的陌生人:中国流动人口的空间、权力与网络的重构[M]. 袁长庚,译. 南京:江苏人民出版社,2014:25.

一个民间的想象共同体，不具法律上的约束力，且在乡土社会日渐崩塌的现代社会，传统的地缘、业缘、类血缘关系已经难如当初，门户的存在无法唤起从前等级结构的权力机制；同时，专业武术家（武师）从业者的稀缺，身份的多面性导致难以界定一个人是否为武术家，毕竟，靠武术吃饭已经不是现代社会的主流。但是无可否认的是，每一个时代总有对传统的拥护者存在，也正是他们的存在，才使传承成为可能，才有了薪火相传的传统。但是，接下来的问题是，如果说门户中的"朝圣者"称作是武术家，门户的其他非武术家成员有什么作用，他们和"朝圣者"之间建立了一种什么关系？

1. 后现代社会的隐喻

鲍曼在他的多部著作中不厌其烦的使用"观光者"和"流浪者"这一隐喻来形容后现代社会人们的生活模式。因为，在他看来，"也许只有将流浪者和观光者相结合后才能表达后现代生活方式的全部现实"[1]。

鲍曼在论述后现代社会模式的时候，把当代人们所遭遇的生活困境和游牧部落人员的困境相比较来阐述，并提出了朝圣者、流浪者、观光客的概念。他指出："不同于定居者，游牧部落的人们一直处于迁移状态。但他们环绕在一块结构良好的领土周围，这块领土的每一个部分都被赋予了长期的投资和稳定的意义。[2]"朝圣者则有一个事先设定好的稳定线路，最终达到目的的，游牧部落则是通过曲折的线路寻求的只是一个憩息点，接着迁移到下一个车站。随后，鲍曼用流浪者来解读游牧者和朝圣者，在他看来，因为流浪者"不知道他将在他现在的地方呆多久，并且他经常根本无法决定何时他的停留会结束。"所以，"流浪者是没有目的的朝圣者，是一个没有旅行指南的游牧者。"鲍曼进一步指出："流浪者旅行穿过了一个无建构可言的地方，就像沙漠中的迷路者，他只知道这次旅行仅仅留下了他自己的足迹，在他经过时，他旅行的痕迹再一次被风吹散了，流浪者建构了他偶然居住的地方，当他离开时就拆除了那些建筑物。[3]"在笔者看来，鲍曼用"流浪者"的隐喻来比较当代人们的生活困境同样适用于笔者对于以门户为基础的民间武术家现状。这

---

[1] 张金岭.齐格蒙特·鲍曼对后现代社会特征的透视［J］.天中学刊，2008，23（2）：34.

[2] 齐格蒙特·鲍曼.后现代伦理学［M］.张成岗，译.南京：江苏人民出版社，2003：282.

[3] 齐格蒙特·鲍曼.后现代伦理学［M］.张成岗，译.南京：江苏人民出版社，2003：282-283.

一类武术家，他们年轻时跟随宗师习武，离开宗师后，迫于生计而成为"一个没有旅行指南的游牧者"，他们四处谋生，并无具体的生活目标。于武术而言，他们没有建构，一旦离开，其身上的武术痕迹也就慢慢消失，只留下一星半点的记忆，如果没有一个合适的契机，他们将永远是门户武术家中的"流浪者"。

鲍曼同样引用了后现代生活的另一种隐喻——观光客[1]。在鲍曼看来，惟有流浪者和观光客的结合才是后现代社会的全部。尽管观光客也终将和流浪者一样离开他现在的地方，但是，与流浪者不同的是，"只有观光客的审美能力——他或她的好奇心、对快乐的需求、经历新奇的、快乐的、令人快乐的新奇的希望和能力的体验——才似乎拥有一个使其生活世界空间化的几乎完全的自由；这是流浪者可以梦想的一种自由。[2]"如前所述，生存于鲍曼谓之的"液态现代"的世界，所有人都无法摆脱流动存在——即流浪者和观光客，但是二者却有显著的不同和必然的联系。鲍曼在《后现代性及其缺憾》一书中对两者的关系进行了详述。他们的共同特点在于都在不停地移动，不同在于他们的移动动因并不相同。鲍曼所谓的"移动"不仅是指身体上的，也可以是思想上的。"优秀的观光者是掌握着超级艺术的主人，他们能够使固体融化，使固定的东西变得不固定。[3]"

在门户武术家中，有一类我们称之为后现代英雄的群体，他们乘着"改革开放"的政策，以武术为产品，开发出多种武术成果提供给人们使用，他们一步步的实现自己的目标，成为现代武术发展的文化英雄，被誉为"天下第一武校"创始人的刘宝山极具代表性，从"少林寺入口的2间破窑洞"开始到拥有3万人的武术产业集团王国，包含了从幼儿园、小学、中学到大学所有武术教育产品。除了成为竞赛场上的"铁军"，刘宝山和他的塔沟武校先后经历了央视春晚、北京奥运会、上海世博会的大场面，他当然是一个观光客，在成为文化英雄的旅行风景中，辛酸、快乐、新奇等，他都"无一幸免"。在他的经营

---

[1] 在不同的中文翻译版本中，有旅行者、游客、观光客、旅客等翻译，本文中统一用观光客一词，为了保证原译著，在部分引用文献中，不会更改其"旅行者、游客"原译，笔者所使用的词一律用"观光客"。

[2] 齐格蒙特·鲍曼.后现代伦理学[M].张成岗，译.南京：江苏人民出版社，2003：283.

[3] 齐格蒙·鲍曼.后现代性及其缺憾[M].郇建立，李静韬，译.上海：学林出版社，2002：105.

下，将武术化腐朽为神奇，摆脱了民间武术家的物质贫穷状态和社会身份低下境遇，他先后获得中国民间文化杰出传承人、全国武术九段、河南大学客座教授、硕士研究生导师、全国十大老拳师（此处并非武术家而是老拳师，即使如此成就，仍是老拳师称谓，可见分类命名中的权力问题）、教授等荣誉称号，即使年过八旬停下脚步、颐养天年，正如鲍曼所言："观光者生活的核心是不断移动，而不是到达"。

2. 民间武术家的界限

在武术门户中，真正的民间武术家和普通的民间武术家之间的界限是否真的泾渭分明！在鲍曼看来，并不存在这样的分界线，观光者和流浪者作为现代生活的隐喻，他们有时候是互为他者的，"我们都处在'完美的观光者'和'不可救药的流浪者'这一连续两极之间的某个位置——而且，我们在两极之间的各自位置，是根据在选择生活路线时所拥有的自由程度而标示出来的"[1]。因为流浪者对于生活的无以应对和选择不自由，所以，换言之，流浪者是无奈的观光者，是在生活中无法成为观光者的流浪者。但是，鲍曼又指出的"流浪者是观光者的他我""流浪者则是后现代性的受害者"，并由此促成了"观光者是后现代性的英雄"的命题。所以，当代社会中的人们既不可能是"完美的观光者"又不能是"不可救药的流浪者"，在某种意义上甚至既是观光者又是流浪者。

由此可见，我们明晰了这样的观点：作为现代社会的隐喻，以门户为单位的民间武术家既有作为当代武术英雄的观光者，也有作为受害者的武术流浪者。进而言之，我们亟需了解的问题是：他们何以成为观光者的武术英雄和流浪者武术受害者。

"从2003年开始，除了原来的塔沟武校，集团7年间增加了6家教学单位。这艘航空母舰并不是刘宝山现在想要的，但已经摆在了他和三个儿子面前。[2]"无论是集团下属少林中学的"发展太快、太猛"，还是在管理理念上和儿子的不一致，已经80岁高龄的刘宝山无法安静地"解甲归田、告老还乡"，"每天

---

[1] 齐格蒙·鲍曼. 后现代性及其缺憾[M]. 郇建立, 李静韬, 译. 上海: 学林出版社, 2002: 109.

[2] 夏宏. 少林塔沟：一所武校和一个家族的纠结[J]. 企业家, 2010（8）: 120.

望着这两三万名学生就特别揪心,我每天操的就是这个心,这些孩子练武磕着了怎么办?病了怎么办?食物中毒了怎么办?[1]"所以,他必须"每天仍雷打不动地准时到学校上班,处理学校的事务"[2]。刘宝山在他的武术发展之路上一路走来,获得了武术给予他的希望和能力的体验,拥有了在当代社会空间的自由权利,这种自由甚至是武术社会中"流浪者"一直梦想的。但是,显而易见的是,刘宝山为此也付出了另一种不自由的代价。

在当地政府"武术搭台,经贸唱戏"的主导策略下,以少林武术为支柱产业的相关贸易为政府提供了成交金额达上千亿的经济支持。

在政府政策和现代社会发展背景下,刘宝山已经无法还原当初的庭院武术传统传承模式,尽管他依然用传统的家长制度管理自己的儿子和集团,且目前总是在假设自己"不在了"的前提下,让儿子们"统一思想,没有分歧"地处理集团事务,但是他和自己的儿子都知道"这事难",为此,他发出了"做事难,做人也难"的感慨,他明白,再也无法回到当初"两间窑洞,几个徒弟"的纯真年代。鲍曼描述了现代社会的理想状态,"在理想状态中,一个人无论何时何地都应当是一个观光客;身临其境却又置身事外;物质上的亲近,精神上的疏远"[3]283。刘宝山显然没有达到这种更理想的状态,他既想成为"观光客",又在特定的时刻幻想回到"流浪者"的状态。

在另一层面,"身体上的亲近,精神上的疏远,乃是流浪者和观光者的共同公式"。在现代社会中,两者都非边缘状态或者属于边缘群体,"他们转变成了注定要垄断生活整体和日常性整体的模型:成为衡量所有实践的标准。"在2005年香店拳师兄弟的第一次厨会中,上场表演的师兄弟居然没有一个能够打全师父所传套路,大部分人甚至都忘记了,在随后的"功夫研究小组"中,全部的师兄弟加起来勉强凑齐了全部的套路。无独有偶,"据某武术杂志介绍,洛阳心意拳是一个古老的优秀拳种,在洛阳东关,所有会心意拳的四家加起来也不能把先辈们所传套路打全面,他们的生活也不富裕,有的靠卖牛肉汤维持生计,他们的拳术传给谁呢![4]"同样的问题,流传于山东的九水梅花拳

---

[1] 夏宏.少林塔沟:一所武校和一个家族的纠结[J].企业家,2010(8):120.
[2] 肖芳.精武家长刘宝山[J].企业观察家,2011(9):33.
[3] 齐格蒙特·鲍曼.后现代伦理学[M].张成岗,译.南京:江苏人民出版社,2003.
[4] 刘同为,侯胜川.论中国武术传承过程中的产权保护[M].广州体育学院学报,2007(5):53.

成为市级非物质文化遗产项目，"现在村委会全部招式的只剩下五六个人，最小的也有40岁了。[1]"

当一名记者访问马国相时，问及他的恩师陈启旺现在生活如何，马国相回答："他老人家现在还住在老屋里，还是当年的农村，延续着陈家沟一贯的传统，闲来练拳，忙时种地。我曾经游学拜访过国内一些知名太极大师，有些人现在仍然过着清贫的日子，甚至穷苦得都要让你辛酸。他们往往被拍成录像去作宣传，可很少有人关注他们的生活状况。[2]"张延庆在讲述他的师父徐青山时指出："在此之前（20世纪70年代末之前），由于受国内政治环境的影响，他头上顶着一个国民党反动派的'大帽子'，而一直处于社会底层，历经坎坷。据后人共同回忆，在'文革'期间由于先生参加过国民党军队背景，受到很大的冲击和批斗，家庭生活十分拮据，也没有正式的工作，以打扫卫生和捡拾垃圾为生。[3]"

上述民间武术拳种的继承者——民间武术家们对上代宗师的技艺传承来看，武术套路成为工具，在精神上，没有全部投入武术的发展中；表面上他们被关注，实际上仍不被重视而处于底层，这就是民间武术的现实也是民间武术家的现实。作为民间武术家中的流浪者，他们为生计四处奔波，他们看似可以四处流动，却无法逃离不成功消费者的现实，武术在他们手中并没有成为产品而消费出应有的意义。在现代社会中，他们似乎处于边缘，但在武术社会中，他们就是多数民间武术家群体的缩影，他们非但不是边缘而是主体，他们的实际行动诠释了梭罗"荒野护卫着世界"的箴言。

3. 互为自我的民间武术家

"鲍曼反复陈述，观光者和流浪者都是当代生活的隐喻。我们每个人都会是观光者、消费者当中的一员。[4]"从这一意义而言，从属于门户共同体

---

[1] 高亮.百年拳种挖掘容易传承难，抢救拳种不能光靠吆喝[N].半岛都市报，2010-04-05（4）.

[2] 佚名.马国相：挑战学院派的民间太极高手[EB/OL].http://news.sina.com.cn/o/2005-06-28/11216289659s.Shtml.

[3] 张延庆.莫待此情成追忆——从技艺到记忆的邢台查拳[M].北京：中央民族大学出版社，2014：38.

[4] 张金岭.齐格蒙特·鲍曼对后现代社会特征的透视[J].天中学刊，2008，23（2）：36.

的民间武术家既是现代社会的流浪者又是观光客。但是，与观光客不同的是，流浪者是不成功的或者是有缺陷的消费者，"他们其实并不精通消费之道，还做不出种种老练的选择。他们的消费潜能和他们的财源一样有限"[1]。基于此推论，在本研究中，以吴孔谈为代表的民间武术家群体，他们又是民间武术家中的流浪者，他们招收门徒，却不收学费，开办武术馆却没有成功注册，他没有在消费社会中润滑经济车轮，没有为其他观光者增光添彩；吴孔谈因家庭经济的压力早早"下海"，却并不成功，多次转换职业角色，甚至以"摩的"为生。所以，他的武术事业停滞不前。但是他并不愿一直处于流浪者的尴尬处境，他在新阶段中逐渐将工作重心转移至门派的武术事业中，甚至于2012年关闭了自己的"后山武馆"，在门派武术的系列事件中：申报省级非遗、选举掌门人、出版拳谱，不遗余力发光发热，又成为有目的的观光客。和刘宝山不同的是，吴孔谈可以自由选择自己的事业，他的武术生活和自己的社会生活是区分开来的，他最终终结了自己的武术"流浪者"身份，转而为整个武术门派的事业发展全力以赴。他们在相近的年代开办武校，却又在相近的年代憧憬不同的武术生活。在鲍曼看来，现代社会中"旅游观光和流浪漂泊是同一枚硬币的正反两面，流浪者是旅行者的另一个自我。"两者之间的界限是模糊不清的，难以在清晰的脉络上区分彼此。一方面，流浪者是观光客的噩梦，观光客极力摆脱成为"流浪者"的可能，但是，最终又渴望拥有流浪者的自由；另一方面，"没有流浪者的世界是旅游者社会的乌托邦"[2]。或许可以说，流浪者是被迫的"观光客"，他是观光客的另一个自我。"是他们令人瞩目的艰难，把他们自身的焦虑缩减到最小程度。是他们明显的不幸，鼓舞了另外一些人感谢上帝使他们成了观光者。[3]"作为杰出的民间武术家和普通的民间武术家，刘宝山和吴孔谈分别代表了现代社会中的两种民间武术精英，他们选择了两种方式来对待祖传的武术，而多数民间武术家则处于两者之间的任意位置。

将讨论的范围缩小至一个武术拳种门户中，这一隐喻同样适用，那些为门户武术发展奔波的精英和门户其他支持者构成了门户武术的全部，他们互为自我，不可或缺，共同冠以"民间武术家"存在辩证的合理性和当代社会存在的

---

[1] 齐格蒙特·鲍曼.全球化：人类的后果[M].郭国良，徐建华，译.北京：商务印书馆，2013：93.
[2] 齐格蒙特·鲍曼.全球化：人类的后果[M].郭国良，徐建华，译.北京：商务印书馆，2013：95.
[3] 齐格蒙特·鲍曼.后现代性及其缺憾[M].郇建立，李静韬，译.上海：学林出版社，2002：110-111.

合法性。

笔者再一次重复鲍曼对现代生活的见解，"观光客"的世界是一个美学至上的世界[1]，而"流浪者"虽然与"观光客"一样，在旅途中生活，但他们的旅程总是摇摇晃晃，逆风而行，他们选择流浪是因为他们别无选择[2]。作为存于流动的现代性之中的二者，他们互为自我。

（四）门户民间武术家研究的代表性问题

在林语堂的笔下："北平的最大动人处是平民"[3]。在笔者看来，中国武术的动人之处，同样在于那些平淡朴实的民间武术家。对民间武术家的观照，既要看到作为后现代性文化英雄的"观光客"，也要看到后现代性受害者的"流浪者"。在本研究中，则体现为门户武术贡献毕生精力的吴孔谈、王华南等民间武术精英，同样也关注为武术添砖加瓦的无名英雄，他们在观光客和流浪者之间流动又互相隐喻。

对一个门户单位的民间武术家的研究，通常会被问到代表性的问题，的确，如同费孝通先生在其博士论文《江村经济》中所指出的："对这样一个小小的社会单位进行深入研究而得出的结论并不一定适用于其他单位"[4]。但是，根据中国武术协会的资料，20世纪80年代的全国武术普查中，"经过三年努力，初步查明流传各地的'源流有序、拳理明晰、风格独特、自成体系'的拳种129个"[5]，而拳种是流派、门派、门户载体，在此基础上，拳种衍生出的门派、门户更是难以数计，在每个门派、门户之中，都有各自的武术家支撑门面。所以，对一个民间武术门户的武术家的当代生存状态和发展进行梳理，或可用费孝通先生的自我概括："这样的结论却可以用作假设，也可以作为在其他地方进行调查时的比较材料。[6]"

---

[1] Zygmunt Bauman, S. Hall and Paul Du Gay, ed. Questions of Cultural Identity [M]. London：Sage，1996：29–31.

[2] 周栋栋.鲍曼"流动的现代性"社会理论研究［D］.南京：南京航空航天大学，2010：37.

[3] 林语堂.语堂杂感集［M］.香港：香港汇通书店，1963：22–29.

[4] 费孝通.江村经济［M］.戴可景，译.北京：北京大学出版社，2015：11.

[5] 国家体委武术研究院.中国武术史［M］.北京：人民出版社，2008：447.

[6] 费孝通.江村经济［M］.戴可景，译.北京：北京大学出版社，2015：11.

第二章　武术人生：一个民间武术家的50年

在每个人的50年里，都是极其珍贵和富有历史意义的。1953年，吴孔谈出生在福州北郊一个贫穷的小山村，作为"50后"，他经历了"刚生下来就挨饿，该上学就罢课，该毕业就下乡"[1]等被打乱的生命历程。作为一名普通的民间武术家，吴孔谈从15岁左右开始断断续续地习武，直至其拜入宗师房利贵门下系统学习香店拳。从最初的武术用于打斗、生存、自卫，到30岁时才明白何为武术的体悟，在其上学、做苦工、机关粮店仓库管理员、机关粮店主任、开办后山武馆、辞职下海、成立研究会、致力于发展香店拳、联络师兄弟、筹办宗师祭祀等历程中，武术是其从未脱去的痕迹，并在其年岁增长之中愈发的明显，即使在患重病期间的康复阶段，武术依然是其生命的支柱和精神依靠。诚然，任何一个人的生活轨迹都无法脱离国家、社会、历史的变迁而单独存在，在吴孔谈的身上，显然能够看到20世纪60年代国家经济困难、饥饿缺衣、十年"文革"动乱期间的偷拳、80年代电影《少林寺》所引发的民间武术热潮、90年代经济大潮中武术的平淡与虚无以及21世纪武术发展新机遇等历史事件的线索。从而，对吴孔谈的武术人生梳理，或许能够勾勒出一个民间武术家群像：对武术的热爱如何在与国家、社会、家庭以及个人的发展做出属于自己的武术天地，他们如何以门户为阵地打造属于自己的武术天空，如何在学拳、练拳、玩拳的武术体悟中对应人生中的生存、生活、生命历程。

---

[1] 郭于华.倾听底层：我们如何讲述苦难[M].桂林：广西师范大学出版社，2011：250.

第一节 一个民间武术家视野中的
民间/国家武术考察

在关于武术是什么或不是什么的历史追问中，产生了数十个武术概念[1]。这些概念反映了某一历史时期或某一武术群体对武术的认知和理解，所以难以经得起历史的推敲和集体的认同。随着"武术库"的日益庞大，关于武术的概念终究在常谈常新和老生常谈之间徘徊。所以"关于武术的数十种概念以及人们的不同认识在告诫我们：当前更为重要的应该是多关注武术融合的过程和趋势，而不是一劳永逸的给出一个武术的确凿定义"。在具体化的一个人身上，为什么习武，习武带给了他哪些启示，他又如何对待自己掌握的武术技击并以他的武术来回报社会，这样的武术人生历程，或许对人们认知武术更为具象而不抽象遥远。吴孔谈的武术人生或许有一定的启示。

一、求武缘起

1966年，席卷全国的"文化大革命"开始了，那时家住后山村年方15岁的吴孔谈"整天没事干""调皮""爱打架"，又因"家里穷"、兄弟姐妹多（5个），一家8口人（还有奶奶）仅靠父母"一天8个工分"获得的粮食度日，生活异常艰难。

没有几亩地，都是集体的，一天赚8个工分，不够吃啊，家里穷就会被人家看不起，比如有的人在单位工作，一个月20~30块钱，那就相当不错了。因为穷，就会受人家欺负，经常被大一点的小孩打，像我这样的经常跟人家打，不让他们觉得我好欺负，养成好斗的性格。后来，我的外祖父陈启梅，他的功夫相当不错，他看到我想学，但又不敢教我[2]。

---

[1] 关于武术概念的研究在邱丕相、谭炳春、杨建营、龙行年、杨祥全、周伟良、王林、李印东等学者的研究中都有描述。

[2] 录音编号：20151213WKT-1。

第二章 武术人生：一个民间武术家的50年

在《四牛武缘》一书中，"当老师问及年幼的门惠丰习武为了什么时？门惠丰愣了一下，说：'为了锻炼身体！为了不受人家欺负！''对！还有吗？'师父又追问了一句。门惠丰憋得脸红脖子粗地答不上来。[1]"从马斯洛人生需求理论的层次来看，生理、安全的基本需求决定了一个年轻孩子的习武缘起，身体的强壮和人身的安全是其最朴素的回答，门惠丰和吴孔谈一样，他们自然无法回答出报效祖国、为人民服务之类的答案。同样，吴孔谈在身高、体重不占优势的条件下，和别人打架的唯一获胜希望就是习武。

那个时候我大概十二、三岁，跟外祖父学，因为年纪小，根本不懂得应用，玩一玩，挺有意思的。真正的武术是什么，根本不懂。主要就是学一些套路了。[2]

在怕外孙打架闯祸的心理下，外祖父陈启梅并没有教会吴孔谈实战技击功夫，只是一些简单套路，结果"玩玩的套路"还是打不过其他"大孩子"。对于自己所学武术的不实用，吴孔谈便跑到邻村的其他老拳师那边驻足观看，想学些实用的技术，"我们小孩子就在一边看，天天看也不错，也学了一些。"然而，无论是外祖父陈启梅所传的"玩玩用"的龙桩[3]套路，还是在邻村驻足观看的"大孩子"练武，吴孔谈武术技艺并没有太大提高，因为他并没有"入门"，哪怕是武术的初级。

为了不被欺负，吴孔谈跟邻村老拳师的"学一点、懂一点、真的很好用"，"同龄的欺负我，他一动就被我打的不敢动了"。

当笔者问及家里父母会不会支持他习武的时候，吴孔谈笑了。

（家里人）很支持，因为历代，从我父辈开始，（图2-1）。在新中国成立之前都是受人家欺负，父亲的堂伯父都是被人家追着用刀砍啊。（所以我的）目的就是学，打多大的小孩，别人不敢欺负我，那时就觉得以前都是压着我打的，现在不敢欺负我了[4]。

---

[1]昌沧.四牛武缘[M].北京：人民体育出版社，2004：189-190.
[2]录音编号：20151213WKT-1.
[3]据吴孔谈的口述，他的外祖父所练拳术为龙桩，也称龙拳。
[4]录音编号：20151213WKT-1.

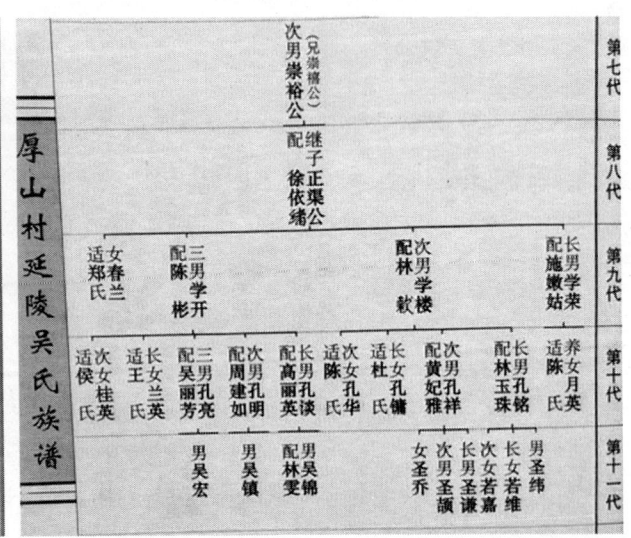

图2-1　吴孔谈家谱

但是，吴孔谈显然没有满足于他所学到的皮毛，他在等待一个机会，一个名师，直至他17岁的时候，他终于遇到了改变他一生命运的师父房利贵。

村里一个朋友，他跟我讲登云那个山上有个老头很厉害，打的拳真的太厉害了。他那个时候学了两个套路，就先教我，等于香店拳的一个套路是这个算是我师兄教我的，后来看我打得不错，就天黑的时候带到房利贵那里去了，房利贵让我打给他看，我一表演，我的师父就惊讶了，他问我学多久了，我说半个月多，还不到一个月，他不相信。因为我本来就有点基础，有点天分。他就问我师兄，我师兄说就是半个多月。然后师父就说你就跟我学，有空就到我家来，我一听就高兴得要命[1]。

对于一个已经17岁的人来说，真正的开始习武时间并不算早，而且算是很晚了，但是，这是吴孔谈武术人生的开始，他此后的人生毕竟和武术息息相关，无法分开。

---

[1] 录音编号：20151213WKT-1。

二、民间/国家武术的分野

以吴孔谈的求武缘起为线索，我们必须理清武术文化研究中的争议问题，才能结合吴孔谈的经历与当代民间和国家两种武术形式进行类比，进一步了解一个普通民间武术家对武术体悟的社会背景。

关于武术缘起的各种推测和证明当中，多数版本的武术史研究中多把武术萌芽或缘起推定为原始人类的生产采集活动，如余水清编著的《中国武术史概要》中写道："中国武术的源头，可以追溯到中国原始社会的生产活动中去，以狩猎为主的原始人，在同自然界的斗争中，为了在恶劣的自然环境中生存下来，不仅逐渐练就了徒手擒杀野兽的本领，而且创制了大量的具有尖峰利刃的生产工具，并逐渐掌握了使用工具同野兽搏斗的技能。[1]"同样，任海的《中国古代武术》中也认为："为了保卫自己，我们祖先们不得不同凶猛的野兽进行殊死搏斗。[2]"邱丕相[3]、周伟良[4]等各自所著《中国武术史》中也表达了类似观点，但是，周伟良更进一步指出了："原始社会所孕育的武术形态，充其量是个胚胎，它与后来有了自己文化特点的武术形态有着很大的差别。"而关于多数武术史研究不得不从原始社会追寻武术足迹的缘由，周伟良指出："文化是一个彼此联系的历史社会现象。尤其对于中华民族这样一个数千年历史文化传统相延不绝的民族而言，我们追寻中国武术从无到有的历史踪迹，又必须从这里开始，而不是从'已具规模'的形成期开始。"于志钧在《中国传统武术史》中则从"武术不是泛义的打斗"观点出发，认为武术是"人类社会发展对个体（单个人对单个人）技术需要的产物"[5]，并以此为基础对"武术起源于人兽相搏""武术源于战争""武舞、角抵是武术"等论断进行了批判。

---

[1] 余水清.中国武术史概要[M].武汉：湖北科学技术出版社，2006：13.
[2] 任海.中国古代武术[M].北京：商务印书馆，1996：10.
[3] 邱丕相.中国武术史[M].北京：高等教育出版社，2008：9-13.
[4] 周伟良.中国武术史[M].北京：高等教育出版社，2003：9.
[5] 于志钧.中国传统武术史[M].北京：中国人民大学出版社，2009：3.

（一）历史法和归纳法的分歧

在武术研究中，历史的观点占据了上风，即把一切和武术相关或类似的形式统统纳入武术范畴，从而使"武术库"变得异常庞大。在现代武术概念中，射箭、摔跤、军事等已经脱离武术范畴，而在历史的方面看来，它们又和纯武术有着密切的联系，因为"文化的集体因素或条件被解释为起源于某个第二者，第二者又导因于某个第三者。[1]"所以才有周伟良所指出的武术史研究必须从远古的相关历史事件中追寻的必然选择；但是，问题在于武术演绎的复杂和相关文献的稀缺，并没有多少直接相关的历史痕迹可循并能够充分证明，所以导致了武术史研究中存在的"大而宽"现象俯拾皆是，如对于"武舞同源"的推测，将象舞、执干戚舞、公孙大娘剑器舞划入武术范畴，并作为武术的"击和舞"两条线路发展的佐证，"在我们没有太多资料的情况下，历史的追寻可能演化为历史的臆测。[1]"因为历史的研究方法只给出了事件、事物及其发展的顺序，然而历史的断层现象时有发生，这些遗失的环节只能靠后人的臆测来补充。所以，这种历史的研究对武术史进行分析时才会莫衷一是、众说纷纭甚至是自说自话。

另外，于志钧、阮纪正等学者以"后见之明"归纳方法认为武术是人类应对社会需要的产物，于志钧并据此区分了武术和艺术的界限："武术作为生活原型，当然会升华为艺术，例如，京剧的武打动作就是以武术为原型的艺术创作。然而，京剧的武打动作再也不是武术。它强调艺术造型，是表演艺术，不是真杀实打的武术招法。[2]"在吴孔谈的口述中，同样印证了武术的艰苦修炼目的——生存之"打"。吴孔谈认为"自己练成这样，仍不及师父"，因为"师父练的更狠"。"师父那时候经常要比试，练得狠，是打出来的，现在我们不能随便地打了"。"早期人就是保家卫国，靠这个吃饭。[3]"武术作为社会人的生存伦理，"打"就是武术的实践必备品，才是真正的武术，除此之外，皆为武术的衍生物，并非武术。

---

[1] 聂春华.书斋里的田野：作为知识生产的人类学和美学[M].北京：人民日报出版社，2013：7.

[2] 于志钧.中国传统武术史[M].北京：中国人民大学出版社，2009：18.

[3] 录音编号：20151213WKT-1.

（二）民间/行政需求的争执

马斯洛在1954年版的《动机与人格》中将人的需要分为5个层次，最底层两个是生理和安全需要。"如果一个人极度饥饿，那么，除了食物外，他对其他东西会毫无兴趣。他梦见的是食物，记忆的是食物，想到的是食物。[1]"而对于安全需要，无论是儿童或是成年人，马斯洛指出："我们社会中的普通儿童以及成年（在后者身上不甚明显）一般更喜欢一个安全、可以预料、有组织、有秩序、有法律的世界。[2]"当人们感觉到威胁或恐慌时，拿起工具依靠自身技术的自卫防身是本能的选择。因此，从需要动机出发看待武术的缘起问题，我们会发现，武术之打是保障生理、安全动机的手段，即使在农耕文明发达的封建社会中，底层民众的安全需求和基本的生产资料需求都是不可或缺的，所以，生活在底层阶级的民间武术家将武术的"打"作为武术的真理就不难理解了，这也是他们和国家武术以"舞"为主线的观点难以调和的主要矛盾所在。在一段关于太极名家刘晚苍的记述中，描述了民间武术家和国家武术"专家"的迥异武术立场。

"1956年，武术界反唯技击论开始，刘晚苍认为不可理喻，跟人说：'我的东西就是讲打的！'其时，国家体委组织部分专家，以杨式太极拳为主体，选取24式，编成简化太极拳，用以向社会推广健身。套路定好以后，曾组织武术界的太极名家连续开几天会进行讨论。刘晚苍一连两天保持沉默，不置一词，第三天再次征求他的意见时，刘晚苍直截了当地说：'还不如去跳芭蕾啦！'"[3]

这一民间与国家的武术争执在20世纪70年代末和80年代初的武术发展路线中更为激烈。对武术发展而言，它是两种武术政治路线的分界点。对于国家武术管理部门召集部分武术家以杨式太极拳为主编创简化太极拳的事件，太极名家刘晚苍激愤地驳斥的"还不如跳芭蕾"，其他民间武术名家也基本持此观

---

[1] 弗兰克·G·戈布尔.第三思潮——马斯洛心理学[M].吕明，陈红雯，译.上海：上海译文出版社，2006：33.
[2] 马斯洛.动机与人格[M].许金声，等，译.北京：华夏出版社，1987：46-47.
[3] 季培刚.太极往事：晚清以来太极拳的传承谱系[M].北京：中国商业出版社，2011：147.

点，在随后的武术大讨论和近年的武术学术研究中，基本将其定位在武术的"打""演"或者"击""舞"的辨析中，而对不同人群所代表的社会需要并没有深入的研究。从吴孔谈认为的"武术就是打的技术"和秉承的"拳不善比"理念为代表的民间武术家，实际是他们各自人生经历在面对社会需要时所作出的应然反应，他们在各自先入为主的思路下沿袭了武术功能中的打之生存价值观，他们所面对的和保护的是自己的家人、徒弟等地缘、血缘共同体，武术之打是其唯一真实的、可靠的工具。勤学苦练以换取武术技术的臻于至善是其内在的生存需求动机推动下的结果，所以当时空转换，现代年轻人不愿下苦功夫练拳也就不难理解了，因为武术早已过了"学成文武艺，货与帝王家"社会需要时代了。如果我们以武术为对象，就会发现各家拳种、门派都在不遗余力地"申遗"。因为，"在消费社会，'生存'成了武术的首要命题。可以想象，为了生存，此后众多的武术门派拳种会主动抑或被动地卷入'申遗'的大潮中。'申遗'现象至少反映了这样一个事实：每一个武术流派传人，每一个武术社会团体都在打着稀有而低廉却难以为继的武术生存状态标牌。[1]"

在另一层面，主管部门在面对亿万民众的健康需求时，不得不舍去传统武术打的功能，而选择武术的演和练来满足大众的欣赏和健身需要。"1950年，一些苏联专家也想学太极拳，他们说：太极拳好是好，可就是学起来时间太长，名称也难记，能不能缩短点，好记点。[2]"而太极名家田兆麟不以为然，认为"不下苦功学，学不好太极拳"。苏联专家需求的是健身、康复的"手杖"，而非民间武术家孜孜以求的"苦功""教打的技术"，这两种价值分野导致了"简化太极拳"和动作命名方式的由意境审美向简洁明了的"下肢加上肢"动作名称的诞生，"后来听说在天津大使馆工作的一位拳家的晚辈把个别定式动作串起来，教会了苏联专家（即二十四式太极拳的雏形）[2]"以至于在田兆麟眼中"只能算是太极操"[3]。而现实是，现在许多中小学推广的武术是比"太极操"更为简单的"武术操"。

---

[1] 侯胜川. 当代中国武术的生存空间——消费社会的逻辑视角 [J]. 南京体育学院学报（社会科学版），2012，26（1）：33.

[2] 季培刚. 太极往事：晚清以来太极拳的传承谱系 [M]. 北京：中国商业出版社，2011：55.

[3] 姚国钦. 杨氏太极传人田兆麟二三事 [J]. 精武，2003（1）：30-31.

查证的资料显示,在"简化太极拳"之前仍有一个"精简太极拳"的版本。

第一次关于太极拳简化套路的研究,吴图南、陈发科、李天骥、唐豪、高瑞周等参加,虽然强调简化、便于推广,但是编出的套路包括了各个流派的一些主要动作,这套"精简太极拳"发表在1955年《新体育》杂志上[1]。

从50年代苏联专家的"简化"健身诉求和田兆麟的"不以为然",在二者的合力下,"精简太极拳"作为"和谐各方"的生产结果,并没有得到相关国家领导人的认可。

……你们武术处这些人都是搞武术的,你们就不能编个群众的简化套路吗?用不着各方面各流派都考虑,倒把事情复杂化了,咱们现在不是要编大全,要的是群众利于开展的,简单易学的,并下令武术处完成此事[1]。

国家层面仅需要简单易学的健身武术套路来满足科研专家(知识分子)、群众的健身需求,使他们能够以更好的身体状态投入到国家的科研、生产工作中。处于民间与国家夹缝中的国家体委武术处不得不下定决心按照国家的要求创编了24式太极拳。

选择大家最容易接受的某一个流派,选择这个流派中具有代表性的动作,保留太极拳的传统风貌,突出太极拳的群众性和健身性、易学、易练、易于推广。[1]

随后,在满足国家大众普及需要的基础上,又从"提高的角度生产了竞技武术,并在'普及和提高'的生产中建立了'国家武术'的生产系统"[2]。我们看到,在24式太极拳的基础上,又生产出升级版的42式、48式太极拳,在相当的一段时间内,成为国内、国际竞赛的主要套路。如今,在全国、乃至世界各地竞赛或者健身场合,"简化太极拳"的身姿随处可见,甚至成为42式太极拳的热身套路,也侧面证明了国家武术生产这一"群众路线"正确导向。

而在民间武术家的心中,太极拳的简化难以被接受。在余功保对董英杰之女董茉莉的访谈中,我们能够感受到传统民间武术家对传统套路的固执和坚守。

---

[1] 张益民,王锋朝,王凤阳.简化太极拳推广50周年感怀[J].中华武术,2006(4):30-31.

[2] 戴国斌.中国武术的文化生产[M].上海:上海人民出版社,2015:138.

"我父亲对拳很固执，如果你乱改，他就不高兴了。有一次，一个学生学太极剑，回去以后就自己加了一点花样，然后兴冲冲地来说，老师我打给你看。看了他练完后，我父亲很生气，他说你这个不是练剑，是跳舞，以后别在我面前练剑。[1]"

董茉莉认为传统武术教师很难接受新编套路，因为"看不惯"。实际上，类似民间武术家不愿看到新编套路出现的例子很多，从中我们能够感受到他们在面对传统与现代，新与旧事物时的心态。抛开当前研究中常见的"击和舞"研究争执，从一个民间武术家的现实武术需要视角，如同郭德纲的相声所说"既不是歌颂，也不是讽刺，而是为了活命"[2]这一事实来探析武术的国家/民间争执缘由，对理解半个世纪的武术发展有借鉴和启发意义，同时对理解民间武术家的武术观点有所启示。

（三）武术之"打"向大众倾斜的历史脉络

如果具备历史的眼光，一众民间武术家在批判武术"演"的大众化时，可能忽略了杨氏太极拳在京城的发展脉络。"源于陈氏的杨氏太极拳始于杨露禅对陈氏拳'简化动作、柔和姿势、不纵不跳'等降低难度以适应晚清京城贵族虚弱体质的需要，从而以'舒展大方、动作柔和'的杨家拳有别于陈家拳"[3]。杨露禅以太极拳之"打"从而荣膺"杨无敌"之美名，在京城武术界站稳了脚跟，然而要获得上层贵族的青睐，蹦蹦跳跳、呼喝发力的陈氏拳显然难以适应清末羸弱贵族的身体，于是，经过杨露禅祖孙三代的改良，终成闻名于世、颇受大众喜爱的杨氏太极拳，也因此被主管部门选定为"简化太极拳"的主要素材。在修订理念上仍是延续了杨露禅对陈氏拳的改革初衷，面向普通人群的体质需要，而且这一简化改良方案在近年中仍在持续，16式、12式、8式、原地太极拳等。进而言之，我们会发现民间武术家和主管部门在处理"打"和"简化"轨迹上的契合之处。杨露禅以陈氏拳原初之"打"获得了武术改革的话语

---

[1] 余功保.董家太极——董英杰太极拳传承与精义[M].北京：当代中国出版社，2013：78.

[2] 岳永逸.近代都市社会的一个底边阶级——北京天桥艺人的来源、认同与译写[J].民俗研究，2007（1）：112.

[3] 侯胜川.当代武术文化生产的转向与现实路径选择[J].上海体育学院学报，2015，40（2）：39.

权,而国家经过战争之打获得了民族独立和国家在世界上的承认,因而也得到了改善民众身体和提升国家形象的话语权,将战争之打简化为武术演练,从民族独立转向大众健身,这两种改革思路是由精英向大众的彻底倾斜,是大众文化对精英文化的胜利。

(四)孙禄堂的答案

笔者脑海经常浮现这样一幅画面:李小龙电影《精武门》中的结尾部分,陈真在众人的簇拥之下,迎着整排的陀枪凌空一脚,从容赴死的凛然与无奈。而其原型则是一代八卦掌宗师程廷华在八国联军进京后战死于德军排枪之下的武术悲歌——武术终究抵不过枪子。因此,被誉为"天下第一手"的孙禄堂在更深层面提出了自己关于武术价值的见解:"深感拳术技击无法抗衡枪炮的威力。那么拳术的功用在哪里?"孙禄堂随后给出了自己的答案:"习此艺者,非欲以艺胜人也。志士仁人养其浩然之气,志之所期,力足赴之,如是而已。"孙禄堂身体力行,其所创办的"蒲阳拳社"以此为宗旨,以修身、文武并修、改善身心、开启良知、完备人格为价值旨归[1]。并云:"习拳为锻炼体魄,以求健康,若存心去打天下第一,则请另寻高明。"[2]

阮纪正先生指出:"(武术)是基于生命自保的冲突和应对,其方法却是不定条件下并不对等的多个层面和多种变量的综合博弈,任务是防身护体,制人取胜。[3]"在12~17岁的年龄,调皮、好动的吴孔谈在特殊的时代背景中,习武缘起于不被大孩子欺负的初衷,"就觉得以前都是压着我打的,现在不敢欺负我了,于是,我就很有兴趣了",又因为家里穷而被人看不起,通过习武来提高自我的社会尊重。从通常的武德范畴来看,"好勇斗狠"并非习武之人的最终目标,但是,武术源于民间的私斗和生存需要,从一个真实的民间武术家的人生经历来看武术的当代价值和人文意蕴,或许更能够贴近实际,明了武术含义的演变历程。从孙禄堂、阮纪正、吴孔谈等人的武术话语来看,武术的功能价值分别在不同社会、历史及个人需要背景下呈现出来,代表了不同层次

---

[1] 童旭东. 孙禄堂与蒲阳拳社 [M]. 北京:中国古籍出版社,2008.
[2] 方达儿. 孙禄堂女儿忆孙禄堂 [J]. 精武,1982(2).
[3] 阮纪正. 至武为文:中国传统武术文化论稿 [M]. 广州:广州出版社,2015:412-415.

人们的需要。

　　笔者也始终以为武术的开始一定是人类的基本生存需要，在此基础上才能进一步演变出修身、养性的高层次武术内容。也对应了吴孔谈所谈到的"30岁以后才懂得什么是真正的武术"人生感悟。

　　抛开宏观的、历史的、泛武术形式的武术缘起臆测，从一个普通的民间武术家身上，吴孔谈的习武缘起源于朴素的社会自我需要，是在心理上对强者的反抗和身体层面的自我保护。而在另一层面，以此为契机，为我们分析国家武术和民间武术的分野问题提供了新的思路。

第二节　"文革"期间的偷拳背景与习武、上学纪事

一、"文革"背景下的偷拳

　　在一本关于乡村教师的口述经历的著作中，有这样一段文字描述了"文革"期间的乱象：

　　"'文革'开始后，我觉得就是自己人互相打来打去的，有啥意思嘛，都是互相残杀，其实谁也不是坏人嘛，真正的坏人你没打倒，后来我就不去了"[1]。

　　对于吴孔谈的求武来说，"文革"带给他的还有不能光明正大的学拳、练拳。李龙在其著作《深层断裂与视域融合：中国传统武术进入现代视域的文化阐释》中指出："'文化大革命'中，极左风盛行，武术界当然躲不过这一场风灾。[2]"根据吴彬的回忆，文革开始后，"武术一瞬间成为了四旧，而且当时四旧特别指出的典型对象就是武术，武术受到了严重的冲击。假如有个老师曾经是教武术的，这些学生会立马告诉红卫兵，接着这个老师就会受到红卫兵的摧残，当时很多北京体育大学的老师受到了学生的迫害。因此，当时武术

---

[1] 夏加梅, 罗曼琦, 郑新蓉. 我是佃户之女, 魏曼华, 郑新蓉, 新保敦子. 我的教师之路——中日中小学教师口述史[M]. 北京：教育科学出版社，2015：35.

[2] 李龙. 深层断裂与视域融合：中国传统武术进入现代视域的文化阐释[M]. 北京：北京体育大学出版社，2014：113.

被列为四旧之一后,在很大方面冲击了武术运动。[1]"在龚建新所著的《太极金刚陈正雷传》中,也有涉及关于"文革"期间的武术事件。

"文化大革命"的狂潮也席卷到了陈家沟。1966年,《河南日报》刊登了一篇文章,题目为《用阶级斗争的观点揭开陈家沟的盖子》,文章说陈家沟搞家族制、搞宗派主义,是封建的堡垒。

陈照丕不得不将太极拳改变成"语录拳""诗词拳"以掩人耳目。即使如此,"到陈照丕老人家里学拳的人越来越少了,根红苗正的年轻人怕沾染上'封资修'的流毒,许多人都不敢来了;对太极拳实在着迷的人,也是偷偷地潜入老人家里,偷偷地学习,再偷偷地溜出去,那架势真像特务在搞地下活动"[2]。即使陈照丕将拳名改为"语录拳","陈正雷和陈小旺为避人耳目,只能偷偷跑到乱坟岗苦练"[3]。在李志清的博士论文中同样讲述了文革期间的斗争:"文革中,刘晚苍习武用的大枪,双手带等器械,包括当年八卦掌大家唐兴福传给刘光斗的刀剑等部分兵器,皆被收缴,很多器械套路都因此长期不能再练而丢光了。[4]"

在张延庆的论述中,他的师父徐青山是查拳名家,在"文革"期间同样不敢公开练武,以致很多人不知道他身怀绝技,甚至于自己的儿女都不知道自己的父亲身具武功。"由于武术也属于'四旧'范畴,他并不敢光明正大地习拳练武,只能偷偷摸摸在夜间或是无人的情况下练习。[5]"1972年,太极名家陈照奎也只能早上4点在僻静的小树林里教拳,"我教拳都是教打人,不能在公园教,怕警察抓我。[6]"在《马振邦武学集·宗师传奇》一书中,记录了马振邦在文革期间的遭遇:"被指斥为实行残酷的'封建法西斯'和'资产阶级专政'"[7],被戴上了"封建把头""资产阶级权威"的帽子,并被关在小黑

---

[1] 张娟.十年文革期间北京武术的演变[D].首都体育学院硕士研究生学位论文,2012:13.

[2] 龚建新.太极金刚陈正雷传(6)[J].中华武术,2008(10):34.

[3] 戴志勇.一个家族和一门绝艺:陈家沟陈氏太极拳断而复续的故事[EB\OL].南方周末,http://www.Infzm.Com/content/94001.

[4] 季培刚.太极往事[M].北京:中国商业出版社,2011:148.

[5] 张延庆.莫待此情成追忆——从技艺到记忆的邢台查拳[M].北京:中央民族大学出版社,2014:38.

[6] 马虹.向陈照奎先生学拳的经过[J].武魂,1994(6):25.

[7] 叶知秋,张力.马振邦武学集·宗师传奇[M].北京:世界图书出版公司,2013:60-61.

屋，经常批斗，他的妻子更是在红卫兵的残酷冲击下去世。同样，"'文化大革命'期间，作为我国传统文化的武术被划为'封建主义''资本主义''修正主义'的范畴，而张文广也成了'资产阶级反动学术权威'，接受批判。[1]"

"文革"期间，武术界被认为是藏污纳垢的地方，是资本主义地主的保镖护院和打手，因此武术家被打倒，武术活动的停止是不可避免的。如上所述的"文革"背景下，夜间、凌晨、乱坟岗、偷偷摸摸、鬼鬼祟祟成为文革习武的关键词。

在此背景下，吴孔谈所在的后山村和房利贵的上山村习武事件也停了下来，吴孔谈谈道：

实际上根本不让练，都是晚上偷偷的练，包括我正式拜房利贵（吴的授业师父）为师也是偷偷的。"文革"期间都是靠拳头吃饭，谁的拳头硬，打死人也没有人管，整个"文革"期间就是文斗、武斗，我就躲起来练。在师父的客厅里面，点起煤油灯[2]。

从后山村到上山村的距离步行需要一个小时左右的时间路程，在没有任何交通工具的条件下，每天晚饭后，吴孔谈都会前往房利贵家中学练香店拳。

二、习武纪事

对于一个爱好武术的人来说，习武是一件痛并快乐的事。1968年，吴孔谈拜香店拳宗师房利贵为师[3]，系统学习香店拳技术。根据吴孔谈的口述，房利贵教授徒弟都是免费的，房利贵当时有自己的工作，是在村子里面开办的香店[4]工作，有自己的固定收入，白天在香店上班，晚上在家中教授徒弟。在

---

[1] 张文广. 我的武术生涯 [M]. 北京：北京体育大学出版社，2002.

[2] 录音编号：20151213WKT-1.

[3] 关于吴孔谈拜房利贵为师的时间问题，在笔者的多次访谈中，有1968年、1969年、1971年的不同时间说法，笔者多次求证仍不得要，但房利贵坚持拜师那年他17岁，但民间有虚岁和周岁之说，且吴孔谈本人出生于1952年，而他的户口本等官方出生年为1953年，这也造成了吴自身也难以说清拜师时间的问题。本文中采用访谈时即记录为准，所以文中会出现不同的拜师年段。

[4] 香店，主要是生产和销售民间烧香使用的香，有各种不同类别供节庆期间烧香的人们使用，因为香店拳由香店内部工人练习的传承，所以他们称自己所练拳术为香店拳；香店拳名为庆香林香店拳，所以吴孔谈注册的俱乐部名称为庆香林香店拳俱乐部。

房利贵之前香店拳只在香店内部传授，直至房利贵开始向外面传授，吴孔谈认为："师父也是对这个有兴趣，也怕传不下去，他怕这么好的功夫失传，所以才传到我们这一代，如果不传到我们这一代，香店拳已经销声匿迹，没了。"

（一）练功逸事

吴孔谈讲述了一些关于练功方法，在今天练功器械现代化的环境中，对那段时间物质极端缺乏情况下的练功器材、场所回顾，仍有启发意义。

1. 打沙袋

以前根本没有什么袋子，练沙袋，没有啊，就那种破衣服破裤子拿去缝一下，就行了，就摆在石头土堆上，噼里啪啦一直打[1]。

因为对那段时间的难忘，所以当吴孔谈在近年的聚会中听到师兄弟说以前练功有"很好的布料做的很多沙袋"的声音时，吴孔谈直接予以驳斥：

我说吹牛不要这么夸张，那时候布票每个人一年才给你几尺啊，你哪有地方买布，做衣服还要用布票去买啊，你说你做几十个沙袋挂在那里，纯粹吹牛，跟徒弟吹牛可以，跟我们在一起开会就不要吹，那时候衣服都是补丁。卡其布是那时候最好的，怎么有这么多布去做沙袋，爸爸妈妈除非是傻瓜，或者是厅长、局长、部长。那时候我们就是用破布缝一缝，都是手工。以前的沙子很粗，比米还要粗，比较硬，打完以后就用那种细小的鹅卵石，以前到处都是，现在都没了，主要提高抗击打能力，提高硬度。

吴孔谈对"吹牛"师兄弟的驳斥未必是出于对人的不喜欢，而是对那段痛并快乐时光的真实缅怀，并不希望有人对其进行涂抹和装扮，以改变那段真实的历史记忆。

2. 插笔竹

笔者在吴京主演的电影《醉猴》中见过用手指插进整排绳编的竹子的练功方法，吴孔谈也提到了这种被称为笔竹练功器具。

还有插笔竹，那种做毛笔的竹子，山上以前都很多，我们去砍回来，细细

---

[1] 录音编号：20151220WKT-2.

的像筷子，然后这么大绑一捆，用那种车的轮胎，不能用了，我们去要回来，剪成这么长一截的绳子绑成一捆，绑成三段，或者头尾绑一下，用手插进去。

当笔者问及手会不会流血？吴孔谈说都会流血。

时间长就长茧了，就像我这样子（伸出右手），现在有人讲在屋里炒黄豆，我们没有，主要是练拍打[1]。

3. 练气

吴孔谈也谈到了拳术训练中的运"气"练习。

师父教了快三分之二的时候，好了，师父开始教怎么运气，再结合内劲，气劲力，怎么应用，不然的话，我们刚开始打一个套路，累的气喘吁吁，好累，师父没有讲这个。后来，师父看练得不错了，重新讲，以前练得都不行，我们都觉得师父怎么突然说都不行，师父说练两个套路脸都白了，那个时候吃都吃不饱，那个社会啊，浑身都没力，我们硬憋着练，憋气练就更累，最后师父就讲，怎么跟上节奏，怎么调节，丹田之气怎么提上来，怎么沉下去，练过一段时间就觉得气息调整很顺当了，练套路就不会那么累，经常长期的练，就是整个动作跟呼吸节拍配合得相当好，那就不累了[1]。

显而易见，吴孔谈口述中的"运气"类似现代体育中的呼吸节奏调整，随后吴孔谈讲到的"运气"已经类似硬气功的法门。

练得可以了，就教你收劲，沉入丹田后，怎么结成块，让这个气变成劲，拧成一团在那里，这个时候硬气功就出来了，然后教我们这个气怎么往头上、手上去。这时候，气到手上去，啪一声（吴单手手背击打在坐的红木椅子扶手上演示给我看）[1]。

吴孔谈也谈到早上练功憋尿的趣事，"师父说练功时要憋尿，我们都不懂，早晨起来尿都不敢撒。"

4. 练武场地与器材

"文革"早期对习武练拳较为敏感，练拳只能晚上在师父家中，在"文革"后期，管控松散以后，可以到师父家门口的小水库的堤坝上练习或者山上

---

[1] 录音编号：20151220WKT-2.

第二章 武术人生：一个民间武术家的50年

的果园旁边，当吴孔谈回到家中后，家门口用三合土打造的稻谷场都是练功的场地。因为师父说过练功不让别人看，所以都是"晚上吃过饭8点到9点开始练一练"和"早上很早起来练"，几十年的坚持，使吴孔谈形成了"现在还是"的这种习惯，只是练功场转移到了风景秀丽"西湖公园"。

练功期间，吴孔谈和师兄弟们都是光着膀子、穿短裤，光脚丫或者穿上"南洋鞋"，同样，练功器材的配备也非常简陋（图2-2）。

图2-2 吴孔谈在房利贵家习武用刀，现存于房贞义家中

哪有钱买，赚工分一天6分，1工分3分钱，（一天）1毛8。棍都是我们上山上砍的，现在外面摆的都是新的东西（后山村老家），以前我们练棍都是去山上砍，那种树相当好，普通话可能叫柴藤，没有白蜡木，就是做称杆用的，有相当的柔韧性，结实，现在山上没有了。刀呢，我们没有，我们就叫木工做木头的，我师父那把真刀还在，我们没有钱买[1]。

吴孔谈说现在还有练功用的石锁，师父传下好几个，有几个被徒弟提起来落在三合土上摔坏了，还有一个在徒弟的武馆。

5. 房利贵的教学程序

传统的武术训练基本都是从基本功、盘架子等枯燥程序开始，作为常规的练功方法，也是考验徒弟韧性的最佳方法。

刚开始师父都是叫你扎马步，师父的房子也是矮矮的小小的，跟我现在的房子结构差不多，我们就在这样的地方扎马步，眼睛盯着香，练目神，在蹲的过程中，慢慢调整气息，就是一炷香的时间，很多人都跑掉了。很痛苦，很多跟我一起练的，都跑掉了，就留下两个人，我那一批有7~8个人，习武都是很枯燥的，师父就是叫你练基本功，根本不教你套路，大部分人那个时候看到这个功夫没意思，就跑掉了，而我练一段时间就感觉到脚走路很踏实，自己

---

[1] 录音编号：20151220WKT-2.

有感觉[1]。

　　基于传统武术传承原汁原味考量，师父从"真功夫"目的出发，期望弟子能够"接下去"并照着"传下去"。笔者思考的是，作为一种传统技艺，在现代社会中作为一种教育，尤其是学校武术教育，传统练功程序、方法是否依然有用。韩其昌先生在培养学生兴趣方面有着深刻的体悟："人家向你学艺，如果你来你就让人家整天压腿下腰，练上三年基本功，可能人早就走完了。应该先教一段时间的基本功，再教几下擒拿和功法，讲讲招式是怎么来的，怎么用的。这样循循善诱、打练结合，才能调动起学生的兴趣和主动性。[2]"韩其昌所讲述的"基本功穿插练习模式"对象主要是在公园的学生，既非入门弟子又非在校学生，作为传统练习模式的折中办法以获得学生的喜爱。在香店拳掌门人王华南的小学课外活动实践中进一步降低了练拳标准，"香店拳以套路练习为主，无劈叉等柔韧活动，有简单踢腿，对学生身体素质要求不高。"而真正的香店拳练习，则是"我跟在师父旁边，单单练基本功，差不多有半年时间，踢腿呀都有，劈叉整个没有，我们南拳没有，踢腿呀，蹬腿呀都有，我们腿法主要都是低鞭腿，南拳讲究脚不过腰。"另一方面，虽然公园类教学的变通和学校教学的套路降低了传统武术训练的门槛，但是，韩其昌等武术前辈的很多入室弟子正是从这些公园学生中充实进来的；同样，香店拳掌门人王华南在华侨小学的课外活动传拳，其部分徒弟正是他在学校选择的优秀学生。

　　房利贵通过徒弟"扎马步"时"偷袭"的测试，"监视"弟子"捞鱼手"招式的反复操练、"根本不教你套路"的方式筛选了徒弟，从而使坚持下来的徒弟中获得了习武的快感和打的技术。吴孔谈坦言："我师父好就好在，等基本功扎实后，教套路很快，4个晚上就一个套路。"从韩其昌、房利贵、王华南的不同对象的教学方法中，我们可以得出这样的结论：首先，套路可以提高学生的学习兴趣；其次，基本功训练是获得"真功夫"的不二法门，也是民间武术所赖以生存的法宝；最后，面对不同的教学对象，根据不同的教学目的，采用不同的教学手段才能获得相应的武术传承、传播效果。对现代学校武术教育来说，是三者并进还是择其一是需要进一步研究的。

---

[1] 录音编号：20151220WKT-2.
[2] 张力，龚建新.京城武林往事[M].青岛：青岛出版社，2013：226.

（二）武术的打与救

在吴孔谈的口述中，虽然他受益多人，在他看来，真正的"好师父"是懂得如何教会打的技术。

> 一直到拜我师父（房利贵）以后，师父好坏（指功夫）差很多，我师父知道我的脾气（爱打架）以后，不是不教我，他教我的功夫都是最狠、最毒的功夫，就在我身上试，结果我被师父打怕了，这个时候师父就跟我说，你不能打人[1]。

房利贵以徒弟的身体体验被打的痛苦从而告诫其不能打人，契合了"武以止戈"和谐、威慑思想。从房利贵把香店拳从庆香林的内部职工传承投向社会，并使香店拳在下一代弟子中发扬光大的案例来看，其为一代继往开来的宗师并不为过。在孙存周对弟子张烈的教诲中，我们同样看出宗师对徒弟的期待："我不希望我教出来的学生就是个打手。""练习拳术，重在得其精神，得其精神就能文武合艺，文能素手发科，武能舍身临阵，得让人说这小子真行！"[2]在此教诲之下，年轻时的"打架专业户"不再打架并考上了大学，据张烈回忆，从前一起打架的那些朋友很多被劳教。和孙存周一样，房利贵不希望吴孔谈练习武术是为了打人，从而通过打徒弟而使其不打。

而在另一层面，房利贵在教授吴孔谈"不能打人"的同时，并教他万一伤人后的解救的方法。

> 现在不能打人，现在我练完武术都怕，真的不敢出手，出手轻就是轻伤，重就是重伤，搞不好出人命。我年轻时跟人打架，差点把人打死掉。南方人身体瘦小，南拳就讲究狠字招，专门打人穴位，断喉裆部，一打到人家喉咙，气一憋不就死掉了，师父教我们，碰到这种情况千万不能走，走了人就死掉了，要给他背部拍一拍，人工呼吸，捏一捏，他喘一下气就慢慢好了，师父就是教我狠招怎么化解[3]。

武术中素有"武医"之说，并形成了庞大的武术伤科，用以在武伤人或

---

[1] 录音编号：20151213WKT-1.

[2] 季培刚.太极往事：晚清以来太极拳的传承谱系[M].北京：中国商业出版社，2011：257.

[3] 录音编号：20151213WKT-1.

被伤后的救人与自救中，甚至于有些独门药方成为门徒云游的身份证明。在李仲轩的口述中，"武家的药方是一宝，同时也是师承的见证"[1]，如李存义将"五行丹"传与弟子唐维禄。各门各派都有自己的急救、康复手段，从吴孔谈的口述来看，房利贵所传急救并非门派不传之秘，仅是医学常用的手段，但是，房利贵在教徒弟"不能打人"和打了"不能走人"的前后观照中，我们分明看到武术训练中的"德性"光辉：武术之打并非"事了拂衣去"般的明哲保身，还要"救死扶伤"对他者的关照。由此可见，房利贵在教授徒弟时合理的处理了打与不打的关系，并在此基础上理顺了打之后的善后事宜，在这种看似矛盾的问题处理中，我们看到了武术在解决生存问题中的现实情况。

（三）"穷文富武"的解读

在通常的"穷文富武"解读中，贫穷百姓只能通过10年苦读，以"悬梁刺股"的自我身体的惩罚期待"朝为田舍郎，暮登天子堂"的奇迹降临，从而实现"兼济天下"的人生理想；不同的是，富家子弟为了继承祖产，必须通过武力保障财产，基于此，富人需要通过两种方法实现这一目的：一是高薪聘请民间武术高强的武术家作为看家护院常备安保力量；二是聘请武术名家教授自家子弟，使其能够在关键时刻披挂上阵、保护家产。因此，只有富人才能聘请真功夫的武术家，普通人只能请到"假把式"。

从另一层面来看，也说明古代武术人从业面的狭窄，只能勤学苦练而"学成文武艺，货于富豪家"。作为富人聘请的武术教师或者安保力量，都必须以真功夫方能获得相应的薪水聘任，"混口饭吃"养家糊口。吴孔谈坦诚地说："自己练成这样，仍不及师父。"当笔者问原因时，吴孔谈认为：

以前练武讲究穷文富武，富人才能练武，要请师父必须有钱，穷人就想学好文做官赚钱，师父想赚富人的钱，怎么办，必须功夫好，人家才会请你到家去，教他看家护院的家丁，所以他们一定比我们现在练得更刻苦[2]。

---

[1] 李仲轩，徐皓峰. 逝去的武林——1934年的求武纪事[M]. 北京：当代中国出版社，2006：80.
[2] 录音编号：20151213WKT-1.

三、上学纪事

1969—1974年，已经17岁的吴孔谈开始在家门口不远的铁路中学（全称福州铁路职工子弟小学，现为福州教育学院第二附属中学）读中学，度过了5年的初、高中生涯。而关于上学的问题，吴孔谈并没有详细深入的谈及，从他的口述中，中学阶段就是打架、批斗、下乡、复课、继续闹革命。

1966年"文革"开始的"根本没有上课。整天在家玩耍。"直接升入初中的吴孔谈坦言在学校并没有学到东西。在电视剧《血色浪漫》中也再现了那段历史的学校风云，无所事事的、血气方刚的年轻人，打架成为唯一的精神寄托，同时，学校也是一座熔炉，铸造出废铁和特种钢。

在铁路中学读书，那就不得了了，铁路的子弟都是爱打架，都是外地人，我那时候差不多18岁的样子，根本没读书，直接进初中，也不要考试了，边读书边革命，什么叫革命，进去之后就是批斗老师，给老师戴高帽游街，后来就到白沙农场，就是闽侯的白沙镇，还要进去很偏僻的山，以前是劳改农场，9月上学，到春节放假，一个学期有一半时间都在农场劳动，在学校也没学习，整天就是学生中间打群架[1]。

在对吴孔谈的口述中，他多次对笔者提及"复课闹革命"的革命话语，然笔者不了解。

1969年，文革期间，复课闹革命，就是不要在社会上闹革命，要回到学校上学，继续闹革命。

吴孔谈对这段历史的口述多以学不到东西而感到遗憾，从而在其此后的工作过程中始终以学历、知识不够而"吃亏"，在编撰香店拳拳谱《香店拳》一书中，因为文化程度不高，高中学历的他自言初中水平都没有，只得请一位体育学院的副教授协助编写相关内容。

---

[1] 录音编号：20151213WKT-1。

第三节 艰辛生存中的武术实践

我国20世纪70年代的一名农村公办教师的工资也就24元，且是转正后的工资，在试用期才14元，"工资24元，当时是很不错的。但这24元的月工资，持续了大约20年，一直到1978年都没涨过。[1]49"即使这样，在石秀思的口述中，他觉得还是比农民赚钱多一点，"在松棵小学当耕读教师时，24块钱已经算很不错了，因为在生产队干农活儿是挣不了这么多钱的，最好的劳力每年360个劳动日全出工的话，每个劳动日才6毛钱，一年也就216元钱，平均每月18块钱，还是老师挣得多。[1]54"相对于那个时期的中小学教师工资，吴孔谈在1974年铁路中学高中毕业后，当时，他已经21岁，在那个年代基本都是要结婚生子的年龄，旋即要参加工作养家糊口。虽然是高中学历的吴孔谈却没有真正上过几天学校，在1969—1974年的初、高中阶段里，基本是"边读书边革命"的，先后经历了"批斗老师，给老师高帽游街""白沙农场劳动""整天的打群架""复课闹革命"等与学校学习无关的事件后，"根本都没有好好学习"的吴孔谈并不具备与高中相应的文化水平。因此，在那个年代的农村青年，诸如务农、干重活是唯一的谋生手段。

一、搬运苦工

铁路中学毕业后，吴孔谈选择了一门有点技术的重活——打石头。当时的农村，孩子要外出学一门手艺以便在社会上有一技之长谋生，一般都会在同村或邻村或者亲戚朋友中寻找一个技术师傅，跟随着当一段时间的学徒，出师后便可靠此手艺独当一面养家糊口。在20世纪80年代的农村进城做建筑工的时候，都有类似师傅带徒弟的事情。吴孔谈的打石头师傅是连江人。

1974年到1976年是打石头。跟着师父打石头，师父带着我到周边的县区打石头，那时候自己都会了，就到处带着我打石头了，哪里有活就带我去哪里，一月

---

[1] 魏曼华，郑新蓉. 我的教师之路—中日中小学教师口述史 [M]. //石秀思，口述，崔明昆，魏曼华，整理. 我是佃户之女，北京：教育科学出版社，2015：49.

也可以拿到50~60块钱了,多劳多得,自己都会做了,1立方多少钱收费的[1]。

一个月50~60块钱的薪水虽然辛苦,但是已经是相当高的收入了,2倍于同期的教师收入;随着"打石头"技艺的成熟,吴孔谈离开了打石头的连江师傅,随后到了距离后山村不远的"新店联运公司","做搬运工,拉板车,按劳取酬"的收入已经有100块钱。从打石工到搬运工,从"游击战"到"阵地战",尽管吴孔谈不用再遭受颠簸流离之苦,收入也有了一定的提高,但是仍无法摆脱做苦工的劳力命运。

二、粮店仓管员

1979年,由于吴孔谈的伯母退休,那时候有亲属接班的制度,伯父家由于没有儿子,吴孔谈便成为接班人顶替退休的伯母顺利的成为国有粮店的一名仓库管理员。在农村土生土长的吴孔谈由此成为城市户口,在那个户口成为城乡最大差异和最大流动障碍的年代,户口的身份象征远比金钱重要。相应的,吴孔谈端起"铁饭碗"吃起了"商品粮",拿起了"公家钱",虽然这笔钱远低于他作为搬运工的薪水。但是,稳定的工作所带来的稳定收入以及相对轻松体面的工作使其能够有固定的时间和地点练习香店拳,从而为后来的收徒和"后山武馆"的开办提供了时间和空间上的契机。也正是这个稳定的工作,那个年代的大龄农村青年吴孔谈才有机会脱离生他养他的后山村,摆脱"吴家小子"爱打架的恶名,摆脱相亲屡次不成的尴尬。

刚进来23块。收入低多了,第一次发工资,一下子没了,那时候10块钱最大,我以前搬运工百十块钱,还可以数10来下,现在这一下子就没了[1]。

从此,吴孔谈从后山村老家搬到了福州市鼓楼区的职工宿舍。虽然薪水低于从前的苦工,但是粮店仓库的管理工作仍然留有"搬运工"的影子,从而使其将工作和练功结合起来。

(粮店粮仓)那个太棒了。是那种粗粗的,麻绳的袋子。麻袋堆起来很高,我就当沙袋了。我进粮店有段时间就让我去当仓管员,就在仓库的后面,里面有打米的升降机,我天天在里面打米整理仓库啊,那里面非常好,那时候

---

[1] 录音编号:20160415WKT-4.
[2] 录音编号:20151227WKT-3.

我手劲特别大，以前是拖，我就是提起来扔[1]。

在对吴孔谈的该段历史口述中，笔者分明能够感受他那种抑制不住的喜悦。在"文革"结束、扫除"四人帮"等政治事件的语境中，"改革开放"的春风无疑给每一个人的心里打下了一针兴奋剂。在国家的经济、文化、教育等全方位发展的背景下，武术人以及他们手中的武术复兴也迎来了春天。于是，白天，吴孔谈以工作的大米麻袋变成练功的沙袋，晚上，在吴孔谈的带领下，他的师兄弟和徒弟将粮店的仓库转化为香店拳复兴的人才培训基地。

（下班）不回家了，那时候就我一个人还没结婚。那时候练武最好（地方）的就是我的仓库，很大，空的，100多平，那种很高的老房子，我很多师兄弟晚上都跑到我那里来，就在我仓库里面练[1]。

就是这种"很高的老房子"是香店拳复兴的前兆，也是"后山武馆"的早期影子，更是师父房利贵家中点灯扎马步的投影，也是吴孔谈和一众弟子的每天的精神、文化厨会。

三、停薪留职中的社会经验

1993年，吴孔谈说他"下海"了，作为福州市粮食系统"第一个'下海'的机关粮店主任"，吴孔谈先后经历了在东莞亲戚家的印刷厂"帮忙"，后回福州开粮店、做粮食生意，甚至一段时间在火车站做"摩的"生涯；尽管在吴孔谈的口述中，将"下海"经历描述较为辉煌，如曾月薪4000元，猎头以50000"台币"月薪的诱惑，自己曾开了3家粮店，第一个将"鲁花"花生油品牌引入福州等"荣光事迹"，但在笔者的观察中，似乎并非如此，吴孔谈也曾描述过"下海"后"曾经一段时间无事可做"。

我没做生意，就在火车站开摩的，有个人说去贵安，也不远，13公里，我说30元，那时候30元挺多了，他说好，就一直开，山上的路就容下一辆手扶拖拉机，旁边都是山边、悬崖，我就说到了没，那男的就一直说走走，我就觉得不对劲了，说再去就要加钱了，他说可以，我就觉得他背后带了刀，我就害怕了，肯定是想抢我的摩托了，我的车是伯父从台湾运过来的，是日本原装的，我就开着车，看到前面一个堂口，我估计他刚才不敢动手是因为当时旁边是悬

---

[1] 录音编号：20151227WKT-3.

崖,一动手可能他也要掉下去,他也想到堂口动手,我一下摩托一脚就踢过去,他捂着肚子难受的样子,一看菜刀就掉在地上了,我就赶紧一脚把刀踢到悬崖下面,我接着几拳就把他打蒙了,然后我赶紧骑车就跑了[1]。

吴孔谈说"自己想想都后怕",没有赚到一分钱,白白的经历了一次惊险。在事业的低谷期,因为个人性格以及家庭、社会的原因,吴孔谈的打架次数多了起来,"其中1994年半年就打了6次"。

选取这两段关于吴孔谈"下海"后的"失意"时期的案例,旨在分析作为底层百姓的吴孔谈在失意时武术之于他的是什么。吴孔谈凭借艺高人胆大而"捡回一条命",武术之于他虽没有生存上的帮助,却在关键时刻以良好的心理素质和高超的技艺临危不乱、平安而归,武术给予吴孔谈的不是那种低头的脊梁。尽管这极端的案例并不代表什么,却在一定程度上带给了笔者关于武术之"打"应在何时出手,武术之"比试"应以何种形式的思考。

第四节　武术的打与比试

"当一个人迷失的时候,他并不应该问自己在什么地方,而应该问别人在哪里。"当一个人对自身功夫疑惑或者自信时,同样需要从别人身上找到自己的位置,在和别人的功夫比较中,"比试"能够使自己在迷失中认清自己和别人。

在戚继光"既得艺,必试敌"古训中,如何理解和应用武术之打是每个武术人的必修课,也是一个合格的武术人毕生的学业。在吴孔谈"小时候穷被人看不起""年龄小、个子小容易被大龄人欺负"的反抗意识里,习武是其改变这一现状的良药,而在其习武有年,方知"真正的武术是什么,到30岁以后才知道"的体悟。但是,在笔者随后关于此言的持续访谈中,吴孔谈认为武术套路的招式是死的,必须在实战中得以应用,而比试是实战的必由之路。戴国斌认为:"比试,作为武术不可或缺的组成部分,不仅从社会学看来,会引发许多人际关系的矛盾,而且就技击而言,在武术人看来,也是习技者之病源。[2]"在

---

[1] 录音编号:20160626WKY-5.
[2] 戴国斌.武术:身体的文化[M].北京:人民体育出版社,2011:254.

30岁左右的吴孔谈开始教授徒弟，带着他的武术体悟在传授徒弟的过程中进一步深化和升华。

之前，我们练功夫，打打杀杀，内在东西，根本不懂。比方说你打一个套路，实际上套路和散手是一体化的，古人可能是觉得某个动作很好用，怕忘记了，就把他组合起来，就是一个套路，套路每一个动作分解开，就是散手，把每一个动作拆开，什么意思，就要去想了，原来师父没有讲，就要和徒弟、师兄在一起练，怎么打怎么防，比原来师父讲的更多。所以我让学生有4成时间去想，去悟出来，悟出来才是自己的东西，师父教的是别人的东西，悟出来的才是自己的[1]。

即使如此，吴孔谈也并没有指出武术是什么或者不是什么的哲学命题，他仅仅从技术的层面道出了"武术之打"是需要"到外面去，想、悟，跟别人交流"，将师父教的东西变成自己的东西；而关于交流则就是处理"得艺"和"试敌"的关系，包含了和徒弟、民间其他武术家的交流，为了实践"体悟的打"，吴孔谈的牙齿曾让徒弟给打掉，甚至也曾替朋友出头的真打实斗。因为，在吴孔谈看来：

动武就是动手，武术就是打人的技术，最简洁，就是功夫。你练了半天，花拳绣腿，做花样没有意思，动手的话，乱拳乱打没有效果，术就是技术，功夫上的技术要发挥出来，所以我教徒弟，他们在打的时候我就讲打技术拳，不是乱拳乱打，要有目标打出去，发挥出来的技、气、力都要上去，出去才有效果，我个人的看法这就是武术，按我一介武夫来说武术就是打人的技术[2]。

但是，武术之"打"从来都不是对等的双人"互打技术"，阮纪正认为："中国传统武术却是作为一种求生保命的综合实用技术，其社会基础是现实生活的伦常日用。"与"条件约定好的技能较量跟紧急避险时的肢体打斗"并不一致，并进一步指出武术"是基于生命自保的冲突和应对，其方法却是不定条件下并不对等的多个层面和多种变量的综合博弈，任务是防身护体，制人取胜。[2]"当然，吴孔谈随后的两次与别人"交流"中证实了阮纪正指出的"中国传统武术的社会性质并不是公平竞争的'竞技运动'，而是不能选择敌人的综合实用技术，它所考虑的基本问题并不是条件大体相同状况下的更高、更

---

[1] 录音编号：20151220WKT-2.

[2] 阮纪正.至武为文：中国传统武术文化论稿[M].广州：广州出版社，2015.

快、更强，而是条件完全不同情况下的'黑猫白猫抓住老鼠就是好猫'。[1]"

一、"朋友之义"的武术之打

在"武以止戈"解释文本中，作为最高理想的和平之"武"在实际的运用中并非"十步杀一人，千里不留行"般的潇洒自如，作为一个社会人，一个乡土社会中土生土长的人是无法实践太史公司马迁笔下的"游侠"，吴孔谈的"学完功夫更会打架"以及为"朋友之打"的江湖义气在现实社会中遭遇了武术并不能解决的问题，甚至是深陷泥沼反而连累家人。从而也印证了吴孔谈对"动武就是动手，武术就是打人的技术"的理解在遇到社会问题时处理的困境。

我这人是好打架，其实都不是我的事情，都是朋友的事情。朋友，跟我关系不错，被村里或者同学欺负了，一叫我"走"，就给他出气，就是这种现象，不是我会去挑衅别人[2]。

与之类似的是孙存周的徒弟张烈，他在回忆中提到：

"我年轻时好斗殴打架，到后来已经不是为自己打，而是为别人打，谁有事都来找我去打，差不多快成打架专业户了。[3]"

能够控制自己的拳头却不能控制自己的"朋友之义"，这是多数年轻习武者的通病，也是武术人在习武保护自己之后需要处理的社会问题：他如何以武术为工具处理周围的社会关系；反之，作为工具的武术能否合理地解决这些问题，这是多数武术人没有思考或者是思考的不够的，以至于多数都要付出血的代价甚至是牢狱之灾。多数的"在外面打架"由于其小打小闹性质，并没有引起大的纷争，反而加深了"武术就是打的技术"的理解，打"真的很好用"的曲解；但是随后吴孔谈明白"看你打到谁了"的严重后果。

1974年，我打了一个人，那个人打了以后就够我受的了。这个人在新店，福州北一带，不是一般人，家族中有5个兄弟，称五虎六豹，他们兄弟名字最后一个字是彪、熊、全、中、国。他们老大现在还在，80多岁了，一家人都是相当厉害的，当时都是很坏的，都是练家子。当时我不知道啊，年轻，当时他家

---

[1] 阮纪正.至武为文：中国传统武术文化论稿[M].广州：广州出版社，2015.
[2] 录音编号：20151220WKT-2.
[3] 季培刚.太极往事：晚清以来太极拳的传承谱系[M].北京：中国商业出版社，2011：257.

最小的跟我年龄一样，被我打的够呛[1]。

当吴孔谈和他的"小伙伴们"在酣畅淋漓地大胜而归之后，才明白打到"对手"了，结果是"小伙伴们"都吓坏了，而对方的报复只能吴孔谈一个人承担。

他（被打的人）的表哥有在派出所做指导员的，那时候实际上派出所没多大权力，那个年代派出所等于半瘫痪，那时候谁最厉害，民兵最厉害，那时候他叫了一批30多个民兵把我家包围了，就把我抓了，把我打得半死，打了3天，打得人都不知道了，他们就打电话到村里面，村里面通知我父亲过去用板车把我拉回去，下面事情就严重了，他们还找上门来，最后我爸爸要放鞭炮一直放到他家去，去赔礼道歉，一家伙（一下子）赔了几百块，不得了，那时候倾家荡产啊[1]。

在吴孔谈怀着微笑口述该段回忆过程中，似乎云淡风清、往事如烟，但又似乎往事历历在目，只是一句"年轻时冲动，那个时候很有意思"，也证明了经历岁月磨砺的吴孔谈对武术有了更深的理解：年轻时冲动吃亏变为此后武术境界提升的台阶。年轻时的武术之打，并没有换来生存的机会和家人的荣耀，相反是父亲的屈辱和自身的身体之苦。分析这一时期吴孔谈的武术实践，可以用电影《霍元甲》《叶问2》中的人物霍元甲年轻时的武术体悟以及洪震南的武术生存与反抗加以类比。

在电影《叶问2》中，英国拳王"龙卷风"在擂台上故意羞辱中国武术，促使作为地方武术"头人"的洪镇南不得不激愤迎敌而惨死"拳王"之手，其临终遗言是："为生活我可以忍，但侮辱中国武术就不行"，为了生存，他在洋人面前低人一等，而对于心中中国武术之神圣，使其不得不以生命予以捍卫，中国"武术之打"由此升华为"民族之打"，可见，洪镇南的武术功夫促成了其成为地方武术界的"领头人"，也使其担负起了当地武术的精神领袖，对武术的侮辱就意味着其精神领袖地位的贬低，即使在叶问的善意劝退话语中，洪镇南做出了"明知不可为而为之"的选择，从而开启了他的另一段武术人生，代价则是他的生命。

同样，在电影《霍元甲》中，霍父不愿其打打杀杀，而希望其能够考取功名，但成年后的霍元甲却一心想成为"津门第一"，在擂台上的屡次获胜使其

---

[1] 录音编号：20151227WKT-3.

第二章　武术人生：一个民间武术家的50年

更加浮躁，直至遭受变故后，才逐渐领悟武术之打的真正精神意义，"在影片后半段，霍元甲涅槃重生，在国家沦陷、民族危亡的背景下，挺身而出，上擂比武。在与奥比音和田中安野等人的擂台较量中，这时霍元甲满身武功技艺，所显示的已不是一般意义上比武较技，而是反抗和驱辱，扬威和自强的战斗。[1]"

正如周杰伦在歌曲中唱出的"止干戈，我辈尚武德；我的拳脚了得，却奈何徒增虚名一个。"从电影《霍元甲》《叶问2》所塑造的人物中，我们分明看到洪镇南和霍元甲的两段武术人生，霍元甲更是创办了精武体育会，将武术之打用在洗刷"东亚病夫"和以武术求自救实践中去，从而升华了自己的武术感悟：武术对于一个人，一个民族的意义所在。当然，作为电影艺术善用夸张的手法来吸引眼球，武术神话和英雄神话穿插在民族悲情复兴的剧情中更能激起人们观影的共鸣。"人类关于现实的普遍本能——始终把这个世界从根本上看作英雄主义的舞台"[2]。英雄情结在年轻武术人心中尤为突出，它像是一个武术人成长的必由之路，"成为人的内心的一种深层情感"[3]。吴孔谈在"玩的朋友"的招呼中，"走"，"爱替别人出气"独自承担了武术之打的苦果，英雄崇拜既是人类的精神支柱也是年轻人冲动的魔鬼。从少年时的身材矮小被同龄人、大孩子欺负到习武自强，从爱打架到"都不是自己的事，都是朋友的事"，武术所给予吴孔谈的是为朋友打架的"小义"之举，甚至是不问究竟的潇洒的"一声招呼"的"走"。

当然，作为平民的吴孔谈显然与影视宣扬的英雄、神话、民族主题相距甚远，但这并不妨碍他作为朋友心中的平民英雄存在。在作为门户的香店拳中，他依然可以是中兴的文化英雄。从孙存周、房利贵教授徒弟的箴言中，我们发现他们教徒弟会打，却不让徒弟乱打；而张烈和吴孔谈年轻时的"爱打架"到后来的规训自身，全身的投入到门户武术的发展事业中去，吴孔谈甚至以自身作为拳靶来教会自己徒弟的"打"，从"打人"到"挨打"，是吴孔谈对香店拳传承做出的历史贡献，吴孔谈对笔者谈及他收徒弟都要考察一段时间，不是

---

[1] 李义杰.媒介与文化资本——基于中国武术文化资源资本转换的研究［D］.杭州：浙江大学，2012：172.

[2] 陈晨.民族文化的狂想与英雄神话的升腾——宋词中英雄主义精神管窥［J］.西华师范大学报：哲学社会科学版，2004（5）：15-19.

[3] 李义杰.媒介与文化资本——基于中国武术文化资源资本转换的研究［D］.杭州：浙江大学，2012：173.

谁都可以教的；经历了因武术之打而有所感悟的吴孔谈开始轮回师父房利贵当初对他的教诲。

二、"踢馆"的武术对手比试

在各类武打影视中，"踢馆"总是重头戏，在众人前呼后拥中，英雄带着技艺演绎出复仇、挑衅等叙事情节。而在吴孔谈的口述中，显然没有那么多噱头，仅仅是"相当讲武德的"切磋交流。且在去"踢馆"之前，并没有影视中常见的递帖子等类似下挑战书的书面文本程序。

直接去，进去人家就问什么事，就说听说你们这边不错啊，他们一定就知道什么意思了，都是练家的，下去我们就先表演，就是先表演套路[1]。

"套路"一词意义颇多，既是一种既定的程序又是一种动作演练的称呼，且在近年的网络文本中，出现了阴谋和阳谋的含义。在吴孔谈口述的踢馆过程中，首先表演的是一个拳术套路。实际上，"表演"本身也是套路，是为了后续的散手比试的"打与不打"做好胜负可能的预算：胜负各占几成的"投石问路"之举。

作为挑战者，首先表演的套路叫"三战"。吴孔谈指出福州大部分地方拳种的第一个入门级套路都叫"三战"，根据笔者查阅的资料显示，地术拳、鹤鸣拳也是如此，至于为何福州地方拳种的第一个套路是"三战"，吴孔谈也未能解释清楚。但是，吴孔谈说当地的拳谚有"功夫好不好，都在'三战'里面找"的说法，福州地方拳种的基本功都能从"三战"里面体现出来。简单来说，这种"事先未打招呼"的"登门求教"是明摆着的比试行为，"求胜"是对自身功夫的自信，然而，毕竟存在着失败的风险，"登门求教"自然预示了失败者被"教"的后果。

（一）比试的伦理

在电影《一个人的武林》中，描述了两个功夫高强的年轻人夏侯武、封于修对于功夫是什么、不是什么的体悟以及产生的相应人生后果，他们在功夫极

---

[1] 录音编号：20151220WKT-2.

盛期做出了相同的事情,"先练拳次练腿,后擒拿用兵器,由外而内",由此决定他们要挑战当时的各种功法的高手,并以致残、死对方为目标来确定自己的功夫水准,前者因此而坐牢,当后者继续走自己的路时,夏侯武毅然决定阻止封于修的疯狂之路。影片的灵魂之处在于夏侯武在牢狱中体悟自己的武术人生并非全程的精彩打斗,武术是用于除暴安良的,当他从监狱假释出来后,从容谦和的和曾经的对手坐下来喝茶,聊家常,对自己从前的"不懂事"向前辈道歉,他明白:一个人身负武术功夫,就肩负了更大的责任,而不是将武术作为杀人的技术和争强好胜的工具。当然,多数年轻人的体悟总是迟缓。

戴国斌在《体悟:对武术的解释》一文中认为:"人们对武术文本丰富的技击、健身、审美等意义的理解和体悟有一个历史的衍变和发展过程。[1]"无论是吴孔谈少年时期被人欺负而对武术防身、攻击的渴望,还是青年时期"功夫上身"后对"得艺试敌"期待与实践,或是自言"30岁后懂得什么是武术"的领悟,武术的丰富价值与功能是一个武术人在不同历史时期的体悟,正因有这样的体悟,若干年后回顾这段历史,他才会从容的笑谈:"那时候很有意思"。

在阮纪正看来,武术的修炼分为三个层次:

"第一层次结构是'练身',属'器'的层面,就是通过各种各样的招式动作去进行操作,用以处理人自我的身心关系,由此必须服从人的生活规律和生理运行机制。武术的第二层结构是'用技',属'术'的层面,武术操作实际上是劲力的运用技术,用以处理人际活动的敌我亦即主客关系;武术的第三层结构是'修性',属'道'的层面,用以处理人在大环境中的天人关系,即通过武术去认识自我,追求'人之所以为人'的意义。[2]"

在哲学层面,哲学家张岱年、程宜山认为人类所面对的文化问题在于处理三种关系,即"人与自然的关系方面、人与人的关系方面以及人自身的关系方面"[3],杨建营在此基础上结合与武术的关系提出了:"在'人的自身关系'方面,中华武术形成了促进人体自身和谐统一的特殊技术体系;在'人与人的关系'方面,中华武术中出现了关注人际和谐的技击文化;在'人与自然的关

---

[1] 戴国斌.体悟:对武术的解释[J].武汉体育学院学报,2001,35(1):62.
[2] 阮纪正.至话为文:中国传统武术文化论稿[M].广州:广州出版社,2015:346-347.
[3] 张岱年,程宜山.中国文化论争[M].北京:中国人民大学出版社,2006:4.

系'方面,中华武术展现了人与大自然和谐的生态文化。[1]"《一个人的武林》中形成的比试观是那种"'有你无我'的排斥性行动[2]",是对"拳场不认人,举步不让人"的武术传统的真实写照,也是年轻习武者难以处理人际关系而无法达到和谐的技击文化。

在伦理层面,对中国武术影响最为广泛、深刻的是儒家的自强不息、厚德载物精神和墨家的兼爱、非攻的侠义精神。以儒家精神的"家国天下"为导向,"近代民族存亡之际,武术一度成为强国、强民、强种乃至救国(武术救国的思想)的工具,武术'尚武精神'也成为了振奋民族精神的兴奋剂,在民族水深火热之时,涌现出一批以侠之名义的武术人士,表现出一种敢于担当的精神"[3]。同时,龚正伟认为:"武术的防御思想受墨子提倡的'非攻'思想影响,武术的忍让可能也与非攻、兼爱的思想相关。[3]"然而,多数武术人毕竟逃不开年轻时的冲动和中年后的名利思想左右,难以成为真正的武术"自由人"。所以,武术人的比武较技又顺理成章;从另一方面来看,比试环节本身就蕴含了身体比拼过程中的缺点展现和提高技能,而"踢馆"之类的外出交流行为为检验平日训练成果提供了难得的契机,以便"长了记性"后重新回炉锻炼全新的自我,修补技术的缺陷,也是杨少侯传拳时常言的"寻师不如访友,访友不如摔跟头"的真实写照。对此,李小龙敏锐地指出:"截拳道并不旨在有效地制服对手,而是有效地克制自己,以克服个人情感上的障碍、不安、恐惧和受压抑的情感。换句话说,它是摆脱自身情感上的羁绊,实现完整自我的表达方式。[4]"在李小龙看来,对手所给予自身的帮助是每个人上下求索实现自我的必要方式,是师父也无法给予的。

实际上,无论是冠冕堂皇的递帖子或者直接的登门而入,其目的只有一个,即挑战对手和挑战自己。但是,对被挑战者而言,这是一道难题,不得不应战而避免因怯战而丢分;对挑战者来说,也冒着极大的风险,并非每一次冒险都能够全身而退。

出去跟人家比武(先演练一套三战套路),啪一打完就站在一边,他们也

---

[1] 杨建营.武术文化内涵的提炼与解析[J].沈阳体育学院学报,2015,34(5):135.

[2] 戴国斌.武术:身体的文化[M].北京:人民体育出版社,2011:220.

[3] 龚正伟,石毕毕.中华武术的武德缘起及基本精神[J].伦理学研究,2013(6):121.

[4] 李小龙.生活的艺术家[M].刘军平,译.北京:北京联合出版公司,2013:32.

会叫一个人下来，打一个套路，一打下来，我们自己打得过人家或者打不过人家心里面就有数了，如果我们一看不是人家对手，赶紧跪在师傅旁边，师傅对不起，请原谅，赶紧倒杯茶给师傅敬过去，这是有礼节的[1]。

在一次对吴孔谈的口述中，当笔者问及正式工作及成家后还有类似"踢馆"的比试没有，吴孔谈说"没有"，并强调"其实以前20几岁时候的找人家比武，不是打架那种，都是不伤和气的。"在随后的口述中，吴孔谈讲述了"昨天早上"刚刚发生的别人挑战事件。

倒是昨天早上，我就在西湖带徒弟练，有一个40多岁的人，跟我说我的拳从中间来能化解吗，我说能，你试试看，结果那人一拳就从中间进来了，我右手前臂一挡，你看看我的手臂是不是肿了（我一看果然肿了，还有点淤血发青的样子），那人也是练家子，我挡了一下，马上左手背部就朝他脸上过去了，他一下子就蒙了，很快他鼻子血就流下来了，幸亏我包里有纸巾，我赶紧问他怎么样，他说没事，我就说先不要走，我给你擦擦，然后他在原地蒙了几分钟，一会就走了。你想，他挑战我，要是我被他打了，我以后还能在西湖教拳吗，我师父跟我说"拳不善比"，出手就不能留情面的，留情就不要打[2]。

即使已经65岁并自嘲为"老家伙"的吴孔谈依然秉承师父房利贵的比试真言"拳不善比"，"如果出手留情就没意思了"，但是作为挑战者的一方，可能也是出于对技术完善的切磋目的，并非一定要挑战吴孔谈的"西湖权威"，而吴孔谈则不这么看。由此可见，切磋、交流、试力、听劲一定只能发生在"熟人"间，如"闫芳太极拳"事件中熟人——师徒之间的劲力练习；而陌生人之间，由于双方无法判明对方意图，全力以赴、出手见真章是唯一的选择，也是武术技术提高的必由之路。

（二）比试中的击和舞

在武术的历史发展中，始终存在着"练为战"和"练为看"两种路线的争论。如蔡龙云先生所指出的"我国武术从创始到现在，始终循着'击'和

---

[1] 录音编号：20151220WKT-2。
[2] 录音编号：20160626WKT-5。

'舞'两个方面发展的"[1]。陈公哲认为伸手为舞，握手为击，"武术的击和舞是相结合的，武术在平时是体育，在战时就是技击。[2]"吴高明则认为"击和舞不是并列的两个方面，前者是内容，后者是表演形式。[3]"三种关于武术击和舞的看法分别从并列、一体、主次关系分析击和舞，对这一争议问题笔者不做述评，而是从吴孔谈关于"踢馆"的口述中进行辨析。他的挑战比试环节中，"练为看"的"舞"是第一层次的比试，是"练为战"的"击"比试前的准备，即通过"看的练"来体现双方功夫的深浅，以达到威慑和暗自比试的目的，便于在后续更加深刻的散手比试环节避免尴尬，给双方留下了和解的余地，如挑战者失败后的"跪下倒杯茶"。由此可见，武术中的"练为战"是目的，"练为看"是前者的前戏，也是社会关系的缓冲环节。戴国斌用斯图亚特·霍尔的"编码，解码"理论将武术中的散打和套路分解为两套系统，它们"'一张一弛'地构成了近代武术民族国家话语生产的'文武之道'"[4]。如果，"舞"的演示环节并不奏效，则要出场下一环节：散手的"击"。

如果你不这样，那下面就是比散手了，你被他徒弟打趴下，最轻的是让你丢脸，给你脸摔几巴掌，脸打红鼻子出血，也不会打死，不像旧社会打擂台打死人[5]。

由此可见，"演是打的基础"，武术应该是"能演能打"的结合体，它们在武术的不同环节实践了先人创造武术的精髓。

"散手"则是真刀真枪的双人对决，是硬实力的碰撞，所谓拳脚无眼，出手不留情。从"文无第一，武无第二"的视角看，不存在难解难分、大战几百回合不分胜负的文艺场景，功夫的高低如同百米决战一样，看似同时撞线的两位选手，在慢镜头的回放下，其快慢高低都是真实可见的，武术决斗亦是如此，即所谓的"行家一伸手，便知有没有"。在另一个角度看来，无论打斗结局如何，从此敌视、互不来往甚至暗自拆台，双方都是人生的输家。程大力认为在传统武术的比试中，"胜"不仅是一个结果更是一个过程，"不仅要优美

---

[1] 蔡龙云.琴剑楼武术文集[M].北京：人民体育出版社，2007：51.

[2] 朱成.关于武术性质问题的讨论[J].体育文丛，1957（5）：23.

[3] 吴高明.武术是锻炼身体的方法——关于武术的几个问题和蔡龙云同志商榷[J].新体育，1957（4）：17.

[4] 戴国斌.武术：身体的文化[M].北京：人民体育出版社，2011：218.

[5] 录音编号：20151220WKT-2.

从容，而且要赢得干净利落，滴水不漏，要百分之百地战胜对手。一个武术家与人交手，尽管赢了，但他脸上若也挨了一拳一掌，青紫一块或花了脸，别人和他自己仍会觉得是很丢人的事"[1]。胜方责怪对方不知进退，明知不敌偏要硬撑；败方则恼恨对手不留情面致使自己难堪。

三、比试结果的文化分析

戴国斌将武术比试中的对手分为3类：物对手、人对手、新对手。在"物对手"中，"武术却将物体作为技击锻炼的对手，靶、狗皮袋、千层纸、木桩、沙袋、木人桩等也作为技击锻炼的替代性对手，成为提高技击能力的物对手。[2]66"如拳击练习时，以沙袋成为"将拳头打在假想的对手身上[3]"；在"人对手"中，包含了陪练（象征性对手）、对练（虚假性对手）、单练（想象性对手）[2]67三种类型，这三种比试都遵循了蔡龙云先生所指出的"置于一个战斗的场合"的虚拟，从而在心理上完成了一场比试行为。从吴孔谈的口述中，作为福州地方拳种的功夫架——"三战"是比试中的参照物。

（一）比试的3种结果

比试基本包含了反目成仇和以武会友两种结局。相对于武林中传为佳话的"不打不成交"和"不打不相识"毕竟是少数，那种因武结缘的惺惺相惜只存在于武术高手的文化层面，而在技术层面彼此言语上的佩服隐含了暗地里的较劲：以对方为目标的超越。

1. 失败的后果

在普通人的比试中，失败者往往要承受身体之苦和心灵之屈辱的双重折磨。

就是让你丢脸，脸是不容易被人家打到的，一晃就躲过去了，打了脸然后才让你走，就这样了。（自己）也被打过。套路打完，对方如果不服，赢了怎

---

[1] 程大力.论东方体育大系统的地位与特征[J].成都体育学院学报，1992，18（1）：10.
[2] 戴国斌.武术对手的文化研究[J].体育与科学，2006，30（5）：66.
[3] 库克·布达克，尼尔·马尔伯特.学拳击[M].赵乃均，译.北京：人民体育出版社，1989：16.

么办，我要走，可以走，他要是不服可以叫人再跟我比，最少要挑战他3个人，都打赢了，你走，就这样了[1]。"

无论是"打赢了可以走"、还是"丢脸的走"，双方反目成仇已成定局，友谊之船说翻就翻，几无挽回余地。戴国斌认为武林佳话的"以武会友"对比试双方是有条件的、且缺一不可的，"现实中以比武交友的美好愿望之所以化为现实、成为美谈，恰恰发生于比试性质变化之际：在优势方手下留情（不想再分胜负）、劣势方甘拜下风（有自知之明），此刻，他们间的比试即有奏响友谊凯歌的可能。[2]"

2. 胜利的后果

松田隆智在《中国武术史》中记载了"神枪"李书文因比试手下不留情而留下的终身后遗症：

"李书文及至晚年，他寄居刘家，又收刘家刘云樵为嫡传弟子。在这以后，他应山东武术家的邀请，率刘云樵同去山东。刘云樵留在当地研究武术，他单身一人回河北，在归途中被比武中败于他的仇家所杀，不幸身亡。[3]"

一代武术大家晚年死于仇家之手的比试悲歌让人唏嘘不已，也证实了比试中友谊的"难产"，从而也让人们思考武术的技术提升之路：武术的比试究竟在什么程度、以什么程序才能化解友谊破裂的矛盾？

3. 矛盾的后果

在另一段关于杜心武劝诫徒弟万籁声放弃比武的案例中，我们能够感受到关于比试的社会复杂性。背景是全国第二届武术国考在上海举行期间，万籁声意欲参赛重新夺魁，其师杜心五对他说：

目前，武坛派别林立，为争名夺利，各不相让，你若再夺魁首，别的派别更无法忍受，明枪易躲，暗箭难防，或许要加害于你，武林中这种暗害并不鲜见，因此，依长远计，你最好放弃这次机会，以免争名次而伤了武林和气[4]。

---

[1] 录音编号：20151220WKT-2.

[2] 戴国斌.武术对手的文化研究[J].体育与科学，2006, 30（5）：69.

[3] 松田隆智.中国武术史[M].吕彦, 阎海, 译.成都：四川科学技术出版社，1984：107-108.

[4] 柯云.第三代自然门武术家万籁声传奇[J].文史春秋，2001（6）：39.

万籁声的另一位师父刘百川也持此意，所以万籁声并没有参赛，避免了"神枪"李书文的比试悲剧后果。

相对于放弃比试，无法逃避且规约了"不能赢也不能输"的结果比试则更为复杂。杨澄甫带其弟子董英杰初到广州时，面对当地南拳武术家对太极拳"柔、慢，能打吗"的质疑，杨澄甫对董英杰规定了"不能赢也不能输"的比试难题。既不能开罪广州本地武术家，又不能让人以为太极拳徒支虚架，务必在"文比"中使之知难而退，且不伤和气才是比试的难点。

"董英杰双手附在对方的腕子和手臂上，不丢不顶，推手点到为止，没有伤了那位高官的面子，他更加心悦诚服，请求杨澄甫将董英杰留下来教他们太极拳。[1]"

太极拳推手比试方式为比试的文明化和友好化创造了良好的条件，当然，在民间也有不是"真打"的质疑，如一位习练太极拳20余年的爱好者将师父和大师兄视为神明，每每推手都被师父和大师兄玩的团团转，却在一次和拳击教练的交流中被击倒，起初该太极拳师傅在推手状态下将拳击教练放出数米远，在拳击教练能否真打的质疑中，太极拳师傅以真打与之交流，却在几秒钟被一拳打倒，大师兄愤怒上场的结果与师傅并无二致，该太极拳爱好者说本来拳击教练是来向师父学习的，结果是不欢而散。我们看到，有时候，比试是一个矛盾的结果，在现代法治社会中，武术比试虽不致发生极端报复的后果，却在心理层面埋下了不善的种子。

（二）比试的文化后果

因为两位民间武术家的擂台比武而引发的新派武侠小说的崛起是众所难料的，起因于吴式太极拳传人吴公仪在某报纸发表"欢迎任何一派拳术研究"的比试檄文，在文化"研究"范式中，多是在报纸刊物上的唇枪舌剑的商榷语言；而在其他门派的武术家看来，"研究"一词隐喻了拳脚的比拼；果然引起了澳门白鹤门陈克夫的不满，"研究"先是在报纸上的你来我往，继而决定于1954年1月17日在擂台上继续"研究"。关于此次擂台比武的影像资料在网络上早已可见，但是关于"比试"过程和结果的争论一直持续至今。

---

[1] 余功保.董家太极——董英杰太极拳传承与精义[M].北京：当代中国出版社，2013：146.

关于技术层面的争议本文并不深究。对于比试的功用，吴公仪认为："武术以实用为根本，倡导技击是我辈义不容辞的职责，在实战中提高，才能发展太极。[1]"比试成为吴公仪在港澳发展太极拳、立足香江的筹码。表面看来，比赛以吴公仪嘴唇"微微渗血"，陈克夫"鼻血长流不止，染红战衣"为结果，似乎吴公仪稍占优势，而最后结果却是原定六场的比试仅打两场匆匆停止，总裁判的宣布"比赛停止，双方不败、不和、不胜"，这样的结果是武术比试中鲜见的，在自古"文无第一，武无第二"拳谚中，如此的比试结果实属另类。原因是裁判见双方动了肝火，恐怕对港澳武术团结不利，而对于裁判的评判，"双方极有风度的握手言和"。可见，对于比试所引发的不良后果，第三方（裁判）承担了武术大局出发的"道义"以"作伪"的手段终止了比试，更改了结果，而同样出于大局的考虑，双方各自达到自己的目的，以和为贵才是上策。

人们始料不及的是，此次比试3天后，新派武侠小说鼻祖梁羽生以此次"比试"为蓝本写下了《龙虎斗京华》，从此引发了数十年的文坛热潮，以"金、梁、古、温"为代表的新派武术小说巨匠统治了半个世纪的武侠文坛，以此为题材的影视、网游作品更是难以计数。

（三）比试的理想结果

人作为社会关系的总和，比试作为切磋技艺的手段，采用文化的比试是最为合适的，再次印证了蔡龙云先生所指出的"舞"的功用的不可或缺。在张之江看来，理想的比试应该是："优于我的便是我的良师益友，我必敬重他，效法他；弱于我，我必以极诚恳的心，爱助他，指导他，决不轻视他，才能使国术蒸蒸日上。[2]"

一代"功夫之王"李小龙对比试对手也有着自己深刻的理解，"自己和对手之间并没有区别，两者是相辅相成的整体，而不是对立的两部分。二者之间不存在征服，争斗或者控制。功夫的意思就是要将自己的动作协调地融入对方

---

[1] 余功保.董家太极——董英杰太极拳传承与精义 [M].北京：当代中国出版社，2013：146.

[2] 张之江.中央国术馆成立大会宣言 [M].中央国术馆.张之江先生国术言论集.大陆印书馆，1931：10-31.

的动作中，他进，你就退；他退，你就进。因此，进退伸缩互补，反之亦然，两者相生相克，互为因果。[1]"如果每一对比试者都能如此看待双方的较技，则会彼此惺惺相惜，每一次比试表现出的是教学比赛活动。李小龙进一步用飞行在水面上的小鸟比喻比试的场景，对手就是自己的水中的影子，"当我站在对手面前时，我那些思想和感情不也像小鸟在水上的倒影一样吗？[1]"将比试作如此形象的比喻和哲学思维，李小龙不愧是"生活的艺术家"。太极拳名家吴图南先生认为武术绝非格杀和斗狠之技，"除包括拳术器械之外，当以修德养性为唯一目的。止于养成勇敢奋斗团结的御侮精神；培养雄伟侠烈之风气；发扬民族固有之技能；创造新中华民族；皆自修德养性之中相演而生。否则，好勇斗狠，于世无济。对于国家，非徒无益，而又害之。胡为而提倡哉！[2]"

回到吴孔谈所指出的比试中来，毕竟，此类"踢馆"交流实践并不多见，而且也并非是为了抢夺有限的社会资源，原初目的也仅限于年轻时的"得艺试敌"，是对自我功夫的检验，而非你死我活的资源争夺，所以，在本质上仍存在着和解的空间，随着习武年限的增长，进而对武术理解的深刻，武术的修为和技艺也日渐深厚，在顾新法的论述中"一般情况，太极高手运到此步，对方身体很难逃脱，由于太极能修炼到这个水平的人，其恬淡、不争理念较中重，都会主动住手，不去伤人。[3]"

"和为贵"才是武术长者的基本风范。在《太极往事》记录了刘晚苍和三浦英夫的比试详情"以刘晚苍当时的功力，紧接着一掌按下去将三浦英夫发出一两丈开外是没有问题的，不过，刘晚苍并没有这么做，含笑收住了。[4]"含笑的收住表明了高下立判的技术和恬淡自然的气度，作为文明的比试巩固了今后的友谊。更有唐维禄教导李仲轩的对比试的忍让，"练劈拳的时候，不准在人多的地方练，不准占别人的地方。遇到有人生事，不准动手比武，要学会以理服人、以德服人，要留着时间习武，不要卷入是非中，虚耗了光阴。[5]"回头再看当初比试时的鲁莽既会愧疚于自己的无知也会感谢对方给予自己功夫提

---

[1] 李小龙. 生活的艺术家[M]. 刘军平，译. 北京：北京联合出版公司，2013：11.

[2] 吴图南. 国术概论[M]. 北京：北京市中国书店，1984：4-5.

[3] 顾新法. 在美国教擒拿格斗[J]. 中华武术，2016（5）：75.

[4] 季培刚. 太极往事：晚清以来太极拳的传承谱系[M]. 北京：中国商业出版社，2011：151.

[5] 李仲轩，徐皓峰. 逝去的武林：一代形意拳大师口述历史[M]. 海口：南海出版社，2009：26.

升的帮助,所以,才有了30年后吴孔谈口述中的"那个时候基本上打人不伤和气,所以为什么我这次开会(拳谱首发仪式)会来这么多人,很多来的门派的都是以前跟我打过架的,那天开会去了380个人"的善果。

四、武术生活化的自我比试

"比试"始终是自己的一面镜子,映照以对手为参照物的自身功夫位置。即使"出师"以后,吴孔谈依然经常回上山村师父家中聆听师父的答疑解惑。

基本上跟师父有三年时间,但并不是说离开师父了,还要经常到师父那里去练,有的跟人家比,还是打不过人家,就跟师父讲,我这个手法怎么用,为什么,师父再给我讲解,还是经常跟着师父,应该有5~6年了,再后来就一个月去一次,师父再讲一讲[1]。

而对于师父过世后却没有教过和讲过的,吴孔谈则在和徒弟的比试中进行体悟。

30岁后我就自己开始教徒弟了,有些好朋友、邻居、亲戚子女跑过来了,那时候我打架特别有名,在教徒弟过程中,就被徒弟打了,按照师父的招就被徒弟打了,师父没有讲过,怎么办?自己就要去想出新的招式来,这样才能发扬光大,如果固守陈规,就那么几个套路,不会长进,一定要到外面去想、悟,跟别人交流[2]。

综上所述,我们也能从电影《霍元甲》《一个人的武林》主人公以及吴孔谈的武术人生中发现他们身上体现出的武术文化三层次,吴孔谈早期的习武练拳而功夫上身,是自己从体质虚弱到"不知道累"以武术处理与自身的关系,进而在处理朋友和其他社会成员关系时,武术的媒介作用使其在"30岁时体悟的武术就是打的技术";直至后来,在重病的康复阶段,武术已然成为生活的主要方式融入人生,成为"玩意"。作为日常生活实践的一部分,吴孔谈的武术人生也经历学拳、练拳、玩拳的人生历程。因为坚持习武,吴孔谈说从不知道累,即使有时候免疫力下降了,自己并不知道,所以吴孔谈常跟人说自己要么不生病,要么就是大病。居然一语成真,2012年4月30日,正在后山武馆教

---

[1] 录音编号:20151213WKT-1。

[2] 录音编号:20151220WKT-2。

授徒弟的吴孔谈"忽然肚子痛的要命",几经辗转被诊断为结肠癌,在住院期间,武术锻炼的中断成为他的心病。

住院住了11天,回来(出院回家)第12天我就开始在西湖锻炼,手术做完,肠没有完全好,一直拉肚子,到了西湖后,我站在厕所门口锻炼,就一直跑厕所,这样一直练了三个月,我才开始慢慢恢复[1]。

在与癌症的抗争中,武术是吴孔谈唯一能够主动参与其中用于康复的工具,因而,即使在别人质疑的眼神中,他依然每天早起到离家不远的西湖公园坚持武术锻炼,以此成为癌症康复的"手杖",并坚信自己的康复是武术给予他的。实际上,在笔者看来,无法证明经常的武术锻炼对他的病后康复带来多大的帮助,阮纪正认为"武术是中国人的存在方式","直接地是中国人生活方式的一个组成部分,直接地渗透到中国人整个日常生活和社会生活之中[2]。"李小龙也同样认为:"练武可以修身养性,是一种生活方式。[3]"笔者更愿相信,刚从病房出来的吴孔谈如此的马不停蹄投入晨练的怀抱,是武术已经融入了他的生活,成为不可或缺的一部分。所谓"行走坐卧,不离这个"即是此。相信吴孔谈也明白唐维禄话语中的"要留着时间习武,不要卷入是非中,虚耗了光阴"的武术生活化状态,由此而言,生活化的武术将是一场永不停息的自我比试。

第五节 "后山武馆"的传播实践与社会变迁

闫彬等人认为:"20世纪80年代的人们喜欢武术,是因为在单一的文化消费模式下,人们没有更多的选择,而武术又恰恰满足了这一特殊时期人们的心理需求![4]"实际上,乘着"武术热"的东风而起的各类民间武术馆校蓬勃发展当中,有一类武术馆校,它们并没有正式的注册,也不具有法人资格,更说

---

[1] 录音编号:20160415WKT-4.
[2] 阮纪正.武术:中国人的存在方式[J].开放时代,1996(3):26.
[3] 李小龙.生活的艺术家[M].刘军平,译.北京:北京联合出版公司,2013:11.
[4] 闫彬,马学智.文化视野中的武术热:历史回溯与现实观照[J].北京体育大学学报,2016,39(2):27.

不上是一个真正的武术学校,它在自家庭院,有一个相对固定的群体,在相对固定的时间里在一个师父带领着舞刀弄棒,它们并非社会意义的实体企业,仅是为了喜欢武术而聚集在一起的精神共同体,它们并不收学费,甚至连基本的武术器材都需要自己采购和制造,吴孔谈的"后山武馆"即是如此。根据吴孔谈的描述,以后山村命名的"香店拳后山武术馆"(以下简称"后山武馆")开始于大约1983年[1],由于年代久远,他只记得"反正电影《少林寺》什么时候火起来的,就是武术兴起的时候,我就在后山开始教了。[2]"

作为20世纪80年代"武术热"的一个缩影,"后山武馆"有别于后来名满天下的"少林塔沟武术学校"等企业集团,形成了独特的"福利型"武馆,其存在必然有其内在的原因,分析武术热的历史背景和后山武馆的成因,从而折射出一个普通民间武术家在那个时代的武术发展与传播实践。

一、寻根:历史使然

相对于20世纪60至70年代各种政治运动对人们思想的禁锢,80年代的"改革开放",被众多学者称为"新时期"。"'文化大革命'后,中国社会逐渐走向正常化,文化也在长久的压抑和畸变之后迅速喷发而变得繁杂和亢奋。[3]"从"阶级斗争"到"经济建设"的转换,在彻底摆脱了革命斗争话语的后革命时代,人们亟需的是挽回那些逝去年华和未竟之事。因此,在一定程度上,"80年代构成了一个连接当下与历史、新时期与50至70年代、当代与20世纪的枢纽时段"。

回溯本源,以向回看的方式进行文化认同以确认自己处在一个强大的历史空间和族群文化之中,拥有一些可以充分应对变化的传统资源,自己是这一传统中的一员,凭着凸显和夸张这种文化传统与民族历史的方式,人们获得所需

---

[1] 由于年代的久远,吴孔谈记得后山武馆开始于电影《少林寺》的热播,根据笔者的查阅,《少林寺》于1982年1月21日上映,但是鉴于要形成全国性的武术潮流尚需一段时间,所以,由此推断,后山武馆的正式挂牌应该是1983年无误。(注文)

[2] 录音编号:20160415WKT-4。

[3] 傅守祥.审美化生存——消费时代大众文化的审美想象与哲学批判[M].北京:中国传媒大学出版社,2008:172.

要的自信心和凝聚力。这种历史记忆的方式常常被称为"寻根"[1]。在中国文学史上，80年代是"寻根文学"流行的时期，也形成了多种"寻根"文本，诸如诗歌、散文、小说、文论等，它们基本上出于对"文革十年"的历史反思、启蒙，如贺桂梅所言："寻根所启动的事实上并不仅仅是一种文学思潮，毋宁说更是80年代的核心话语机制，而其重要标志乃是'文化'与'中国'"[2]。对于吴孔谈开创的"后山武馆"来说，其关键词是"武术""香店拳""练拳空间"，以吴孔谈为中心的那批爱好武术的年轻人尚不曾有以武术安身立业的"经济头脑"和"学成文武艺，货与帝王家"的思想觉悟，但是，潜意识中和实际实践中，作为"自我东方化"的"后山武馆"的主体意识没有或者认识不到那种经典的"西方冲击/中国回应"的经典叙事模式，长期偏居我国东南一隅的民间武术家根本无法预见国际层面中的中国位置；因为，那个时候，域外武技仍是新鲜事物，和国内武术的交流远不如今天这般频繁，但是，在后续的"寻根"和交流中，吴孔谈和他的香店拳做出了"我和他们教的不一样"的特色来，在下文中有着重论述。

二、经历：个人必然

吴孔谈和他的"后山武馆"模式实际上在其1970—1974年求学于房利贵期间便已种下了种子，在吴孔谈心中逐渐生根发芽，师父对他的教诲，师母对他的一碗糯米粥之恩使其在此后的数十年间武术实践中念念不忘，而回响于世的便是他的"后山武馆"从登云上三村师父的家中搬到了自己的家中，师父便是自己，自己便是师父，在这往返的人生关照中重塑了师父和他的香店拳。

而在历史哲学的层面，吴孔谈也不曾意识到，无论出于何种诉求，告别并"走出灰色而沉闷的70年代"已经成为当时社会的普遍愿望，以"新时期"、现代化等词汇表明的新旧、过去与未来的现代性话语框架中。哈贝马斯在《现代性的哲学话语》中指出："现代或新的时代概念所表达的历史意识，已构成了一种历史哲学的视角：一个人必须从整个历史视界出发对自己的位置作反思

---

[1] 葛兆光.思想史的写法［M］.上海：复旦大学出版社，2004：101.
[2] 贺桂梅."新启蒙"知识档案：80年代中国文化研究［M］.北京：北京大学出版社，2010：167.

性认识"[1]。所以,潜意识中的把房利贵的上山村习武客厅迁移到后山村武馆成为吴孔谈的政治构想,而在师父的知遇之恩和师母的一碗粥礼遇下,回报师父的最好办法就是复制师父的香店拳传承模式和传承空间。但是在20世纪80年代到90年代的计划经济向市场经济的转型中,纯粹福利型的武馆模式也注定了衰落,也见证了"93年下海了,也就没搞了"的"后山武馆"没落。

三、"后山武馆"的历史、文化背景

成立于1983年的"后山武馆"因何并没有成为一家真正的武术馆校,成为当时武术热潮中的一种经济效益企业,对于一个热衷武术的武术家而言,既有其个人偶然又有着历史必然。

"文革"期间的吴孔谈已经是农村的大龄青年,爱打架、家里穷、出身不好的他在父母张罗下的相亲之举"也都有考虑,有介绍的,90%都不满意,都没有成功",吴孔谈笑着说"有自己不满意的""长得不好看的""因名声太坏不愿意跟他的"。直至1979年进机关粮店工作以后才遇到在同单位工作的爱人。在吴孔谈眼里,这是他们夫妻间的"缘分"。

缘分,到粮店工作就遇见我现在的老婆了,她当时比我工作更好一点,跟我一个单位,她是管粮票的,那时候有分集体和国营,我算是集体工,她算是国营的,档次更高一点。我为人比较憨厚,做事肯干,领导都很看重我,口碑相当不错,如果她要是了解我以前那种(爱打架的名声)估计够呛(大笑),也是不行[2]。

婚后第二年(1983年),吴孔谈儿子出生。从文革期间的偷拳艰辛谋生,到80年代的稳定工作"铁饭碗"、结婚、生子、单位分房,吴孔谈开始过上稳定的生活。"单位的,分了一间,够住就好了,那时候也没有买房子概念。"对一个成年男人来说,1983年是他的新生,包含了物理生命的延续(结婚生子)和武术生命的重启,这一切乃是因为他有了属于自己的房子和练习香店拳

---

[1] 于尔根·哈贝马斯.现代性的哲学话语[M].曹卫东,等,译.南京:译林出版社,2004:5-13.
[2] 录音编号:20151227WKT-3.

的粮店仓库,单位给的家庭生活空间和国家"新时期"给的武术活动新生的政治空间。

(一)吴孔谈的香店拳武馆寻根

吴孔谈在工作、生活、家庭安稳之后的日子里,必然要重拾曾经的精神皈依,重现当年上山村师父家中挑灯习武的场景,师父的严厉和师母的照顾。

在物理空间和政治空间的许可之下,一个关于武术新生的事件也就"蠢蠢欲动"了。著名诗歌评论家谢冕的一段话指认了"文革"后的我国文化现实:

"这一部分诗(指当时流行的'寻根'诗歌潮)的实践,起源于对中国文化久经动乱之中衰与断裂的振兴意愿,它受到特殊环境与氛围的启示:因摧毁性的破坏而产生探究与重建的渴望。由于从废墟中开掘,感受到中国文化宝藏的宏深,不由自主的产生皈依感,同时也由于现实的失望而力图重建合理秩序,这无疑包蕴了隐遁的意绪。这一切出现在社会重获生机的开放情势之下,故不单纯是文化的吸附力使然,它当然蕴有明确的现实否定与历史批判意向[1]。"

从谢冕的话语中,我们明显的看到在文革后期及改革开放初期的文化现实:断裂、废墟、重建。在这一意义上,"文革"期间,包含武术在内的民族浩劫注定了那一时期的全方位委顿,同时也暗示了80年代新时期的雄起,是一种劫后重生的快速增长。因此,吴孔谈的"后山武馆"折射的是全国武术的复苏和对香店拳上山村师父家园武馆的重启。

(二)全国武术复兴的大环境

不只是武术在20世纪70年代末到80年代中后期的发展处于发力阶段,资料显示,在同一时期,我国美术界也在经历着民间艺术热,方李莉认为:"这一民间艺术热的发起就与各地文化馆干部的工作有着直接的联系。[2]"并在文中详述安塞县文化馆美术干部在寒冬,走村访户对民间艺术家进行全面的摸底考

---

[1] 谢冕.谢冕文学评论选[M].长沙:湖南文艺出版社,1986:219.
[2] 方李莉."文化自觉"视野中的非遗保护[M].北京:北京时代华文书局,2015:50.

察的艰辛工作，并进一步指出："80年代政府主导的民间艺术的发展，是为了继承民族的优秀文化传统，含有深刻的政治含义和文化意义。"对类似民间艺术的大面积寻根，是在新中国成立后的民风习俗以及"文革"中的破四旧中被洗涤殆尽的背景下进行的，所以，在稳定的"新时期"，摸清家底成了"各家各户"文化部门的首要任务，武术的家底同样如此。武术寻根围绕"发扬民族文化遗产，振兴中华武术，造福全人类[1]57"的主题做出一系列成果。

20世纪80年代初期，关于武术复苏的国家层面终于开启新的篇章，按照前国家体委武术处处长赵双进的描述，1982年12月，国家体委在北京召开了全国武术工作会议，并于同月31日下发了《关于下发全国武术工作会议纪要的通知》，并同时转发了徐才的《团结起来，共同奋斗，开创武术新局面》的大会讲话，作为新时期武术发展的"尚方宝剑"，此次会议"不仅规定了80年代武术运动的方向和大政方针，同时把武术真正的摆到了民族文化瑰宝的位置，犹如寒冬将尽时一声惊蛰的春雷，引发了武术的复苏"[1]57-58。以此为契机，在1983~1986年，全国范围开展了声势浩大挖掘整理武术遗产工作，并由此得出我国目前留存的"源流有序、拳理明晰、风格独特、自成体系的拳种129个"[1]64的结论，成为各版武术史研究的基础。随后，在1986年3月底举办了"武术遗产挖掘、整理成果展览"，"显示了3年来武术挖掘、整理工作所取得的辉煌成就，再现了武术博大精深、瑰丽璀璨的魅力。[2]"

回头来看，80年代耗资百万、动员8000多名武术工作者的挖掘、整理运动，是对"七十年代末以来，中国武术界流传着一个时髦的话题——'把武术推向世界'"的回应，这一思潮的缘起事件包含了著名武术运动员李连杰访美的武术外交活动，随后的1980年，日本武术家三浦英夫在河南温县成为国家首批"开放县"后首位建国后访问温县的外国人，也正是三浦英夫在1978年访华时邀请邓小平写下了"太极拳好"的题词，为太极拳的日后风靡全球定下了极高的基础。三浦英夫拍摄的录像从日本传向全世界，开启了武术推向世界的大门，此后的温县陈家沟，成为全球太极拳爱好者的圣地，"从1981年4月一直到1982年下半年，陈家沟接待了27批国外代表团，分别来自日本、韩国、新

---

[1] 赵双进.对80年代武术工作的回顾与随想[J].体育文化导刊，2003（1）.

[2] 国家体委武术研究院编纂.中国武术史[M].北京：人民体育出版社，1997：451.

加坡、马来西亚、美国、加拿大、欧洲各国等。[1]"武术走向国际,在地方领导和民间武术家欣喜之余,必须要考虑的问题是中国武术推向世界要"推什么"? 而在当时西方现代化的现实面前,在百年来我国欠发达的背景下,在急切地向西方工业文明看齐的过程中,"现代化"一词的强大内驱力所带动的武术现代化思潮也就顺理成章、应运而生了,由此,为武术发展的现代和传统两条线路争论埋下了伏笔。

因此,80年代的大规模"挖整"是寻根、发展、推向世界的中枢环节,此后的散手(后称散打)运动、各级武术联合会,乃至亚运会武术项目的进入都可以看做是它的后续动作。武术的"挖整"工作客观上提高了武术人和武术的社会地位,"'挖整'不仅具有武术界'拨乱反正'的历史意义,而且通过'挖整',将武术真正摆到'民族文化瑰宝'的位置,以向历史寻根的方式'摸清了武术的家底'"[2]。且在1982年电影《少林寺》的火爆之后,燎原之势的武术之火已经势不可挡,张延庆在其著作《莫待此情成追忆——从技艺到记忆的邢台查拳》中描述了自己的回族查拳师父徐青山在"武术热"背景下的收徒盛况:"很多人投师门下,多达百人,一时间,查拳在邢台也声名鹊起。[3]"

(三) 粮店仓库的武馆雏形

尽管"后山武馆"作为上山村武馆的投射与迁移,已然是吴孔谈的武术政治。但是,在笔者看来,"后山武馆"的成立也并非一蹴而就,它是吴孔谈粮店仓库训练基地的孕育之后的升级成果。

在1979年的时候,吴孔谈开启了他人生的转折点。从一个民间无业[4]流浪者一跃而成城市户口的"公家人"。有了固定工作的吴孔谈的最大收获并非

---

[1] 戴志勇. 一个家族和一门绝艺:陈家沟陈氏太极拳断而复续的故事 [EB\OL]. 南方周末,http://www.infzm.com/content/94001.

[2] 刘祖辉,戴国斌. 寻根现代化综合创新:文化武术思想的3中路向 [J]. 上海体育学院学报,2014,38(2):43.

[3] 张延庆. 莫待此情成追忆——从技艺到记忆的邢台查拳 [M]. 北京:中央民族大学出版社,2014:2.

[4] 在其时的民间,只要不是吃公家饭的铁饭碗工作,都统称为无业,或者务农,而吴孔谈并没有专注于农业,仅靠打零工维持生存.(注文)

89

是收入的固定，而是习武场所的固定，从后山村的"大门口的稻谷场"迁移到机关粮店粮仓，从"打石工"期间的"随处可练"到有了晚上粮仓中的香店拳厨会。

那就到了1979年，我伯母退休，然后我就补她的位置进来了。她退休了有个名额，我就接班了，从农村转到城市来工作了，那时候我分配在粮食局下面的粮店里面。很快，我进来以后，粮店里面都是大米，180斤装的，都是麻袋，我在粮店当仓管员，对我而言，最大的帮助就在粮店里面，以前练武没有沙袋，麻袋堆在那里就变成沙袋了[1]。

吴孔谈谈及粮仓的喜悦，除了空间的固定还有对大堆麻袋变成"沙袋"的"垂涎"。作为练功沙袋的替代物，一包包盛满大米的麻袋成为练功的最好道具。

那时候没有沙袋，有一批师兄讲说他以前练沙袋，挂了十几个，很好布置的，怎么打都不破，我过去直接啪啪从他鼻子打过去，我说吹牛不要这么夸张，那时候布票每个人一年才给你几尺啊，你哪有地方买布，做衣服还要用布票去买啊，你说你做几十个沙袋挂在那里，纯粹吹牛，跟徒弟吹牛可以，跟我们在一起开会就不要吹，那时候衣服都是补丁。那时候卡其布是最好的，怎么这么多去做沙袋，爸爸妈妈除非是傻瓜，或者是厅长、局长、部长。那时候我们就是用破布缝一缝，都是手工[2]。

从没有沙袋以破衣服、破裤子缝制后摆在石头上"噼里啪啦一直打"到粮仓里成堆的麻袋，粮仓的习武空间像是一个专业的武馆，不仅汇聚了香店拳第六、七代[3]的武术精英，也成为自宗师房利贵去世后，他们难得的文化厨会。

因此，一定程度上，粮店的粮仓管理员身份所管理的不只是那一堆堆的麻袋和装填的大米，而是香店拳后山武馆前期培训基地的CEO。在那种"高高的、大大的、又亮亮的灯泡"空间中，"整天一到晚上就很热闹"吴孔谈和他的师兄弟及徒弟们找到了从未有过的归属感。

---

[1] 录音编号：20151227WKT-3.

[2] 录音编号：20151220WKT-2.

[3] 根据香店拳拳谱《香店拳》的记载，房利贵为香店拳第五代传人，吴孔谈为第六代，其徒弟为第七代.（注文）

四、"后山武馆"的文化隐喻

在一定程度上，"后山武馆"的免费教学模式是对宗师房利贵当年传授吴孔谈等弟子模式的复制和再现，矗立于吴孔谈后山村老家门口的"香店拳后山武术馆"牌匾的挂牌诉说了对80年代新时期武术解放的欣喜，也折射出对"文革"期间"偷拳"控诉与反弹——武术的现代化范式终于取代了革命话语范式，练武可以再也不用偷偷摸摸的。另外，免费传艺也是吴孔谈对武术特殊感情的真实写照：对香店拳的传承是自己的责任，不能用价格衡量，如图2-3所示。实际上，类似的事情并非吴孔谈独有，在长春市的一名退伍军人张圣友身上，"每天早晨，在长春市朝阳公园的健身广场西侧"带领徒弟们练习武术，"退伍后，张圣友每个月的收入有限，不少人劝他对徒弟们象征性地收点学费。可张圣友却坚持认为：'坚决不能收钱，因为传承中华武术，德艺双修，是每一位武者的责任与义务'"[1]。

图2-3　吴孔谈在后山武馆门口传授村中子弟

---

[1] 佚名.吉林省民间武术散打"总教头"[EB/OL].光明网，http: //legal.gmw.cn/2015-07/28/ content_16446091.htm.

后山武馆成立最直接的原因在于武术管理部门的政策允许，"1982年召开的全国武术工作会议上所提出的大力开展各种形式的群体武术活动，允许民间开办武术馆校授拳传艺，给群众性武术活动指明方向，各种形式的武术馆校、站、社等应运而生"[1]。被誉为"天下第一武校"的"少林寺塔沟武术学校"创办于1978年，如今已是驰名中外的拥有3万人武术教育集团，但是在其创办初期，与"后山武馆"的乡村庭院拳场模式并无不同。初期仅有两名徒弟和"少林寺"大门前面两间窑洞，从1978年到1982年的5年，"塔沟武校"并没有收过学费，徒弟唯一能做的就是在师父家农忙时分帮助收割和种植。"到1982年，学生收到二十几个，家里的粮食不够吃，养活不了了，才开始小心翼翼以每年5元、10元、15元的标准收费，就是这样慢慢滚动发展。[2]"塔沟武校创办人刘宝山曾就收徒弟的事向当时的登封县长询问收徒收费是否是"资本主义尾巴"，在得到否定的回复后，塔沟武校才渐渐走上了大发展的轨道。

当笔者问及为何"后山武馆"没有进一步成为一家企业的问题时，吴孔谈说其从来没有想过要将"后山武馆"办成赚钱收费的企业模式。温搏等认为："改革开放时期，是社会充满了矛盾的时期，摇摆不定是这一时期总的思想特征。既然要改，则必然出现反复与迷茫，充满探索与坚守"[3]。在武术馆校的发展中，我们也能够清晰的看到这一改变和沿袭的脉络。

在全国范围内，1983年，仅登封的武术馆校就有80多所，武校如雨后春笋一般蓬勃发展。按照王国琪等人的研究，"我国武术馆校的发展经历了恢复（1978—1982年）发展（1982—1995年）和规范（1995年至今）3个时期"[4]，根据不完全的统计，截至2001年，全国各类武术馆校、辅导站、研究会12000个。这些武术馆校中，办学的主体形式主要有3种：自办型、联办型和股份型。"目前武术馆校绝大部分都是独立的法人实体。学校的法人绝大多数是长期从事武术工作的老武术家、武术运动员，以及武术爱好者。即使是团体办学也聘请了具有丰富经验的老同志担任法人代表。因此，这些民办的武术馆校的办学

---

[1] 爨逢春.河南省武术馆校发展现状与对策研究[D].北京：北京体育大学，2005：6.

[2] 夏宏，李冰.少林塔沟：一所武校和一个家族的纠结[J].创业家，2010（8）：119.

[3] 温搏，等.中华武术核心思想流变即其文化生态成因[J].北京体育大学学报，2016，39（6）：56.

[4] 王国琪，等.我国武术馆校之研究[J].体育科学，2001，21（6）：25.

责任十分明确,责权有利统一。它作为独立的法人实体,实行自主办学自负盈亏、自我发展、自我约束。[1]"对比王国琪的研究,吴孔谈的后山武馆创办于1983年,属于我国武术馆校的"发展期",但在办学形式上,后山武馆从属于"自办型",又不具法人资格,既要自负盈亏,却非实体的企业。另外,吴孔谈的后山武馆属于业余时间的兼职,吴孔谈在下班后及周末的时间教授乡间子弟,并非专职。所以,对吴孔谈的"后山武馆"而言,所谓的自负盈亏,如果不亏则是赚了,后山武馆在自家里召集门人弟子、武术爱好者习练,自己花钱购买相应器械,甚至是依靠徒弟造出木人桩、木刀之类的练功用品,如图2-4所示。

图2-4 吴孔谈坚守自己的免费传承模式

在吴孔谈的口述中,他的后山武馆要简单的多。不同于初期的"塔沟武校"徒弟都是从外地"背着面粉"吃住在刘宝山家里,吴孔谈的"后山武馆"作为练功的固定场所和生活的旅游集散地,以当地人为主,即来即走。

"(武馆)没有牌子,都熟人,过来练,没有正规挂牌子收钱,自己都要贴钱,水电都是自己的钱。那时候器械,沙袋都是自己做,沙袋是用麻袋做,我都有木人桩了。我有个徒弟是木工,叫林洁耀,他会做,各种器械做得很

---

[1] 王国琪,等.我国武术馆校之研究[J].体育科学,2001,21(6).

多，摆在那边，开始练，那时候木人桩不一样，不是现在的那种，我们是两个杠杆。[1]"

流传在山东省广饶县的民间武术拳种——地弓拳在当代的传承实践中，我们也能看到80年代的"后文革时代"民间武术传承的经济、文化影响。"1984年由于政策的变化，少年儿童开始苦读，青年人忙于外出打工挣钱，地弓拳接受着严峻的考验，眼看着这一武术瑰宝就要失传，老木子和李云龙等老拳师们心急如焚，他们于1984年在本村开设了一处拳场，命名为'金顺武馆'，来学习的青少年很多，热情高涨。没有器械自己打造，没有杆棍自己去田野里砍，经过艰辛磨练，培养出了李金杰、李金伟、王连功、王德忠等为代表的年轻拳师。[2]"显而易见，"金顺武馆"是广饶县的"后山武馆"，是对"文革"时期失落十年的补救，是在"新时期"传统拳场的保护和再现，赚钱并非此类武馆的追求，它们形成了独特的"福利型"武馆。

五、"后山武馆"的衰落

（一）消费社会生活方式的转变

"在传统武术之乡河南，武术不叫武术叫玩意。一般而言，教玩意那是不收学费的。农闲时间，或者落黑以后人们无事可做时，就有会玩玩意的人在村前院后的空闲院子里或打麦场里教喜欢玩意的大人小孩子们玩。也就是现代人说的话：练武术；练功夫；练把式。[3]"在张雷的硕士研究生学位论文《集体记忆与精英行动——一个关于太极拳发源地的社会人类学个案分析》中也记载了温县陈家沟的家族习武场景：

"据说过去在陈家沟学练太极拳简直是家常便饭。村里常年设有很多个教拳场子，由精通太极拳的老人义务担任教师，街上摆着枪、刀、剑、棍和腊木杆子等器械，人们都趁着饭前、饭后空隙时间习练玩耍，青年人在操练时自然

---

[1] 录音编号：20151227WKT-3.
[2] 张剑锋.寻访中国传统文化：武林[M].成都：四川人民出版社，2015：192.
[3] 大河游侠玄空大师."一工不干二作"与武师生存环境的联想[EB/OL]. http://blog.sina.com.cn/s/blog_ 5ea18f5e01011jn7.html.

会有长者出面指点。街头巷尾、田间地头、家庭院户幽处静所,无论是黎明傍晚,或者是深夜静,都有人在练拳舞剑。[1]"

但是,作为生产型的农耕文明中,人们"忙时种田,闲来练拳",方便儿孙成龙成虎,免费的传授族人隐含了费孝通先生指出的"血缘是稳定的力量。在稳定社会中,地缘不过是血缘的投影[2]"的论断。因为人地关系的稳定,"地域上的靠近可以说是血缘上亲属的一种反映"。而在武术社会中,这一地缘、血缘关系的固化现象则反映出拳术的氏族、地域命名方式,如陈沟拳、杨家拳、董家太极、孙氏太极、洪家拳等。所以,在农闲时分打发日子消磨时间的"玩意"传授血缘亲近之人,免费是自然的;同样,在吴孔谈的后山武馆及粮店粮仓的传拳过程中,投射出的仍是这种熟人的稳定地缘关系和免费传拳的乡土社会逻辑。

我从房利贵师父那里学成下山以后,我等于就在朋友圈里面教来教去,有的年纪比我大,朋友圈里面都是在一起玩的,就教一些。电影一播放(指《少林寺》),很多人找上门来,就晚上教,下班后,吃过饭,没事就聊天,练一练,那时候人还不算很多,3~5个,就在家里玩一玩练一练[3]。

而在消费社会中,人们的流动增加,原初的血缘、地缘关系分崩离析,如陈氏太极拳早已走出温县陈家沟,由郑州辐射全国各地乃至全球,收徒从族人转变为陌生人,数量成几何级的增长,当传拳成为一种职业,生存的压力也就显现出来,"直到1999年,他们在郑州开了第一家太极拳拳馆,才改变了免费教学的惯例,开始摸索市场化的传拳模式。[4]"陈正雷讲述了他对传拳观念的转变历程。

"每年春节,我们买些礼品,封个红包,去拜访老拳师。很多老拳师家里都非常可怜,为武术事业奋斗了一辈子,教了那么多徒弟和学生,老了生活那么清贫,几乎连自己都护不住。这些老拳师又没有文化,不能把自己的武术整

---

[1] 张雷.集体记忆与精英行动——一个关于太极拳发源地的社会人类学个案分析[D].北京:北京体育大学硕士研究生学位论文,2004:18.

[2] 费孝通.乡土中国[M].北京:北京出版社,2011:103.

[3] 录音编号:20151227WKT-3.

[4] 戴志勇.一个家族和一门绝艺:陈家沟陈氏太极拳断而复续的故事[EB\OL].南方周末,http://www.infzm.com/content/94001.

理出书，拍录像带，没能力把无形资产转换一下。我想，我以后也要变老，要带这么多徒弟，难道以后我带领一帮乞丐，当丐帮帮主？[1]"

对于传统的改变，傅斯年指出：

"传统是不死的。在生活方式改变前，尤其不死。尽管外国人来征服，也是无用的。但若生产方式改了，则生活方式必然改；生活方式既改，传统也要大受折磨。中国的生产方式是非改不可的，无论你愿意不愿意；时代需要如此，不然的话便无以自存。[2]"

傅斯年特意强调了生产方式和生活方式改变而引发的传统改变，这种改变在老舍先生的《断魂枪》中有鲜明的体现。老舍先生明确的指出"东方的大梦没法子不醒了"，虽然是小说，但是在《老舍选集·自序》中，老舍说道："其中的人与事是我自己由多少拳师朋友里淘洗出来，加工加料而成的。"老舍以令人断魂的抒情笔法和象征手法传神的描绘出了神枪沙子龙在面对镖局改成客栈后的无奈和伤感。

在他手下创练起来的少年们还时常来找他。他们大多数是没落子弟，都有点武艺，可是没地方去用。有的在庙会上去卖艺：踢两趟腿，练套家伙，翻几个跟头，附带着卖点大力丸，混个三吊两吊的。有的实在闲不起了，去开筐果子，或挑些毛豆角，赶早儿在街上论斤吆喝出去[3]。

在荒店野林大展神威的断魂枪无法适应社会变迁后的生活化，所以只能"入棺材"，被人们遗忘。

在武术传承中的免费传于族中子弟，作为职业拳师提供健康和技击产品给与学生、学员这两种形式体现了生产社会和消费社会的传承差异。香店拳近三代由林庆伺到房利贵再至吴孔谈，他们的免费传拳在当代是否能够承受生活的压力值得深思，吴孔谈也知道，他的徒弟暂时无人能够继承自己的衣钵，除了功夫上的差距还有祖传理念鸿沟。

---

[1] 戴志勇.一个家族和一门绝艺：陈家沟陈氏太极拳断而复续的故事[EB/OL].南方周末，http://www.infzm.com/content/94001.

[2] 傅斯年.中国学校制度之批评[M]//傅斯年.傅斯年全集：第6册，长沙：湖南教育出版社，2003：124-125.

[3] 老舍.断魂枪[M]//吴小美.老舍精读.太原：北岳文艺出版社，2015：159.

（二）市场经济的观念冲击

"20世纪80年代处于起步阶段的武术馆校，大多以家庭作坊式的武术班、武术队、拳师开场子授艺的形式发展"[1]。与此同时，"青城武术从20世纪80年代开始复兴，到了90年代，都江堰地区已有13家武馆存在。但是，随着社会的发展，一系列复杂的原因导致武术快速地走向冷门和萧条，不久都江堰就只剩下刘绥滨和何道君两家武馆"[2]。在日益完善的市场体制运作之下，"越来越多的小规模的民办武术馆校已经被迫退出市场"。大多民间武术家家庭作坊的武馆由于缺乏市场资本运作，终究没能坚持多久，作为大众的民间武术家随即归于沉寂。此外，各地风起云涌的"武术搭台，经济唱戏"活动中，民间武术家永远是配角，他们并没有得到多少物质上的实惠、甚至是精神上的充裕。在以营利为目的的民间武术馆校多数惨败于市场之后，免费性质的习武共同体——"后山武馆"显然难以坚持下去，生存是每个社会人无法逃避的现实，因此，吴孔谈的"下海"和他的"后山武馆"的关闭显得自然而又无奈，如图2-5所示。

图2-5 2012年大病后的吴孔谈关闭了后山武馆，1、3为曾经训练使用的器材闲挂在庭院，已经蒙尘和生锈，2为武馆训练场地现状，4为武馆牌匾已经脱落，只剩下委员会徽标

---

[1] 杨建营.现代性支配下的武术现代化发展研究[J].上海体育学院学报，2012，36（5）：70.

[2] 龚茂富.中国民间武术生存现状及传播方式研究[M].北京：人民体育出版社，2012：104-105.

20世纪90年代以来，人们对市场经济和计划经济的重新认知，市场经济的成型和大众文化的觉醒，以及中国卷入全球化的格局中，使得人们的思维意识和方式发生了巨大转变，放弃"铁饭碗"而"下海"的风潮一度席卷全国，"一切向钱看"的思维主导了人们、颠覆了传统意义上的价值观念。赚大钱而舍弃微薄的"死工资"。从最初吴孔谈进入粮店系统做仓库管理员的工资23元，即使远低于做打石工的几十块钱和搬运工的100多元仍欣喜若狂，"刚进来23块钱，低多了，第一次发工资，一下子就没了，那时候10块钱最大，我以前搬运工百十块钱，还可以数10下，这一下子没了。"即使在后续做到粮店主任的"高管"位子上后，"我当时的工资是117块钱，加上主任补贴12块钱，实际上最后129块钱"，而在1993年，吴孔谈的"下海"初期，到东莞协助管理亲戚开办的印刷厂，"当时刚开始我工资拿了两三千"，虽然"很累很累的"但从129元的工资到"两三千"的对比冲击是显而易见的。当笔者问及"下海"的直接原因时，吴孔谈坦诚地说："我有家有口的，也要养家，那一点工资真心不够。"

　　德国社会学家卡尔·曼海姆对一个人的两种生活方式的思维方式变异进行了描述：

　　"一个农民的儿子，如果一直在他村庄的狭小的范围内长大成人，并且在故土度过其整个一生，那么那个村庄的思维方式和言谈方式在他看来便是天经地义的。但是对一个迁居到城市而且逐渐适应了城市生活的乡村少年来说，乡村的生活和思维方式对于他来说便不再是理所当然的事情了。他已经与那种方式有了距离，而且此时也许能有意识地区分乡村和城市的思想和观念方式。[1]"

　　在曼海姆看来，农村的孩子进城之后的初期，他依然在思想上是指认农村的，在中国的传统农耕文明思想中，落叶归根、我守我疆思维根深蒂固，被土地的非移动性牢牢的控制在了农村的周遭。从吴孔谈进城成为"铁饭碗"工人后，成家、生子、立业的系列生活实践反映了他的乡土情怀。但是，同样如曼海姆所言，逐渐适应城里生活后，吴孔谈慢慢的转变了他的乡土观念，对最初的129元工资显然不满足了，在他的思想萌芽中，并非如做"打石工"期间跟

---

[1] 卡尔·曼海姆.意识形态与乌托邦[M].黎明，李书崇，译，北京：商务印书馆，2000：286-287.

着师傅在城市周遭讨生活,"下海"成为现实。在90年代的全球化浪潮中,尤其是邓小平同志的"南巡讲话"后,被传统禁锢的思想豁然洞开,人们很久没有体验过那种思想如太阳般的升起照亮了世界的新形态。当然,这种闪电的思想并非一朝成就的,作为农村的孩子,生存在城市中,吴孔谈从他的"后山武馆"开始,也注定了今后他的武术之路是一波三折的。如同对中国的全球化考察,显然不是开始于90年代,贺桂梅认为:"正是外部的全球化格局在90年代中国的显影,暴露出了80年代历史与文化的内部性,而这并不意味着80年代事实上不处于全球格局中,只不过80年代未意识到其全球性而已。[1]"所以,90年代的市场文化出现并没有以激烈斗争的面目出现,甚至以它柔性的方式俘虏大众。从搬运工的100多元到粮店主任的129元,前后20年间,收入的"固化"逐渐使吴孔谈不满和屈从于现实,在市场经济摆脱政治镣铐的束缚之时,吴孔谈的"下海"更像是一种蓄谋已久的市场共谋。

孟繁华认为:"市场经济从发生那一天起,就预示了传统人文知识分子必然面临的窘境。[2]"有着传统人文精神的民间武术守望者同样面临市场经济大潮般的冲击,如果说80年代人们对市场经济的摇摆不定关注上难有定论,1992年邓小平"南巡讲话"的发表使80年代人们的摇摆不定成为过去。在孟繁华看来,"人文知识分子不可能走向经济的主战场,他们被宿命般的排斥在市场经济之外,而传统的人文理想在这一时代失去了神性的光彩。[2]"换言之,"后山武馆"没落与关闭像是市场经济大潮中的宿命,是吴孔谈具有的理想武术情怀的时代窘境,同时也暗指了吴孔谈下海经商不可能一帆风顺,根据吴孔谈的口述,他在广东呆过一段时间后,回到福州,后又跑东北做粮食生意,落魄时曾在火车站做"摩的",后又回福州重开两家粮店等坎坷经历,也印证了人文知识分子在经济主战场难以立足。

在某种程度上,如同老舍的短篇小说《断魂枪》中的武术家沙子龙和他的"断魂枪"一样,在不同的年代,武术的神性光辉只能弃之一旁,苦苦等待属于它的下一个春天。

---

[1] 贺桂梅. "新启蒙"知识档案:80年代中国文化研究[M]. 北京:北京大学出版社,2010:13.
[2] 孟繁华. 众神狂欢:世纪之交的中国文化现象[M]. 北京:中央编译出版社,2003:6.

六、"后山武馆"的后武术形态

（一）保留传统与结合创新

在2015年的香店拳拳谱首发仪式上，吴孔谈的徒弟上场表演，有别于其他师兄弟的单纯传统香店拳套路。

今天我徒弟上去，花样多，很流畅，一个表演单刀很漂亮，早期的马凤刀很死板，一个上去双节棍，以前没有，我结合新时代的东西，最后我的徒弟上去表演散打基本功，腿脚应用，脚靶手靶，大家都惊住了，太有力量了，手快的不得了，打完下去，再来两个徒弟上去实战，头盔护具短裤上去，真打了[1]。

对于双节棍、散打等传统武术表演中少有的项目，吴孔谈及其徒弟将其用在了日常训练和门内聚会的表演中，形成了自己的东西，而并没有抛弃师父的东西，并以此阐释"发扬光大"的内涵。不仅如此，吴孔谈在吸收域外武技方面的也有自己的特色。

一定要保留，什么叫发扬光大，要有新的东西出来，我的徒弟每个上去大家都鼓掌，我要有我自己的特色，因为我现在结合的他们都没有，我这边有跆拳道教练的9个都是我的徒弟，他们的腿（法）我结合进来了[1]。

而对于宗师房利贵传下的香店拳套路，吴孔谈说："套路不改，我是创编出新的套路，传统的，师父的东西绝对不能改，一定要保留。"

（二）今不如昔与见多识广

吴孔谈多次指出"自己功夫练成这样，仍不及师父"，因为没有师父"练得狠"和"肯打"。但是，在对师父房利贵的功夫崇拜中，吴孔谈并不掩饰自己这一代人对师父那一代的明显优势。

我说我们这一辈人，很多东西都要超过师父。因为我们这一辈人，见识绝对比师父广，走的地方多，那时候（师父那一代）交通不发达，我的师父都在福州这一块小范围内，交流的门派就那么几个人。我们这一辈为什么比师父

---

[1] 录音编号：20151213WKT-1.

见识广,一,电视上,世界各地的,都可以看到在打擂台;二,光盘;三,书籍;四,我们经常带徒弟全国各地表演;是不是见识绝对超过师父[1]。

基于"见多识广"的认识,所以,吴孔谈认为:"既然见多识广,就要把很多东西结合进来,外面的很多好东西,一定要结合过来。"

七、"后山武馆"的关闭与重启

如何看待"后山武馆",它免费传授,以市场经济的规律看待,它显然是赔本的买卖,自家场地,自家器材,自己甘心的传艺,除了师徒上的名份、香店拳的"家",它一无所有;它没有轰轰烈烈地来,只是静悄悄地走,仿佛过早开放又悄然凋谢的花朵,或许,它那个时候的绽放依然是缺乏适宜的气候和土壤,那种短暂的繁华成就了一种虚假的幻想。"当花蕾初绽时,并没有众多的观赏者;当花瓣零落后,也只有寥落的惋惜。"[2]

在吴孔谈"下海"期间,"后山武馆"的开与闭也分两种情况:在广东期间,后山武馆基本关闭,而在福州(包括福建省内)期间,武馆断断续续,即使他自己不在,他的侄子徒弟仍会去练习。

到外省去就没有弄了,没有出去,我都会开,反正自己也没有注册,有人喜欢就过来嘛,我们私人家,就像现在,一帮徒弟都会围过来,我不去他们也会在那边练[3]。

不同于"后山武馆"的"游击战"性质,2010年的时候,吴孔谈在民政局注册了香店拳的"合法"机构——香店拳委员会。当笔者问及为何已经有了后山武馆还要花钱注册新的委员会呢,吴孔谈说:

就是因为徒弟多,想自己有一个"家",成立一个机构,这样出去以后,别人问就知道"香店拳委员会"的,因为香店拳这几年通过我们打拼以后,品牌出去了,还不错啊,后来又成立了拳社,武术馆,还有好多,俱乐部等[3]。

从私人作坊式的"后山武馆",到国家承认的"香店拳委员会","后山武馆"经历了从民间到国家的位置转变。直到2012年,在癌症折磨下的吴孔谈

---

[1] 录音编号:20151213WKT-1。
[2] 章开沅.离异与回归:传统文化与近代化关系试析[M].北京:中国人民大学出版社,2010:69.
[3] 录音编号:20160415WKT-4。

无法再继续他的"后山武馆"事业，不得已而停了下来。

最后关掉的是2012年，彻底关掉，主要是身体不行了，我记得是4月30号，记得最牢了[1]。

从1983年的开馆到2012年的"彻底关掉"，历经30年的风雨洗涤，"后山武馆"的沉浮折射出中国武术乃至武术文化发展的状况：中国武术80年代的火热和90年代的冷静及新千年对奥运会的期盼和近年来武术申奥的接连失利反思，中国武术必然走进一个暂时的蛰伏期。放慢脚步，再回头看，30年的"后山武馆"已过而立之年，对自己负责，对后人负责，停下是为了重新的开始。2012年，吴孔谈正式办理了退休手续，户口本年龄整整60岁的他和他一手创建了30岁的"后山武馆"一起停了下来，从1979年从伯母手中接下市直机关粮店的班，33年的工作生涯自此关闭，而开启的是他纯粹的武术人生，"我有退休金，老家还有房租，我够了。"对生活上的知足，使他更能专注于香店拳的事业。

从2012年正式开始做（编撰香店拳拳谱），当时病了，就在家里专门搞这个，把所有资料都整理出来，就这样了，开始编书了，你看看，搞了几年啊，将近4年时间[1]。

生病后康复阶段的吴孔谈将精力全部放在"拳谱"编写当中，联系一众门人，号召捐款、筹集资金等香店拳门户琐碎的事情，在吴孔谈看来，"最难的就是这一块"[2]。

笔者相信，作为先驱者的吴孔谈以及他的"后山武馆"，在30年间播撒的香店拳种子必然在合适的时候生根、发芽、成长、开花，为"后山武馆"的下一次出发准备着。谈及未来几年的香店拳规划，吴孔谈说他打算近期重新将后山武馆开张，并对刚刚出版的"香店拳拳谱"（书的名称为《香店拳》，访谈中门人多称之为拳谱）虽然"也可以了"，但"并不满意"，希望进一步出版"香店拳散手"拳谱和光盘教学，他觉得书籍从静止的动作图片中无法看出香店拳的精髓来。

在一次口述中，吴孔谈说最近他们"几个老家伙，不敢说是高手，但功夫练得不错的，都是65岁多了"在新店开了武馆，主要就是切磋技术，培养下一

---

[1] 录音编号：20160415WKT-4.

[2] 关于拳谱出版、编撰、募捐等分析在后续章节有详述.（注文）

代，都是免费的。诚如斯言，则"后山武馆"并不孤单，该类群体依旧在生根发芽，对"几个老家伙"而言，他们在现代社会中，始终面对双线作战和腹背受敌的麻烦中，一方面，免费意味着遭受消费社会、市场经济的"白眼"，包含传承群体的稀缺和全心投入练武的年轻人缺失的困境，为此，吴孔谈不得不求助于自己开武馆的徒弟们。

现在年轻人比较现实，我有几个徒弟都在开武校，他们都是收费的，我就跟他们说，帮我看看有没有比较合适的苗子，技术也不错，有的话就给我介绍过来，我来给他提高，到我这里来进修，你们把学费全部退还给人家[1]。

另外，作为香店拳中兴的文化英雄，他们面临65岁身体状况下滑；作为武术门派中的"知识分子"，他们无法说服国家和社会群体参与进来。所以，他们不得不孤军奋战，企图以一个个"后山武馆"洒下种子，以达到孔子"三千弟子"和"七十二贤人"的文化传播效果。

第六节　仪式实践中的民间武术家传承

根据张大为的回忆，1968年武术名家吴斌楼收了一批徒弟，由于当时武术组织全部被破坏，处于瘫痪、撤销的境地，收徒拜师的仪式难以定夺。于是，"当时那一批学生，采取了旧社会的收徒方式——磕头拜师。[2]"显而易见，"文革"期间的磕头拜师仪式是有极大的政治风险的，"因为当时民间没有了领导，武术家不知所措，茫然没有了方向，不知如何去做。只能回到江湖，按照江湖的老传统去实施。[2]"当时的背景是大批民间武术家并没有正式的工作和稳定的收入，收徒在一定程度上所得的收入以供家中生活开支，"正值当时的学生都是20几岁的工人，他们都有自己的收入，而且也会接受磕头拜师的传统观念，你愿意学我愿意教，何乐而不为之呢？[2]"

在吴孔谈的口述中，他拜房利贵宗师时的仪式则非常简单，"当时师父就

---

[1] 录音编号：20160626WKT-5.
[2] 张娟. 十年文革期间北京武术的演变[D]. 北京：首都体育学院硕士研究生学位论文, 2012: 17.

跟我说想学的话就来练，我去学就去给他一个抱拳敬个礼就行了。[1]"在"文革"背景下，夜间在房利贵客厅中偷着练拳，拜师仪式的简化也就不难理解了；查拳名家徐青山偶尔寄养在护城河上"拿大顶"被人看见，随之而来的是批斗攻击，被认为是对社会主义的"翻天"和封建"复辟"，在此背景下，民间武术家不敢拜师和收徒，更不用说进行拜师仪式！即使在"文革"结束后，改革开放初期，人们在频繁的政治运动"余威"下仍心怀余悸，拜师仪式仍以简单为主，塔沟武校创办人刘宝山1982年曾专门咨询县长收徒是否是"走资本主义"。徐青山到1983年后才逐渐开始恢复拜师仪式，"到了后来，随着学习人员的增多以及传统习武的规矩，才于1983年，在同门师兄弟张子英的帮助下，在邢台建立了自己的师承关系，正式在邢台收徒传拳。[2]"

但是，在吴孔谈这一代的师兄弟间，从2000年后，尤其是2005开始，他们的收徒仪式才显得复杂和传统，不仅有徒弟亲属在场，还要有推荐人，师兄弟、掌门人以及相应的递拜师贴等程序。随着"文革"成为历史，现代社会人们观念的转变，人们普遍崇尚简单时尚的生活，然而，拜师仪式的程序并没有随着人们对传统的遗忘而稍有简化。对传统武术的传承而言，"师徒传承是迄今为止传统武术生命存在的基本方式。[3]"或许，正如美国人类学家大卫·科泽所说的："仪式或许是保守者的命之所系，但他也是革命的活力源泉[4]"。乔凤杰在比较中国武术和日本相扑时认为日本相扑成为日本文化符号，"乃是因为其曾经是日本的一种神道仪式。当其成为神道仪式时，相扑已不再是简单的运动，而已客观成为了日本主流文化的载体。[5]"

在吴孔谈的经历中，他的拜师仪式和徒弟拜师仪式的重复与发明，表现出对社会、历史、传统的建构和诠释。并企图再造出香店拳宗师房利贵的辉煌与门徒的众多一代。尽管香店拳起源于乾隆年间的"南少林"[6]活动，但是真正

---

[1] 录音编号：20151227WKT-3.

[2] 张延庆. 莫待此情成追忆——从技艺到记忆的邢台查拳[M]. 北京：中央民族大学出版社，2014：39.

[3] 周伟良. 师徒论——传统武术的一个文化现象诠释[J]. 北京体育大学学报，2004（5）：587.

[4] 大卫·科泽. 仪式、政治与权力[M]. 南京：江苏人民出版社，2015：3.

[5] 乔凤杰. 符号视角的诠释：运动，与文化何干？[J]. 体育文化导刊，2016（6）：193.

[6] 关于南少林的相关传说，武术史学界周伟良、程大力两位教授皆有相关研究阐述了南少林和天地会的联系，本文不作深究.（注文）

有影响却是在房利贵突破"香店"传承的局限而在社会上的广收门徒,其中兴是在2005年后筹划申报省级非遗之后,所以,香店拳的拜师仪式在新的条件下进行了自身的文化再生产,重构过去既是为了适应现在。涂尔干在《宗教的基本形式》中将宗教分为仪式和信仰两类,他指出:"信仰是舆论的状态,是由各种表现构成的;仪式则是某些明确的行为方式。这两类事实之间的差别,就是思想和行为之间的差别。[1]"在我国的民间武术拜师仪式中,信仰和仪式合为一体,糅合在民间武术的传承实践中,在现代社会中依然熠熠生辉。

一、"文革"期间的仪式实践

根据张娟对"文革"期间北京市武术活动的研究,"武术在'文革'刚刚开始就被列为了四旧文化、牛鬼蛇神,自然而然地成了'热情高涨'的红卫兵的主要批斗对象,武术专业队和民间武术家在红卫兵的监视下,举步维艰,步步惊心,为了迎合当时政治的需要,为了武术生命的延续,当时武术家的信念就是再苦再难的条件也要保住中国最传统最优秀的武术。[2]10"武术作为被横扫的四旧(旧思想、旧文化、旧风俗、旧习惯)之一,自然受到了红卫兵小将的"关注","而且当时四旧特别指出的典型对象就是武术,武术受到了严重的冲击。[2]12""父亲这一辈人,因为所处的时代特殊,在'文革'中,绵拳曾被污为'黑拳',许多人只能偷偷地练习,却不敢公开地收徒传授武艺。[3]"即使在文革结束后的一段时间里,拜师仪式仍然是敏感的,徐青山在"文革"后初期的授拳也是如此,"只要是愿意或者感兴趣的人都可以随其练习,当时也没有什么要求,也未确立师徒关系。他之所以没有将拜师仪式纳入进来,是当时环境所不允许的。[4]"所以,无论是在吴孔谈的粮仓空间中,还是1983年成立的"后山武馆"中,拜师仪式简化为"一个抱拳礼"和"一声师父"。

从1949—1978年,我国长期处于一种革命话语体系当中,人们习惯了生活其中的热火朝天干革命和小心谨慎谈问题的心理惯习,因而在"文革"结束后

---

[1] 爱弥尔·涂尔干.宗教生活的基本形式[M].渠东,汲喆,译.上海:上海人民出版社,2000:42.
[2] 张娟.十年文革期间北京武术的演变[D].北京:首都体育学院硕士研究生学位论文,2012.
[3] 储静伟."非遗"上海绵拳进杨浦两所学校[N].东方早报,2012-06-07(11).
[4] 张延庆.莫待此情成追忆——从技艺到记忆的邢台查拳[M].北京:中央民族大学出版社,2014:39.

的一段时间里，人们依然处于后"革命"的阴影当中；不久前那些仍被当做黑五类、破四旧的东西现在是否还可以重新拿出来？

所以，吴孔谈在师兄的带领下，面见房利贵，在"师父问了些关于武术的问题后"，给师父鞠躬3次就完成了师徒之礼。当然，师徒之礼的简化并不意味着不严肃和不庄重，房利贵去世后香店拳的中兴也反证了当初仪式的简约而不简单。

二、拜师仪式的简化与复归

吴孔谈最初的拜师仅是言谈中的"你来了"抱拳礼。这一仪式在其后的20年间更是简化为朋友荐举、慕名而来的随到随学。而在2000年后，正式收徒仪式开始展现，出现了拜师贴并前后做了3次调整。事实上，在吴孔谈的"前后山武馆时期"——粮店粮仓的武术练习阶段，他带徒弟也是没有仪式的，仅仅"一个抱拳"并鞠躬叫"师父"即可。在吴孔谈的口述中，笔者并不能区分他所言的"师父"或是"师傅"，在随后的口述访谈中进行了求证，吴孔谈认为他的正式徒弟和普通徒弟都是用"师父"称呼他，因为他也把他们当孩子们看待。实际上"师父"和"师傅"两者是有一定的区别的。秦汉以来，师傅泛指从事教学工作的老师，尤其是专指帝王的老师，南宋以后，这种指称开始平民化，直至明清以后，师傅开始包含了工、商、手工行业的工人、技艺传承者；而师父从字眼上看，有"以师作父"之意，武术界有"严师如父"之称，而在元明时期，师父通常是道士、和尚、尼姑的尊称，我们在影视作品中多有见到类似称呼。因此，一般而言，师傅是对有知识、技艺人的尊称，而师父则是夹带了"类血缘"的关系，在情感上更进一步。在周伟良的博士论文中，他认为"在明和清初的一些有关材料中，一般把师写成'师傅'。'傅'字原寓辅导、教导之意，又指负责教导或传授技艺之人。但稍后，把师傅的'傅'，衍变成谐音的'父'，这正好从一个侧面反映了在传承关系上的伦理化过程。"[1]在一定程度上，"师傅"到"师父"的衍变也印证了我国武术拳种、门派在明清之际的历史。

---

[1] 周伟良.传统武术训练论绎[D].上海：上海体育学院博士研究生学位论文，2000：27.

从20世纪末到21世纪初，使新人获得身份和荣耀以及技术的传统拜师仪式频频出现，与新中国成立后尤其是"文革"期间被列为"四旧""毒瘤"的讲究等级、阶级、尊卑等秩序的封建残余思想形成了鲜明对比，岳永逸对此强调，"断裂的历史似乎只是一个美丽的误会，在不同的语境下，虽然拜师仪式的能指与所指迥然不同，但是人们回到了起点。[1]"尤其步入21世纪以来，国学热的再度回归，人们开始慎终追远，对传统仪式重新启用。原本不入流的传统仪式，在经过筛选、重构，在今天被视为是民族的甚至是国家的民俗符号并获得了合法的地位，并在某些场合被大肆宣扬，这是值得研究和深思的。香店拳拜师仪式的"隆重化"是在2005年后才正式发展起来，对这一仪式过程的梳理，希望能从一个普通民间武术门派的发展之路中探索出普通民间武术家的现代化"转型"思路。

（一）仪式的作用规约了师徒的责任和义务

1. 择徒仪式的前兆

流传在上海的绵拳为了扩大影响，曾广收徒弟。"虽然前绵拳掌门人孙福海遵从师命，广收门徒，跟随学习的人多达数百，但真正学成的也不过一二十人。[2]"为此，兰桂坊绵拳第三代掌门人孙红喜于2008年成立"上海兰桂坊绵拳武术俱乐部"，他坚守着严格要求的择徒方式。"第一是人品，第二是武德"，每个想要投到门下的学生都有一个月的"实习期"，"恃强凌弱、惹是生非等无德之人，千金不教"，但是由于绵拳需要刻苦练习，"倘若有100个学生来练绵拳，最终也许只能留下20人，很多人吃不起这个苦。[2]"查拳名家徐青山在"文革"后的教拳"打发时光"过程中，刚开始"学生愿意学他就教"，后来则是"许多年轻人慕名而来拜师学艺。[3]"从学者最多时"上百"，而实际上最后真正入门拜师、艺成的仅7人而已。

---

[1] 岳永逸. 老北京杂吧地：天桥的记忆与诠释[M]. 北京：生活·读书·新知三联书店，2011：376.

[2] 储静伟. "非遗"上海绵拳进杨浦两所学校[N]. 东方早报，2012-06-07（11）.

[3] 张延庆. 莫待此情成追忆——从技艺到记忆的邢台查拳[M]. 北京：中央民族大学出版社，2014：39.

从学者众矣，得道者寥寥，孔门三千弟子而贤者七十二人，作为师父，如何区别对待这两层从学者，"如何认识武术传播的普及与提高、如何分配两类人群继承与发展的门户角色、如何遴选掌门人，另一方面在武术历史发展中拳种门户的'三千弟子与七十二贤人'各自发挥了什么作用"[1]。谈玄授道，贵乎择人。从传播学视角看，对这一历史问题的反问是关乎门派、拳种发展、延续生命的大问题。实际上，在收徒的仪式上，师父们对这一问题作出了区分并给出了答案。因为"在不同场景的建构中，对习武之人的名份确立，也往往是作为一种身份、地位、责任、义务和权力的符号象征。[2]"师父据此确立门内人和门外人的传授项目和教学科目。

在香店拳中，对于笔者"是什么原因使你决定做这种仪式"的提问，吴孔谈认为：

现在不做不行，要规范，现在很多小孩，既然学，是三心二意的。有正式的拜师，父母都在那里，见证人都在，本人就会比较慎重一点，感觉这个仪式办的比较隆重，哎呀，我这个要好好练[3]。

青城派掌门人刘绥滨对拜师仪式做出了这样的解释："为什么我觉得要有个拜师仪式呢？第一，你是我的徒弟，不是别人的徒弟。第二，也要显示对这个门派的尊重。我们拜师中的一个环节就是给祖师爷上香，通灵，向他禀报，要收这么一个人，我们现在所传的功夫不是天生的，是历代传下来的。[4]"

在涂尔干看来，"仪式是集合群体之中产生的行为方式，他们必定要激发、维持或重塑群体中的某些心理状态"[5]。拜师仪式作为"文化表演"确立了师徒双方所规约的义务、责任，从而能衍生出门派的信仰，甚至形成师徒、拳种门户"我优他劣"的价值判断，以至于引申出武术社会中颇遭非议和讳言的"门户之见"观念。

---

[1] 戴国斌.中国武术传播三题：文化史的视角[J].上海体育学院学报，2016，40（3）：59.

[2] 张延庆.莫待此情成追忆——从技艺到记忆的邢台查拳[M].北京：中央民族大学出版社，2014：41.

[3] 录音编号：20151227WKT-3.

[4] 龚茂富.中国民间武术生存及传播方式研究[M].北京：人民体育出版社，2012：45.

[5] 埃米尔·涂尔干.宗教生活的基本形式[M].渠东，译.上海：上海人民出版社，1999：11.

2. 对徒弟的规训

在传统的伦理纲常中，"尊师重道"是弟子的基本操守，若非如此，则会被清理出门户，为同行所唾弃。在仔细对"尊师重道"研读中，它至少暗含了两层含义，首先是在技术层面的对老师要求唯命是从，要一丝不苟、认真体悟，不容有丝毫的怀疑；其次则是对师父作为文化英雄般的信仰。戚继光把确立师道当做习武大成的前提："敬习之道，先重师礼。古云：师道立而善人多，师道不立，则言不信，教之不尊，学之不习，习而不悦，师道废而教无成矣。[1]"师道的确立需要一定的程序——拜师仪式，因为"仪式一旦形成便潜移默化地具备了强制性，进而变成自觉，激励门户成员以身体之苦和心灵之苦来'从学于师、成就一己'[2]"。

在吴孔谈早期跟宗师房利贵学拳期间，同样有掉队的师兄弟们。

很痛苦，很多跟我一起练的，都跑掉了，就留下两个人，我那一批有7、8个，习武都是很枯燥的，师父就是叫你练基本功，根本不教你套路，大部分人那个时候看到这个功夫没意思，就跑掉了，我练一段时间就感觉到脚走路很踏实，自己有感觉[3]。

"跑掉的人"无法体会到"脚走路很踏实"，也或许这种"感觉"不足以留下他们。但是，笔者在对部分民间武术家的访谈中，一旦经过拜师仪式的洗礼，则在外界诱惑或者心生退念时则会有"不好意思当逃兵，师父都拜了，如果不练了会觉得没面子。

在周伟良看来："这是一个程式化的过程。在注重礼法的传统社会中，拜师是一个极为慎重、庄穆之事，其作用是让拜师者在经过了长时间考察后再一次产生强烈的精神感受对本门祖师的磕拜，显然烙印着农业社会的家族制中对祖先崇拜的痕迹，还带有浓郁的英雄崇拜意识。[4]"在门户成员的自我生产过程中，中国武术门派才形成了各自独特的仪式性标识和拳术套路理念，并以此确定自己门户成员身份。仪式一旦形成便潜移默化地具备了强制性，进而变成

---

[1] 戚继光. 练兵杂纪：卷2 [M]. 上海：上海古籍出版社，1990.
[2] 侯胜川. 当代武术文化生产的转向与现实路径选择 [J]. 上海体育学院学报，2015，40（2）：38.
[3] 录音编号：20151220WKT-2.
[4] 周伟良. 传统武术训练论绎 [D]. 上海：上海体育学院博士研究生学位论文，2000：24-25.

自觉，激励门户成员以身体之苦和心灵之苦来"从学于师，成就一己"，从而产生新技术和新门户。通过拜师仪式的洗礼，个体人生从此融入门户世界，其平凡世俗的精神世界开始变得神圣和宗教。门户各种仪式时刻提醒成员毋忘集体理想，在门户成员的自我生产过程中，中国武术门派形成了各自独特的仪式性标识和拳术套路理念，并以此确定自己门户成员身份[1]。

3. 对师父的规约

吴孔谈多次对笔者谈及关于免费传授香店拳的看法："收费的是学员，免费的是徒弟"，即对待普通学员和徒弟之间是有区别对待的，不仅是学费的问题，而且是技法的问题。在杨氏太极拳内部，始终有"代子收徒"的传统，杨露禅让凌山、全佑、万春三人拜在其子班侯门下，杨健侯让牛春明等拜在其子澄甫门下。同样，杨家传拳分学生、徒弟、传人三类。普通学生则由师兄在队列前领做，老师端坐观看，练完之后，老师略作讲评，即算是一天功课结束；而通过拜帖入门弟子，"由澄甫公个别传授，每次只练一个拳势，仔细讲清要领，反复加以纠正。待各个拳势均达标准，方始连贯成整套拳架。[2]5"瞿世镜详述了杨门内部的三种学拳者的区别，"学生，乃练太极操之操友也。内外兼修而偏重内功，称为徒弟。徒弟即入门弟子乃练真太极之拳友也，宗师择人而授，只有极少数弟子得内功心法薪传，为入室弟子，得太极门真髓之传人也。[2]78"

"少帅"陈斌以市场的眼光实践他眼中的徒弟和学员区别："师徒聚在一起就是一家人，其他学员来学习，就是消费者与服务提供商的关系，我们就得提供最合适的产品。[3]"所谓最合适的产品意味着对"客户"的量身定做，即从陈氏太极拳功能中选取不同的功能对号入座，这同时也意味着"艺不轻传"、择人而授等择徒古训业已失效，换言之，提供的商品并非"千金不授"的内容。如需体验不轻传的核心技艺则仍需传统的拜师仪式规约。

吴孔谈反复提及自己免费传授香店拳传统理念，以区别于社会上的武术学校。

---

[1] 侯胜川.当代武术文化生产的转向与现实路径选择[J].上海体育学院学报，2015，40（2）：39.

[2] 瞿世镜.杨氏太极 两岸一家[M].上海：上海古籍出版社，2011.

[3] 戴志勇.一个家族和一门绝艺：陈家沟陈氏太极拳断而复续的故事[EB\OL].南方周末，http://www.Infzm.com/content/94001.

我们这个弟子都是不收钱的，收钱只能算是学生、学员，是一种买卖关系，既然想练武，就不能收钱的，就跟父子一样，你怎么能收人家的钱呢，真心的教他，毫无保留的教他，不能收人家钱，我从出师以后到现在都是这样[1]。

但是，在笔者看来，吴孔谈或许并没有意识到，正是这种延续数十年的有别于"社会其他人收费"知识分子的"清高"，制约了"后山武馆"的进一步发展，也规约了吴孔谈的武术人生。

另外，作为真正的师父教育对象——儿子，吴孔谈自认不成功。如果儿子作为自己的徒弟，有仪式的规训，则师父为乃师乃父，名符其实。实际上，"福州很多老拳师他们的儿子也不怎么成才。"吴孔谈在儿子5～6岁时开始有意识的启蒙儿子练习武术。

（儿子）差不多到了5～6岁，还没上小学，我就有意识的，我就带他跑步，锻炼，早上都带他去，差不多10岁，想教他下腰啊，劈叉啊这些基本功开始练，他都会练，但是教他武术，动作教一些，他不练，怎么跟他讲，他都是那种"我就是不练"，就这样子，怎么讲他都不听话。再大一点，大概是初二，我看他还是不行，想一直教他，他就是不想练。那我就要他去练健美，现在要是你见到我儿子就知道了。想不到他特别喜欢练健美，从初三就开始，福州有健美馆，刚好我表姐开了一家健美馆，他就经常去，一直练到高中，这个人肌肉块头很大，个子185厘米了，又高又壮，虽然功夫不学，就这样了。（我）徒弟带了一大堆就是儿子不成材。古人也讲，老子带儿子绝对带不好[1]。

古人以"易子而教"来规避"老子带儿子绝对带不好"的传承弊端，但是，对儿子教育成功的案例依然很多，因为儿子相对于徒弟有着天然的优势。杨露禅祖孙三代、全佑祖孙三代、陈氏太极拳的全村"喝口陈沟水，都会翘翘腿"证明了亲子传承的成功。在王战东对王西安的教拳回忆中，讲述了"二叔"严厉的对子、侄训练过程。

"小时候，大毛夜里被二叔安排在屋里练拳，累了，想偷一小会儿懒，我在屋外一咳嗽，他就赶快起来练，他把我当成二叔了。二叔管得严，我也能吃苦。那时我和大毛在太阳下练拳，二叔就搬把椅子在一旁的树荫下看。大热天，浑身是汗，二叔不让我俩穿鞋，不光是嫌练拳费鞋，主要是那毒日头晒

---

[1] 录音编号：20151227WKT-3.

得地上滚烫滚烫的，不穿鞋，你就得不停的练，不偷懒才能不烫脚啊，二叔'治'我们的法儿多着呢。[1]"

从二叔王西安"多着的治理方法"和吴孔谈"没办法，就这样子"反映了两种对待子女的教学方式，前者继承了陈氏太极拳的衣钵，后者练就"旁门"的健美，难以说吴孔谈教育儿子的失败，至少在传承香店拳策略上的不成功，因为他无法规约自己的责任和义务。

而对于徒弟的训练，为了使其能够体验真功夫，吴孔谈不惜以自己作为拳靶，成为徒弟的理想"敌人"，令其"使劲打"，结果"牙齿都打掉了"（图2-6）。另一位香店拳弟子林善泉在授徒时也有类似经历，"我一直在寻找下一代真正的香店拳传人，现在我还能陪练，等过几年，自己上了年纪，就不能同徒弟进行拆招、喂招了。如果一个师傅不能亲自同徒弟进行这一步骤，徒弟就很难学到真正的香店拳精髓。[2]"可以想见，经历了拜师仪式，师父必须亲力亲为，甚至赤膊上阵，务必使徒弟掌握本门的技艺，如图2-7所示。

图2-6 吴孔谈和徒弟的散手对练

---

[1] 王娟．王战东：那个和二叔王西安很像的人[EB/OL]．太极全媒，http://mp.weixin.qq.com/.
[2] 梅继伟．香店拳在闽都文化中的现代生存与发展研究[D]．福建：福建师范大学，2015：24.

图2-7 左图为80年代吴孔谈,右图为2007年吴孔谈带弟子比赛

(二)90年代民间仪式的复苏与重建

1. 仪式的复苏:90年代文化重建的信号灯

在岳永逸看来,"在不同的语境下,虽然拜师仪式的能指与所指不同,但人们回到了起点。[1]"郭于华在对陕北骥村的祈雨仪式研究中,她发现:"这个(祈雨仪式)已经中断了将近40年,只是在最近的几年中(1998年)才开始恢复的一种传统的民间仪式活动。"在龚茂富对刘绥滨的访谈中,关于拜师仪式的复苏,刘绥滨说:"他们(老拳师)中的一些人受到了管制,被放出来后,他们不敢举行磕头、烧香啊这些拜师仪式。一直到90年代初,开始有我的一个师叔,他要求上大香、点大蜡,大概是从他那个时候开始的,1995年前后吧。[2]"

---

[1] 岳永逸. 近代都市社会的一个底边阶级——北京天桥艺人的来源、认同与译写 [J]. 民俗研究, 2007(1): 109.

[2] 龚茂富. 中国民间武术生存及传播方式研究 [M]. 北京: 人民体育出版社, 2012: 44.

在吴孔谈的口述中，他们师兄弟间收徒采用传统的拜师仪式是从2000年其大师兄徐心波去世后开始的。类似的时间里，河南温县陈家沟的陈氏家庙于1995年春天开工，到1998年竣工，因此同时，"村中具有浓厚道教色彩的寺庙虽然开工晚，却集资顺利[1]"。景军对大川村的调查中发现："1991年，大川的孔庙建起来后，小川孔氏觉得也该恢复自己的孔庙了。1992年8月，该庙的主体工程竣工，坐落在村背后的一个小山上。[2]"根据杨美惠在1991—1993年对温州的农村调查研究，伴随那些经济迅猛发展的地区而来的则是佛寺道观的复兴与重建及农村中对各种神仙娘娘、奶奶的崇拜恢复和家族组织的重建、各种阴历庙会中的隆重喜庆典礼仪式。在她看来："经济私有化的形式颇为复杂，结果并不是个人主义化，而是在地方建设和传统文化重建中的广泛社区参与。[3]"这些90年代勃兴的宗法色彩重建无疑与80年代农村经济改革和现代化发展息息相关。与之相反的是，"文革"期间陈家沟陈伯先为了保存《陈氏家谱》四次出逃，最后被红卫兵打残右腿[4]。

历经"文革"后文化"废墟"的重新整理、寻根，文化自觉意识在90年代已经成为学界共识，而在民间层面，由于政治上的默许甚至是地方政府以"文化搭台，经济唱戏"为主导的经济建设策略，为传统文化的重建提供了多方位的平台和契机，尽管这一策略存在了极大的后续漏洞，但在当时情况下，客观的促进了民间仪式复苏和重建。

"陈家沟陈氏家庙的恢复似乎可以象征权力关系的一种重大转变。重建计划是在村中一群中老年男性的带领下进行的，这些人全姓陈，有些人曾遭受过迫害和社会歧视。可以断言陈家沟陈氏家庙的重建故事是一个朴实而富有创造力的'小共同体'在其文化认同、历史感和信仰经受了痛苦打击之后重建精神生活的一个事例，是在'大共同体'意志的默许下小心翼翼的试图恢复宗族的

---

[1] 王跃.体育人类学研究方法[M].郑州：黄河水利出版社，2009：160.

[2] 景军.神堂记忆——一个中国乡村的历史、权力与道德[M].福州：福建教育出版社，2013：162.

[3] Yang Mayfair.Tradition, "Travelling Anthropology, and the Discourse of Modernity in China".Paper presented at the fourth Decennial conference of the Association of Social Anthropology, Oxford University. Forthcoming in What is Anthropology Knowledge For? Ed.Henrietta Moore, New York：Routledge, 1993：2.

[4] 沙学州.陈家沟学武记[J].武林，1991（12）：21.

集体记忆的一次尝试。[1]"

另外，在语言文字上，我们也能感受到文化重建的痕迹。拜师所采用的"拜师贴中"，多数为文言文和繁体字，是在文化层面对简化字和白话文的无声抵抗（图2-8、图2-9）。实际上，在普通话和简体字作为官方通用的语言文字后，文言文和繁体字在我国的各种宗教文本中都是随处可见的，甚至是必不可少的仪式工具，景军指出："由于文字改革，繁体字被保存在宗教文本，从而获得了一种从前并不具备的神圣特性[2]"，在某种程度上，它们承担了"传统建构工具"的功能。

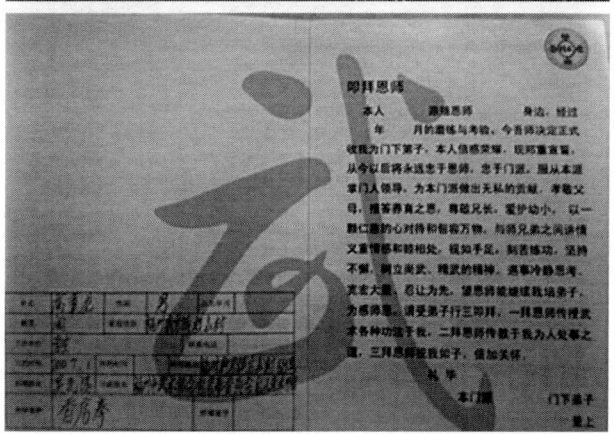

图2-8 吴孔谈早期使用的拜师贴，文字为简化字

---

[1] 王跃.体育人类学研究方法 [M].郑州：黄河水利出版社，2009：161.

[2] 景军.神堂记忆——一个中国乡村的历史、权力与道德 [M].福州：福建教育出版社，2013：126.

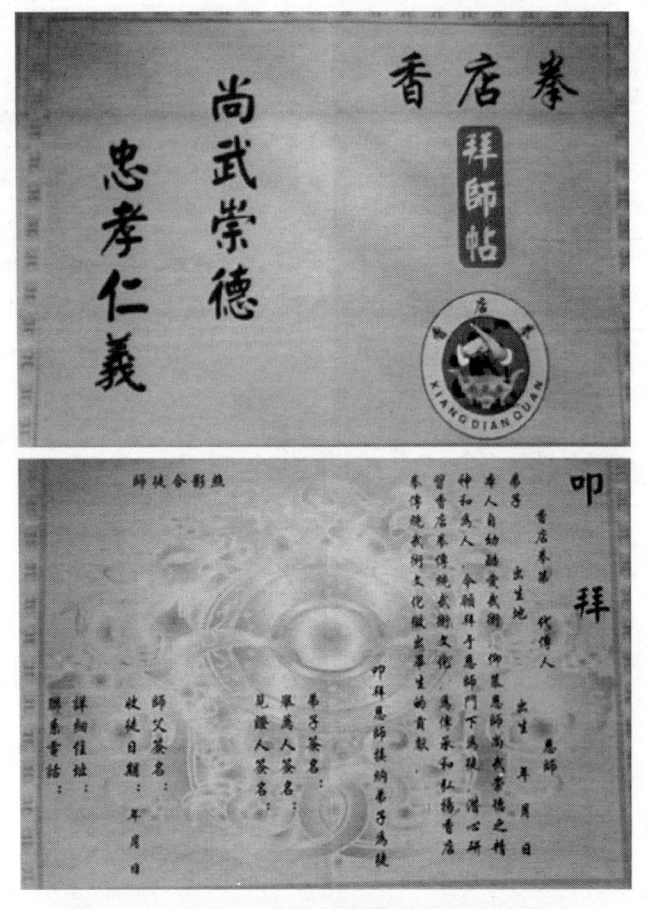

图2-9 吴孔谈后期使用的拜师贴，文字改为繁体字

显然，我们不能简单以为这些在20世纪90年代末的传统甚至是所谓的"封建迷信"重建是一种时间上的巧合。在中西古今文化争辩来看，"从早期的'师夷之长以制夷'到'中学为体，西学为用'，从'变法图强'到'打倒孔家店'，直至'破四旧'和'批林批孔'"[1]。人们终于意识到，传统距离我们越来越远，寻根、重拾昔日文化自信在近百年来的历史脉络中逐渐发展，随着中国经济、政治在国际上话语权的增强，经过80年代的文化寻根，90年代作为中华民族复兴的一朵浪花，民间仪式的重建与复苏成为我国文化自觉、自信的信号灯，它所讲述的是地道的中国故事。

---

[1] 陈季兵.当迪士尼闯进一个缺失文化自信的中国[EB/OL].腾讯·大家，[2016-03-23].

2. 仪式的门槛：择徒的标准

每一对师徒关系的确立都隐含了一段"机缘"，这段"机缘"的达成是师父划出分数线后的录取结果。所以，并非每一个习武之人都能得到师父的真传，陈正雷在接受《南方周末》采访时认为："陈氏有老架一、二路，新架一、二路。站桩和老架一路，是我们的门生帖，也是功夫架。什么是门生帖？以前是这样：一个生人，来找我们学习，对他又不了解，要看他有没有恒心，是不是这块料，先告诉他站桩的规矩，站三个月。经得起考验，再教老架一路。七十四个动作，至少学三年才学完。一辈子就这套拳架。三年老架一路学完，才是真的有毅力。下一步才开始捏架子、顺架子、拆架子、合架子、用架子。[1]"陈正雷将"站桩"和"老架一路"作为收徒和继续传艺的门槛，是对未来徒弟的身心考验；韩建中曾经指出梅花桩拳入门需要拜三道师，"第一次拜师入门需在苦练三年基本功和基本套路之后，梅花桩拳门中称之为盘三年架子，才由门中长者推荐入第一道门"[2]。经过反复的考验，才能进入第二、三道门，学得梅花桩拳的隐秘而登堂入室。

同样，吴孔谈也有自己的收徒标准。

像我收徒弟，不是说你今天一过来就是我的徒弟，最少要跟我练一段时间，套路会掌握几个，器械套路会掌握一个，基本的套路都要会，散手要基本了解一下，这个时间最少要半年，跟了半年，我觉得这个小孩不错，可以收徒的时候，我就说好。小孩也会问，师父我什么时候拜师啊，他们也都会讲，我就说练吧练吧，到时候就可以的[3]。

作为武术中核心的散打环节，每一个师父都有自己的传授标准。在牛爱军对蔡龙云先生的访谈中，"蔡先生还说，师傅一般不对普通习武者进行系统的散打训练，顶多是拆招、喂招，或者教一些擒拿手法如小缠丝等，对真正的弟子才会进行系统的散打训练，而要成为'真正的弟子'，则需要通过种种对弟子的严格筛选和考察，然后师傅才会倾囊相授，尽可能地保证传承人能够担当

---

[1] 戴志勇."内家十年不出门，外家三年打死人"：陈正雷谈作为武术的陈式太极拳[N].南方周末，2013-09-06.

[2] 韩建中.武术拜师仪式[J].中华武术，1998（6）：40.

[3] 录音编号：20151227WKT-3.

起传承责任"[1]。

拜师仪式成为"小孩"的期待，但这种期待要成为现实，必须经历"苦难"方能获得进而珍惜，并以苦为福。在择徒拜师的双向期待中，构建了双方对于认同的相互定义过程，而徒弟在此过程中的主动性是其向往成为"门里人"而非学艺的隐蔽秩序。唐韶军认为"习武是一种经历身心双重磨练的'苦行仪式'"，包含了拜师之苦、练功之苦和严师之苦。因为"师父择徒都是极端谨慎的，弟子只有通过了重重考验之后方可允许拜师入门"[2]。《少林拳术秘诀》中说："师之授技，须先考察其人之性情、志气、品格，经三月之久，始定其收留与否，盖以师择人最严，虽其人之性情良、志气坚、品格高洁，苟无恒久耐苦之心，专一不纷之概，师必不收矣。[3]"

在许烺光对日本"家元"制度的研究中，探讨了日本的师徒关系："师徒关系是经过两个阶段才确立的。在第一个阶段里，弟子当了见习生可是还不是'家元'制度下模拟家庭成员。当徒弟的技巧达到了某种程度的娴熟应得到认可后，就达到了第二阶段。[4]"表面看来，师父对徒弟的考察在技术层面，而深层的问题则是考察品质。

吴孔谈谈到收徒不慎会造成不良的社会后果。

我教徒弟都是有认识的人介绍才教，不认识的过来我都不喜欢教，要慎重一点。曾经有一个，他来的时候在社会上就相当坏，我还不知道，跟我学了一两个套路，整天就跟我说师父你有什么绝招，我最后跟他讲了一下比较狠毒的手法，完了，他最后失手把人打死掉了，他自己也被枪毙了，那又何必呢，像我这样教的，我都有责任啊[5]。

吴孔谈通过熟人的举荐而教授徒弟，以朋友的考察作为收徒的初审门槛，仍不免有失误。司马迁曾说："非信廉仁勇，不能传兵论剑。[6]"事实上，按

---

[1] 牛爱军. 宏大叙事与微观论证——武术口述史的理论与实践研究[J]. 搏击·体育论坛, 2010, 2（2）: 4.

[2] 唐韶军, 戴国斌. 生存·生活·生命: 论武术教化三境界[J]. 北京体育大学学报, 2016, 39（5）: 78.

[3] 尊我斋主人. 少林拳术秘诀[M]. 北京: 中国书店, 1984: 77.

[4] 许烺光. 家元: 日本的真髓[M]. 于嘉云, 译. 台北: 南天书局有限公司, 1990: 55.

[5] 录音编号: 20151227WKT-3.

[6] 司马迁. 史记·太史公自序[M]. 上海: 上海古籍出版社, 1986.

照吴孔谈的标准，学了一两个套路，仍未达到徒弟及格线，并未正式拜师，仅是学生而已，吴孔谈的心中阴影依然存在。所以，艺不轻传、千金不授等传承金律并不完全是保守的原因，"对众师父而言，他们内心承受着传承技艺与承担社会责任的双重压力，这种压力迫使他们审慎择徒，徒弟的人格、人品甚至家庭出身等，都在考察范围内。[1]"

张士闪在对故城的梅花拳组织调查时发现："村民谈及梅花拳时，经常用'入门'与'未入门''门里'与'门外''在拳'与'不在拳''拜师'与'未拜师'等说法"[2]。这一称呼是梅花拳师傅是否将其视为入门弟子的标志，它无论是在心理上还是社会交往中都会划出一条明晰的界限，规定了人与人之间的亲疏关系。

然而，一旦"通过拜师仪式的洗礼，个体人生从此融入门户世界，其平凡世俗的精神世界开始变得神圣。[3]"为了这一神圣仪式的早日降临，"后来的人和功力较差的学生只能是在旁边或是其他地方自己偷练，以便争取早日能够进入正式武场，从而能够由一个弱势群体跨入一个强势群体之中，这对每个小孩都是一种鞭策和无声的鼓励。[4]"

3. 谆谆教诲：拜师的规训与惩罚

"磕拜前要点香燃烛，先向师祖遗像和师父跪下，立誓发愿后，即向师祖磕拜，随后向师父（师母）跪磕。此时师父少不了给拜师者讲述一些本门的各种规矩要求"[5]。一旦经历拜师仪式的洗礼，师徒在名份上确定规约了双方的义务和责任。除了门派中常见的"练武十诫""八不传五可授"等"入门须知"类的戒律门规，如"土家族武人主要遵循着'四授四不授，四打四不打'的武德门规"[6]，师父必然会结合自身体会谆谆教诲练功之外的注意事

---

[1] 韩红雨，等. 传统武术门户准入制度的教育社会学考察[J]. 广州体育学院学报，2013，33（5）：52.

[2] 张士闪. 灵的皈依与身的证验——河北永年县故城村梅花拳调[J]. 民俗研究，2012（2）：68.

[3] 侯胜川. 当代武术文化生产的转向与现实路径选择[J]. 上海体育学院学报，2015，40（2）：38.

[4] 张延庆. 莫待此情成追忆——从技艺到记忆的邢台查拳[M]. 北京：中央民族大学出版社，2014：44.

[5] 周伟良. 师徒论——传统武术的一个文化现象诠释[J]. 北京体育大学学报，2004，27（5）：583-588.

[6] 刘尧峰. 土家族武术文化研究[J]. 中国体育科技，2016，52（4）：21.

项。万籁声在《武术汇宗》列举了"少林寺传授门徒规条"12条，并指出"以上数条，学生要常常记心！免犯责罚！"同时仍有"十不许"规条，并慎重指出"日后有犯之者，定遭杀身之报，慎之慎之！"此外，要求"诸生进堂之吉日，跪于神位前，口读'十愿'，再于师傅前，发此'十愿'，永不敢忘。有反是者，必犯天诛！[1]"在万籁声的这段文字里，分明呈现出了对徒弟的"规训与惩罚"，但是这种惩罚并非师父当场的身体教育，而是以"神"的"天诛"出现。吴孔谈收徒弟基本都是通过熟人、朋友的引荐，然后结合自己的考察，最后在师父房利贵遗像前举荐。这种通过朋友、自身、已故历代宗师三方的"全景敞视"[2]226考察，尽可能的避免有道德污点的徒弟出现。唐韶军认为"武术人的道德教化是在拳场、家庭和社会的共同监管中实现的"[3]，从而使入门者无时无刻处在"一种持久的、洞察一切的、无所不在的监视"[2]240之中。

在笔者看来，对入门徒弟的"神的天诛"威慑，是一种对徒弟"自我约束、自我管理的德性训练模块，这样才能构成武术技击的'制人'和德性'制己'的完整部分"。除了对徒弟悬起无形的道德之剑，师父也会给徒弟一片美好的愿景，吴孔谈在引导一位17岁的学生时讲道：

我就跟他讲很多道理，我说练武，你要跟我学，真心地学，我会真心地教你，将来绝对对你有好处。什么好处，第一，你在人生的道路上绝对有自信心，会超过别人，第二，你的体质一定会比别人好，第三，在社会上没有人敢欺负你，防身，你绝对能达到这一点。达到这三个目标，今后你在社会上，找工作，你就不会感到很困难了，练功那么苦都没有停下来，走到社会上再苦你都吃的下，我跟他讲了很多道理，最后那小孩说我一定真正跟你学，你讲一下我才知道为什么练武[4]。

吴孔谈的该段谈话显然隐含了心理学、教育学、社会学的知识，只有高中学历且"文革"期间并无真正学习的吴孔谈显然并不具备这些学科的知识，但

---

［1］万籁声.武术汇宗［M］.北京：北京体育大学出版社，2013：12-13.
［2］米歇尔·福柯.规训与惩罚［M］.刘北成，杨远婴，译.北京：生活·读书·新知三联书店，2003.
［3］唐韶军，戴国斌.规范、监视、检查：武术教化的福柯式解读［J］.成都体育学院学报，2014，40（7）：14.
［4］录音编号：20151227WKT-3.

他却熟练地运用在对学生的循循善诱之中,并点出以身体之苦换取未来幸福生活的美好愿景。

4. 门派接引:拜师的程序

吴孔谈对笔者简述了香店拳的拜师程序:

一般都是这样的,我带着徒弟去登云新村师父儿子家,对着师父的画像烧香鞠躬,也没有磕头,我就对着师父画像说,我收徒弟了,带给师父你看看,指导一下。然后就带回我家了,后山(村)我老家,地方大,这就比较隆重了,请来了掌门人王华南,我们坐好,我先做主持人,说这是我们的掌门人,先给掌门敬茶,徒弟先单膝跪地给掌门人敬茶,然后王华南喝茶,完事以后,王华南就起来做主持人了,然后介绍我,念拜帖内容,徒弟双膝跪地给我敬茶,然后基本就结束了[1]。

当笔者问及有的人拜师需要给师父红包之类的东西,吴孔谈说香店拳拜师里面没有这种情况,但是,他随后又说有拜师酒,相当于给师父的红包了。

拜师过后要有拜师酒的,一般两桌左右,请来20来人,就在我家,这个是徒弟负责的,也要2000来块钱,相当于红包了,我家地方很大,什么都有,徒弟们负责买菜做饭的什么都有,他们安排得很好,我们也不去酒店,这样在家里显得热闹还省钱[1]。

将拜师酒当做给师父的红包,也说明了吴孔谈免费授拳的祖传理念。吴孔谈并未指出其他师兄弟在收徒时是否是和他一样类似的程序,而在笔者对房贞义的访谈中得知香店拳师兄弟中仅吴孔谈一人会在收徒前带徒弟来他家拜见师父遗像,向师父禀报,其他师兄弟相对简单,也有各自的程序。

韩其昌先生谈到:"我们拜师,叫拜门,门中的每个人都是梅花桩中的一个分子,身怀绝技的人比比皆是,拜师只不过是把徒弟领入此门,徒弟尊重老师,老师爱护徒弟,教学相长。尊重门中长者,更要尊重自己的门派,绝不能做辱没门派名声的事。"[2]"形意拳名家邸国勇说道:"武术界的行里人认为不是门里出身。入了门就等于进了家谱,不入门就进不了家谱,像现在的学生他们只是学生没法进家谱传系表,例如我们八卦掌,每一代的弟子一代一代的传

---

[1] 录音编号:20160626WKT-5。

[2] 韩建中.武术拜师仪式[J].中华武术,1998(6):40。

下来，多少年以后的碑文上都有我们的名字"[1]。吴孔谈带徒弟先在师父房利贵遗像前替徒弟取得入门的第一道门资格，通过对师父讲明收徒缘由，以"人神交感"的"通灵"效果获得上代宗师或掌门人的许可，然后进入第二道门，对现任掌门人王华南的跪拜，获得入门的首肯，从而再造"出身"，才能拜在香店拳某位武术家门下。前两道门是香店拳谱系承认资格认证过程，如邸国勇指出的八卦掌家谱有了"这个人"，即拉尔夫·林顿谓之的"特定社会结构模式中所占据的一个位置"，并形成一个新社会秩序。

本章小结

马凌诺斯在《西太平洋的航海者》中写道："研究土著人最令我感兴趣的，是他对事物的看法、他的世界观、他所呼吸的生命气息和他生活在其中的现实。每一种文化都给他的成员某种确定的世界观、某种确定对生命的激情。漫步人类历史、游历世界各地，最令我入迷的是能够从不同的，为某文化所独有的角度体会生命和世界，并由此激励我深入探究其他文化，理解其他类型的生活。[2]"这段自我告白式的体悟时刻警醒笔者如何通过一个民间武术家的人生叙事，折射出他的人生观、价值观，在社会、历史变迁中留下属于自己的痕迹，并以此痕迹追寻作为小事件中的中国武术缘起、发展与传承、传播困境的特殊价值。

对一个平民民间武术家50年武术人生的梳理，通过他求武、习武、偷拳、谋生、比试、城乡身份转换、后山武馆兴衰、收徒仪式变迁的研究，勾勒出一幅中华武术传承、沿袭的当代基本面貌，并从普通人的视角切入探究武术的起源。在笔者问及是否城乡身份的转换会影响吴孔谈的心态和武术生活，吴孔谈说没有任何影响，他还是自己从前的样子。而在笔者看来，在搬运工、打石工期间的流动和劳累已然无法有充足的时间和空间来练武；显而易见，晚上，在灯火辉煌的粮店仓库和不久之后的"后山武馆"，其时间和空间的固化是作为

---

[1] 李旭.中国传统武术拜师仪式的文化研究[D].北京：首都体育学院，2014：11.

[2] 列维·布留尔.原始思维[M].丁由，译.北京：商务印书馆，2007.

"城里人"的"铁饭碗"所赋予的,这是毫无归属感、流动的无业者所无法企及的,可以说,粮店工作成就了吴孔谈今天的武术成就,尽管这种成就在整个武术发展现状来看,平淡无奇,即使在今天的吴孔谈看来,"现在名气比以前大多了",但是,谁又能否认,正是这样平淡无奇的平民武术家支撑起了中国武术的半壁江山。

在庞朴看来,"人既是独立的个体,又是群体的分子,既是演员,又是角色。[1]"一个武术人,如何演绎自己的社会生活和武术生活,如何构建自己的武术人生,如何处理个人武术和门派武术,如同他收徒一样,既要禀报上代宗师,又要引见当代掌门人,最后才是成为自己的徒弟。

从戴国斌主张的"武术研究应回到拳种产生的'现场'","在创拳者与其他拳种武术人的互动与交往(对立、比试、争论)中展现拳种,甚至可以形成一个又一个武术人物的传记。[2]"通过武术反映人生,或云以人生反映武术,在二者的互喻中,武术的学拳、练拳、玩拳与人生的生存、生活、生命交相辉映。在吴孔谈的村子、江湖、单位、仪式中,与历史、社会互为建构的武术人生反映出真实的中国武术,它或许并不是宏大叙事版的英雄传奇,但却又是武术发展的当代全息影像。

---

[1] 庞朴. 文化的民族性与时代性[M]. 北京:中国和平出版社,1988:30.
[2] 戴国斌. 文化自觉语境中武术研究的探索与思考[J]. 上海体育学院学报,2014,38(5):68.

第三章　香店拳弟子的"厨会"：
一个民间武术门户的重生与发展叙事

在现代社会中，民间武术如鲁迅先生在《纪念刘和珍君》所指出的："不在沉默中爆发便在沉默中死亡。"虽然与鲁迅所指并不相同，但在字面意义上，和狄更斯在《双城记》的开头之处的"这是最好的时代，也是最坏的时代"的隐喻比较，作为拳种的武术或者作为门派的武术都面临不进则退的历史困境：要么消亡，退化成橱窗标本，要么卑微的变形后继续苟延残喘，或者寻找另一条重生的荆棘之路。在陈书锋对福州鹤鸣拳的研究中，"当问及鸣鹤拳的现状时，他们的面孔均表现出莫名的悲伤和失落，他们在表达鸣鹤拳养生功效和技击意义后，为鸣鹤拳的传承和发展深感忧虑，许多老拳师年老体弱，想让鸣鹤拳继承下去，并将其发扬光大，把一身的武艺传授给年轻人，可谓是心有余而力不足，因此传统体系面临困境。现存的鸣鹤拳传人很多都是为了生活，迫于生计，忍痛割爱放弃了鸣鹤拳传承的使命。[1]"类似的情况在其他武术门派中并不鲜见，在笔者对洛阳市心意拳传人的访谈中，他们也表达出类似的困境，部分传人以卖牛肉汤为生，也有沦为企业的"看大门"。在网络上署名心意堂主撰写的《洛阳心意拳：曾经齐名太极八卦如今落寞中苦坚守》的博文中，"洛阳瀍河是洛阳心意拳的发源地，是历代回族拳师'蹦拳'的'拳窝'，现在心意拳日渐衰落，令人痛惜。""1993年11月，在瀍河回族区政府、区政协的大力支持下，洛阳瀍河心意拳研究会在东关回民小学宣告成立。研究会在弘扬洛阳心意拳，挖掘整理拳派资料、拳谱方面，取得一定成效。但由于财力不足和各门派之间互不合作，1995年以后，研究会的工作陷于停顿状态。[2]"但

---

[1] 陈书锋. 福州鹤鸣拳研究 [D]. 福州：福建师范大学，2012：12.
[2] 心意堂主. 洛阳心意拳：曾经齐名太极八卦如今落寞中苦坚守 [EB/OL]. http://blog.sina.com.cn/s/blog_5256bf1301009yc3.html.

第三章　香店拳弟子的"厨会"：一个民间武术门户的重生与发展叙事

是，一位村中年轻人认为："'蹦拳'怎吃苦却挣不来钱，你让我以后喝西北风哩？"至于如何面对这种困境，该博文指出："让洛阳心意拳走进中小学体育课堂，也是个现实可行的选择。孙友恒说，回族子弟对学习本民族武术有热情，他希望和瀍河的回族小学、回族中学联合，由心意拳拳师担任业余体育老师，把洛阳心意拳搬上回族中小学生的体育课堂。"

的确，这个时代给武术带来希望也有无奈和绝望。本章以香店拳门派房利贵门户为例，通过该门户弟子间的一次次"厨会"，来梳理它们近20年的发展脉络。也正是通过零散的厨会事件，到制度化的"年会"，香店拳的师兄弟们将自身生活和武术生活融合在一起，成长为一群民间武术的传道者，并在一次次厨会中提升自己的武术境界，将师父传授的香店拳招式化为内功修炼，成就了香店拳的新辉煌。以香店拳民间武术家为代表的当代文化英雄在悄悄的进行一场"文化复兴"，这场"文化复兴"之难及其成效是本文所关注的。当然，当代武术文化的复兴绝非恢复或者修复甚至是回到传统，而应是对传统的超越，即让原有的文化原型在当代语境中的呈现，通过武术持有人的变形置换，"对它进行重新的创造，从而挽救它，或使它再度获得生命。[1]"

第一节　厨会中相关概念

在道藏中有关于"天师道"的经典，涉及"天师道"治下民众的生活中出现最多的就是"厨会"。作为一个中国人，能够明显地感受到，在日常生活中常见的"红白事"中，其举办过程就有参与亲朋一起饮食的环节。也就是说，在现代中国，一个家庭的重要仪式活动依旧还存在着亲朋在一起饮宴的"厨会"[2]。

---

[1] 诺斯罗普·弗莱. 批评的解剖 [M]. 陈慧, 等, 译. 天津：百花文艺出版社, 2006：511.
[2] 晓立. 道教徒的"聚餐"探究历史上的天师道"厨会" [EB/OL]. htt：//www.pig66.com/weixintoutiao/gujintong/2015-12-06/223533.html.

一、厨会：共食中围炉闲谈

在"天师道"经典中，厨会又叫作饭贤，所谓饭贤，字面意思是邀请贤者来吃饭。那么，这些贤者是哪些人，厨会的真正意义又是什么？

厨会的创造者为张道陵，"他依据中国古代村社共同体中的敬老和乡饮酒习俗而建立厨会制度，该制度具有社会救助的功能，旨在帮助教团内部的贫苦信众"[1]。日本汉学家小南一郎在考察东汉道教教团兴起的问题时指出："共同积蓄的粮食，在确定的季节由共同体全体成员共食，是由此来确认共同体内部的结合、使共同体再度活跃起来的礼仪、祭礼，这就是厨这一仪式的基础。[2]"郑保纯指出："所谓的厨，一言以蔽之，就是共食的礼仪。在道教徒之间有一种共食的礼仪，同时又有过一种更具基础性格的人神共食仪式。[3]"所以，在道教意义上，贤者即为信徒与其拜祭的神，在民间意义上即为亲朋好友。但是，厨会并不仅仅是与贤者吃饭，而是聆听贤者的教诲和双向的交流，在饮食中进行围炉闲谈，在闲谈中得以精神升华。

二、社神：互助社团

无独有偶，不止在中国道教内部有人神共食的仪式——厨会，在涂尔干的《社会分工论》中，他指出法国大革命时期的法人团体组织中都有各自特有的"神"，并尽可能的被供奉在专门的寺庙中，类似于家中的"家神"和城市中的"公神"，涂尔干还指出"每个社团都有自己的保护神，即'社神'。当然有了这种职业的崇拜形式，就少不了大家聚集一堂、共同欢庆的节日、祭祀和宴饮等仪式"[4]。这种仪式不仅为社团成员提供了集聚的机会还有相应的分发

---

[1] 李小荣. 陶渊明与道教灵宝派关系之检讨——以涉酒诗文为中心［J］. 福建师范大学学报：学社会科学版，2010（5）：115.

[2] 小南一郎. 中国的神话传说与古传说［M］. 北京：中华书局，1993：373.

[3] 郑保纯. 武侠文化基本叙事语法研究—以"射雕三部曲"为例［D］. 苏州：苏州大学，2014：72.

[4] 埃米尔·涂尔干. 社会分工论［M］. 渠敬东，译. 北京：生活·读书·新知三联书店出版社，2013：23.

第三章　香店拳弟子的"厨会"：一个民间武术门户的重生与发展叙事

食物等互助活动，基于瓦尔沁在《罗马职业组织历史研究》中认为："没有哪一个词能够更好的描述这种由手足亲情连接在一起的关系，有序的特征可以证明，在他们中间确实存在一种深厚的兄弟情谊。[1]"涂尔干据此认为"共同的利益代替了血缘的纽带"。总而言之，涂尔干文中的社团有三种特点，其一，他们有共同的"神"；其二，他们有以神为中介的集体活动，并在活动中有分发食物、金钱的互助活动，这些财物由团体自筹；其三，他们之间形成了新型的兄弟关系。对比这三种特点，我们会发现，这种"社神"欢庆仪式与道教的"厨会"基本一致，唯一的不同在于厨会中的兄弟关系是基于已有的共同的祖师而形成的天然伦理关系，而罗马社团的兄弟关系则是在一系列共同利益的驱动下所形成的互助情感共同体产物。

而在本文中，香店拳师兄弟在师父房利贵去世后的若干年间基于对师父的怀念和纪念而聚集在一起，以共食的仪式回顾往事，勾勒集体记忆，结合自身能力成为聚集"基金"的"愿主"，在一次次的厨会中，凝聚了已有师兄弟的情谊形成真正的精神共同体，求同存异，形成分工，为香店拳的发展贡献了自身的力量。

三、集体欢腾

涂尔干在《宗教生活的基本形式》中认为在集体聚会中人们会异常的兴奋，并将这种兴奋称之为集体欢腾（Corrobbori）[2]。在涂尔干看来，建立在大规模的集体行动之上的集体欢腾，"是一种格外强烈的兴奋剂"。"一旦人们集中到一起，由于集合而形成的一股如电的激流就迅速使人们达到极度亢奋的状态，而到了这种亢奋的状态，个体也就不再意识到他自己，而是感到自己被某种力量所支配。而这种力量是神圣的，按照涂尔干的解释，它就是宗教力、社会力。[3]"涂尔干对集体欢腾概念的提出，旨在阐释"人类的情感能力

---

[1] 瓦尔沁.罗马职业组织历史研究：第一卷[M]//埃米尔·涂尔干.社会分工论.渠敬东，译.北京：生活·读书·新知三联书店出版社，2013：24.
[2] 埃米尔·涂尔干.宗教生活的基本形式[M].渠敬东，汲喆，译.上海：上海人民出版社，2006：206.
[3] Koizora.平庸之恶——集体欢腾究竟带给我们什么？[EB/OL]. https://www.douban.com/note/440994043/.

如何通过欢庆活动、典礼仪式、音乐舞蹈、假日聚餐等变为文化传承或文化创造的能力。[1]"尽管有学者指出集体欢腾的人们会在集体的狂欢中罔顾道德、失去自我约束力，但是，对现时代而言，"对一个涣散的社会来说，其正面意义远远大于负面意义。[2]"香店拳一众弟子正是在一次次的厨会中，对"个人良心"的刺激与唤醒，一次次香店拳弟子的聚会如同涂尔干眼中的"法国大革命"，是对集体良心的聚集，是香店拳门人基于已故宗师房利贵的感召，凝聚集体意识、集体记忆，将香店拳推向社会，担负时代所赋予他们的责任。正因如此，在涂尔干看来，"集体欢腾"是一种高度糅合社会散质，体现一种人性的自由与和谐气氛的至善现象[2]。只有在门徒的聚会当中，对宗师的怀念和往日习武的追忆才能构建起高度集中的情感网络和满怀激情的仪式性环境，而这一环境的记忆背景则是宗师的"在场"，在人神共餐的厨会中，"集体欢腾"的意义才能真正显现。

区别于涂尔干的是同时代的大众心理学家勒庞，他在《乌合之众》指出了大众在群体中所表现出的"焦躁"、冲动、智力下降等负面倾向，其偏执、狂热、保守容易形成"低劣的群体心态"，从而成为乌合之众，"他不能够意识到自己的行为，他就像受到催眠的人一样，一些能力遭到了破坏"，"有意识人格的消失，无意识人格的得势"[3]。同样，在勒庞看来具有群众英雄行为模式囊括在同样的群体心中的，"群体很容易做出刽子手的行动，同样也很容易慷慨赴义"，勒庞列举了在布朗热将军的一声命令一下，会有"上万人"为他的事业从容就义。整体而言，勒庞看到了群体中的负面情绪，并没有深究群体中的英雄积极一面。

从马克思的辩证法来看，"乌合之众"与"历史英雄"是一个问题的两个方面。一方面，它能够成就人多力量大、群策群力形成共同体的温暖；另一方面，他能在偏执、狂热中造成道德下降的群体事件。在本书中，讨论是共同体性质的集体在厨会仪式中地"集体欢腾"，由此引领发展香店拳事业中的集体

---

[1] 景军. 神堂记忆——一个中国乡村的历史、权力与道德 [M]. 福州：福建教育出版社，2013：16.
[2] 陈顾. 走向"集体欢腾"——涂尔干社会理论的危险 [J]. 华中科技大学学报：社会科学版，2011，25（3）：54.
[3] 古斯塔夫·勒庞. 乌合之众——大众心理研究 [M]. 冯克利，译. 南京：江苏人民出版社，2003：9–10.

智慧。

四、共同体

"共同体"概念被广泛用于哲学、经济学、社会学、人类学等相关学科。杰拉德·德兰蒂敏锐的指出共同体的内涵：

共同体一直建立在种族、宗教、阶级或政治的基础上。它们也许是大型的，也许是小型的；维系它们的附属关系也许是"淡薄的"，也许是深厚的；它们也许以地方为基础；也许是在全球层面上被组织起来；它们与现存秩序之间的关系也许是积极的，也许是颠覆性的；它们也许是传统的、现代的，甚至是后现代的；它们也许趋于反动，也许趋于进步[1]。

西方社会学家滕尼斯和鲍曼等人都有对"共同体"做出自己的论述。

在滕尼斯的一段话里，能够显而易见地看出在共同体的集体中，人们围绕一个祭祀的仪式对上代先人缅怀和追思，并以仪式为契机，立誓继承先辈未竟事业。滕尼斯是这样说的："凡是炉灶和祭坛开始时是同一个地方，家族的迷信崇拜也是最蓬勃发展；迷信崇拜本身就是一种艺术。为去世和受崇敬的人所做的事，才去深思熟虑的方式，气氛热烈而严肃，而这还适于保持这种气氛。[2]74"

滕尼斯还区分了"共同体"和"社会"，他认为"社会"仅是暂时的、表面的共同生活，而共同体则是真正、持久的共同生活。滕尼斯的经典语录都表达了相似的观点，如"在共同体里，尽管有种种的分离，仍然保持着结合；在社会里，尽管有着种种的结合，仍保持着分离。[2]77"从滕尼斯的话语中，可以认为共同体凝聚了社会的闲散力量，以家族为核心出于共同的目标和价值观而聚集在一起，其核心是"一种更高的更普遍的自我，犹如各个单一的自我及其自由赖以引申的方式或理念一样。[2]200"

滕尼斯将共同体分为三种类型：血缘共同体、地缘共同体、精神共同体，分别对应亲属、邻里、友谊三种社会关系。但是，三者之间并非并列的关系，而是递进的关系。费孝通先生在《乡土中国》中指出的"血缘是稳定的力量，

---

[1] Gerard Delanty. Commmunity [M]. London：Routledge，2003：2.

[2] 费迪南·滕尼斯. 共同体与社会——纯粹社会学的基本概念 [M]. 林荣远，译. 北京：北京大学出版社，2010：74.

在稳定社会中，地缘不过是血缘的投影"[1]，在随后的社会转变中，血缘结合转变为地缘结合，而在现代流动社会中，随着血缘的分散和地缘的解体，精神共同体和其他共同体结合起来，成为"真正的人的和最高形式的共同体。[2]"对于在宗师去世后的香店拳一众子弟，他们分散各地，各自谋生，在相当长的一段时间中并无联系、甚至失去联系，以至于不知道彼此的存在，但是基于精神共同体所指涉的是"神圣的场所或被崇拜的神"，他们在"艺术"（香店拳求学经历和共同师父）上的相同，容易产生滕尼斯谓之的"友谊"，从而在机会成熟之际能够通过一次次厨会而形成精神的共同体。滕尼斯也指出要维系这种友谊纽带"必须通过容易和经常联合来联结的维系"，并认为在城市里更容易形成这种纽带联结关系，而形成联结的中介则是"共同精神所创建的、被庆贺的神"，并进一步指出，"神"才能给予纽带以长久、生动的状态。

五、集体记忆

如果我们承认"集体欢腾"的创造性，并认识到社会团体等类似集体中间存在一个神或者具备神一样的人，那么，只能说他们之间具备了成为共同体的外部条件，现存的问题则是：在这些平淡无奇的日子里，是什么把他们串联起来？对于此，涂尔干并没有给出完整的答案。但是，他的弟子哈布瓦赫却进一步指出："正是集体记忆，可以说作为一个中介变量，一方面通过日历上的节日庆典来纪念这些事件，而另一方面也被这些事件所强化"[3]。

作为涂尔干的忠实弟子，哈布瓦赫在1925年提出了"集体记忆"的概念，用来研究人对于"过去"的记忆如何在宗教、团体、家庭等机构中施加影响、甚至形成烙印。哈布瓦赫用读书比喻记忆，"我们表面上好像是在重读以前读过的书，而实际上却似乎是在读一本新书，或者至少是读了一个经过修订的版本。"[3]82 哈布瓦赫认为人们都有各自不同的记忆框架，但是，"记忆只是在

---

[1] 费孝通. 乡土中国 [M]. 北京：北京出版社，2011：103.

[2] 费迪南·滕尼斯. 共同体与社会——纯粹社会学的基本概念 [M]. 林荣远，译. 北京：北京大学出版社，2010：53.

[3] 莫里斯·哈布瓦赫. 论集体记忆 [M]. 毕然，郭金华，译. 上海：上海人民出版社，2002：44.

第三章　香店拳弟子的"厨会"：一个民间武术门户的重生与发展叙事

那些唤起了对它们回忆的心灵中才联系在一起，因为一些记忆让另一些记忆重建。[1]"所以，记忆唯有在集体源泉的滋润下才能持续地保持，并立足现实对过去进行重构，换言之，只有作为集体成员的"个体才能进行记忆"。而在集体中，"我们保存着对自己生活的各个时期的记忆，这些记忆不停地再现；通过它们，就像是通过一种连续的关系，我们的认同感得以终生长存。"王明珂同样认为，"集体记忆依赖某种媒介，如通过实质文物及图像、文献，或各种集体活动来保存、强化或重温。[2]"

第二节　死的纪念与生的庆典：香店拳弟子的厨会

在尼采看来，宗教生活一定是以充足的闲暇生活作为前提的，哈布瓦赫指出："在我们这个繁忙的社会里，工作吞并了其他所有的活动，以至于一代代以来，宗教本能就被慢慢地破坏了，许多人都不知道宗教有何用处，他们满怀惊愕，注意到宗教的存在，仅此而已。[3]"调查显示，香店拳的民间武术家们，在宗师过世后，一直忙于自己的生活，以至于在宗师诞辰上的拳术表演中，竟然无一人能够通晓全部套路，需要集师兄弟全部之力才能完成宗师的完整拳术体系。"他们忙于自己的事务，而不再有闲暇献身于宗教，而这尤其又是因为，他们几乎不能肯定宗教究竟算是一项事物还是一项娱乐。[4]"

1981年，香店拳宗师房利贵去世，1987年大师兄徐心波也去世。在中国的宗法制度中，头人及嫡长子（大徒弟）有着不可逾越的权威，大师兄作为师父最早期的弟子，能够更为全面地继承师父的技术和社会关系，并在一定程度上承担了教导其他师弟的责任和承担部分师父的社会活动，吴孔谈也指出他的很多动作、散手都是大师兄教的，因为"师父年纪大了不能打（散手）"。根据2015年出版的《香店拳》一书记载，"徐心波为人忠厚，重情义，讲武德，且

---

[1] 莫里斯·哈布瓦赫.论集体记忆[M].毕然，郭金华，译.上海：上海人民出版社，2002-94.
[2] 王明珂.华夏边缘——历史记忆与族群认同[M].北京：社会科学出版社，2006：27.
[3] 莫里斯·哈布瓦赫.论集体记忆[M].毕然，郭金华，译.上海：上海人民出版社，2002：206.
[4] 尼采.善恶之彼岸[M].程志民，译.北京：华夏出版社，2000：57.

131

武功高强，成为大家公认的房利贵衣钵的传承人。宗师房利贵逝世后，香店拳内一切事务均由他掌管处理，直到他离世。[1]" 对香店拳门人弟子而言，传统权威[2]的故去，单一的权威中心不复存在，而其他师兄弟并没有继承这一权威，或者社会转型期间并没有为这一权威创造产生的条件，那么，香店拳作为一个拳种和作为一个门派如何在新时期重新发展并获得社会承认，继而成为省级非物质文化遗产，出版拳谱《香店拳》等。

在香店拳中，有两次最为重要的厨会，分别是1989年的以大师兄1987年去世为接引的叙旧纪念活动，2005年以香店拳后裔婚礼而引发的纪念、演练、提升为主体的香店拳弟子厨会。两次厨会均发生在师父房利贵的家乡登云上山村，前者起因为丧礼，后者为婚礼，代表了人生的两个最为重要的转换。"结婚，拉开了生的序幕，意味着不久将诞生的生命，可以说是从无到有的过程；而丧葬则表明生命的从有到无。[3]"按照中国传统的观念，生和死本是一个轮回，构成了一个环形的生命历程，在这个世界的死是向另一个世界的过渡，即从此岸的"有"到彼岸的"有"的转换，在本质上可以理解为一种不同阶段的新生。因此，无论是生的庆典还是死的纪念，它们所引发的香店拳厨会无不是关照了现实中人的生存与发展。

一、厨会的契机：社会精英的介入

在韦伯看来，传统权威是"建立在遗传下来的制度和统治权力的神圣基础之上，并且也被相信是这样的"[4]。在张延庆的著作中记录了这样的事件，1993年，随着师父徐青山的去世，查拳发展的"稳定的结构平衡被打破，许多

---

[1] 编委会.香店拳[M].福州：福建科学技术出版社，2015：167.

[2] 马克斯·韦伯将权威分为神异性权威、传统的权威、科层的权威三种，在本文中，师父和大师兄建立起来当属传统的权威，但是在本文第一章的拜师仪式研究中，吴孔谈带领徒弟到师父遗像前禀告的通灵效果，显然与师父具备了神异性权威作用，而在本文第三章的掌门人研究中，选举王华南为掌门人，显然有王曾为文化局、文物局领导的科层权威考量。（注文）

[3] 郭于华.死的困扰与生的执着：中国民间丧葬仪式与传统生死观[M].北京：中国人民大学出版社，1992：101.

[4] 马克斯·韦伯.经济与社会：上卷[M].林荣远，译.北京：商务印书馆，1997：251.

第三章 香店拳弟子的"厨会"：一个民间武术门户的重生与发展叙事

门人弟子失去精神上的依赖，这种辉煌的状态也随之消失。[1]"徐青山去世造成查拳的许多功法被束之高阁而无人练习，查拳在当地的发展也随之陷入困境。这种类似组织中的"头人"的离去而造成组织瘫痪甚至没落案例在中国民间屡见不鲜，它缺乏一个时代的文化英雄的振臂一呼。传统社会作为一种金观涛指出的历史奇观："超稳定结构"[2]，其文化观念根植于每个人心中。彭兆荣指出："显而易见的是在传统中国社会中，士大夫、文人要比生活差的中国人更热衷表现他们对祖先和大家庭理想的尽心尽责，尽管生活状况不好的人一旦经济条件改善，立即就会效仿儒士官吏的做法。[3]"在经济形势略好的情况下，香店拳的精英们逐渐开启了延续宗师房利贵火种的想法，并迅速得到师兄弟的积极响应。

那种隐藏在每个共同体成员心中角落的记忆在等待一个火种燎原的契机，在《乡土中国》中，费孝通先生指出："人之所以要有记忆，也许并不是因为他的脑子是个自动的摄影箱。人有此能力是事实，人利用此能力，发展此能力，还是因为他当前的生活必需有着过去所传下来的办法。我曾说人学习是向一套已有方式的学习。唯有学会了这套方式才能在人群中生存下去。这套方式并不是每个人个别的创制，而是社会的遗业。[4]"王铭铭在《作为民间权威的地方头人》一文中认为："在官方公共空间之外的精英往往在地方庙宇的复建、仪式组织、祠堂维系、修谱等事务中起领导作用。[5]"吴孔谈在80年代为福州鼓楼区市直机关粮店主任，这一事业单位部门领导让他处于民间传统权威和体制科层权威中间位置，或言具备二者的部分综合权威。由于我国改革开放初期粮食的计划供应制度，粮票这一特殊时期的产物一度比人民币更为通用，李强的研究指出："城市居民每月都可以领取到一定数量的粮票等票证，只有凭粮票才能买到食品，也才能在城市中生存。[6]"吴孔谈的口述也证实了李强的论述："那时候权力很大了，都是凭粮票定点定量供应的，什么都要凭票

---

[1] 张延庆. 莫待此情成追忆——从技艺到记忆的邢台查拳［M］. 北京：中央民族大学出版社，2014：55.

[2] 金观涛，刘青峰. 兴盛与危机：论中国社会超稳定结构［M］. 北京：法律出版社，2010.

[3] 彭兆荣. 边际族群：远离帝国庇佑的客人［M］. 合肥：黄山书社，2006：274.

[4] 费孝通. 乡土中国［M］. 北京：北京出版社，2011：23.

[5] 王铭铭. 作为民间权威的地方头人［J］. 战略与管理，1997（6）：110.

[6] 李强. 社会分层十讲［M］. 北京：社会科学文献出版社，2011：313.

的。"在这一背景下，吴孔谈才能"跟各个机关关系相当好"，经常有师兄弟来粮店找他，粮店成了香店拳师兄弟的"交通站"。在物资极度匮乏的年代，城市人尚处于温饱阶段，各类票证成为城乡人们重要需求。因而，身处该系统要害职位的吴孔谈无疑在师兄弟间拥有更大的话语权，且从后山村走出来的吴孔谈成为鼓楼区的一名市民后，契合了滕尼斯指出的城市容易形成共同体纽带的观点。同样，在宗师房利贵和大师兄徐心波去世的多年中，香店拳众弟子分散各地，作为共同体的香店拳只存在他们的记忆中，他们火苗的迸发也需要一个时机、一个人、一次厨会。

二、香店拳重生的准备：1989年的厨会

根据2015年出版的《香店拳》记载，香店拳房利贵传第六代弟子计65人。但是，这65人并非同一批拜师和同时练习的，吴孔谈说："我那一拨只有六七个人，师父长期教徒弟，这一拨那一拨，长期下来师父共教了60~70人。"所以，大部分师兄弟之间并不认识，很多并不在市区而是在临近县、市、乡下，客观上为大范围的集会造成了困难，据吴孔谈说他们在市区的几个师兄弟经常会在一起喝酒聊天，其他人则很少联系。

早期在师父家，师父过生日，大家还会聚一聚，师父1981年过世以后，根本都没有聚过，从来没有，虽然没有聚，在城里的人找我的比较多，农村找我的不多。因为我在城里当主任，他们买粮食都要找我。1987年大师兄过世，刚好我师父的儿子（房贞义，当时在洪山镇卫生院工作）到我店里面买大米，我跟他讲，说最近徐心波过世，看看我们有机会聚一聚吧，我师父的儿子很支持我。[1]

80年代吴孔谈在福州市粮食局下属的一个福州粮油供应公司底下的机关粮店做主任，"一把手，还是机关粮店，全福州市粮店有110家，机关粮店只有4家"。已经是"公家人"的吴孔谈并没有忘记香店拳及一众师兄弟，然而在师父房利贵去世后的很长时间里，"师父到底带多少徒弟大家都不知道"，以师父为核心而形成的类血缘关系共同体在核心故去后便难以形成曾经的凝聚力，但是，大师兄徐心波的去世冥冥中成为香店拳第一次厨会的契机。在中国武术

---

[1]录音编号：20151227WKT-3.

第三章 香店拳弟子的"厨会":一个民间武术门户的重生与发展叙事

普遍强调的阴阳转换的哲学中,向死而生或生生谓之易,中国人注重的生死仪式在事物的发展与衰落之中依然适用,在郭于华看来,"在我们民族的传统意识中,无论生的仪式或是死的仪式,所强调的都是生。[1]"20世纪80年代的香店拳的传统权威相继故去,而第二代权威并没有形成的情况下,门人之间的厨会——集会、交流、认同、整理是多么的迫切和必要,而这一契机的来临居然是大师兄的去世。

如果说师父房利贵对65名徒弟的教诲创造了师兄弟间的集体记忆,那么大师兄的去世给引发这种集体回忆创造了条件,换言之,如果没有门人间的厨会,集体记忆的火苗永远无法点燃,就无法形成香店拳的集体欢腾。哈布瓦赫认为:"在历史的记忆里,个人并不是直接去回忆事件,只有通过阅读或听人讲述,或者在纪念活动和节日的场合中,人们聚在一起,共同回忆长期分离的群体成员的事迹和成就时,这种记忆才能被间接地激发出来。[2]"

但是,在吴孔谈提出的第一次聚会并没有马上成行,直至1989年才成为现实。按照吴孔谈的描述,那次召集了城里附近的50人左右,地点选在上山村师父的老家中。

> 1981年之前,师父在的时候,以前我们还可以走在一起聊聊天,大家都会走在一起;师父过世后,大家好像各干各的,一直到大师兄过世,大家都在聊(集会),实际上都是讲一讲,但是没有实际行动,最后到1989年,我自己提出来了,就开始搞[3]。

从大师兄徐心波的1987年去世到1989年的"开始搞"聚会,2年的时间,多数人的"讲一讲"并没有实际行动,甚至是淡忘了,吴孔谈却一直记在心头,以至于当初的提议人房贞义对忽然而至的师兄弟们大吃一惊。

> 当时我(房贞义)都不知道,孔谈忽然组织一批(师兄弟)到我家来,他没告诉我,突然间,他想起来这个事情,就像会餐一样,(还有)照相[4]。

---

[1] 郭于华.死的困扰与生的执着:中国民间丧葬仪式与传统生死观[M].北京:中国人民大学出版社,1992:112.
[2] 莫里斯·哈布瓦赫.论集体记忆[M].毕然,郭金华,译.上海:上海人民出版社,2002:43.
[3] 录音编号:20160415WKT-4.
[4] 录音编号:20160904FZY-1.

对于第一次聚会的具体内容，吴孔谈说："没有什么，就是聚一聚，聊一聊天，纪念一下师父。"（图3-1）对师父的纪念则是："我们吃完以后都到师父墓上去扫墓，烧香祭拜一下。[1]"

图3-1　1989年第一次香店拳厨会，左图为主要成员合影，右图为给师父扫墓

整体而言，第一次房贞义口中的"会餐"、宗教意义上的"厨会"意义重大（图3-2）。地址选在师父家中，更能勾起人们对那段艰苦而有味生活的缅怀，它以道教"厨会"仪式中的"围炉闲谈"形式，在师父家中，面对着师父遗像，阐释了孔子在《论语》中的"祭如在，祭神如神在"思想。在师父的在场仪式中，他们共同怀念曾经习武中的艰辛和光辉，对那些参会的香店拳弟子来说，遥远的过去在那一刻仍然散发着难以忘怀的魔力，他们历经社会变革的沧桑，在不惑之年重温那段在艰难岁月中的美好时光，如吴孔谈常言及的无法忘记师父对他的教诲和师母对他的一碗糯米粥恩情，正如哈布瓦赫所指出的："我们保存着自己生活的各个时期的记忆，这些记忆不停地再现；通过他们，就像是通过一种连续的关系，我们的认同感得以终生长存。[2]"而一旦每个人的记忆被汇聚在一起，集体记忆的洪流便如百川入海一样奔腾起来。

---

［1］录音编号：20160827WKT-6.
［2］莫里斯·哈布瓦赫.论集体记忆［M］.毕然，郭金华，译.上海：上海人民出版社，2002：82.

第三章　香店拳弟子的"厨会"：一个民间武术门户的重生与发展叙事

图3-2　1989年厨会，吴孔谈在安排门内事物

因大师兄去世而发起的香店拳第一次聚会是在上一代权威故去后的力量觉醒，尽管如此，1989年到2005年的16年里，香店拳师兄弟间再也没有举办过聚会。是什么力量支撑了吴孔谈的召集并吸引了50人左右的师兄弟前往叙旧，尽管吴孔谈认为聚会只是"聊聊天、纪念下师父"，在哈布瓦赫看来，是"处于一种重现记忆和内心中涌动着的返老还童的愿望。[1]"对过去的重建意味着未来的新生。在笔者看来，这次厨会的意义在于它穿透了历史和现实，连接了师父去世后香店拳师兄弟的生存现实："大家都忙于生活"。正因为过去的不复存在，才更能警醒香店拳门人弟子：他们必须调整自己，以适应新的世界。而这一"调整"的等待，就是16年之久，毕竟香店拳辉煌重生需要时间和力量的积蓄。

三、香店拳的重生：2005年的厨会

1989年后，香店拳弟子间的聚会并没有常态化。吴孔谈谈到，"只有一两个我们关系好的，我们常联系聊聊天"，对于其中原因，吴孔谈说："大家

---

[1] 莫里斯·哈布瓦赫.论集体记忆[M].毕然，郭金华，译.上海：上海人民出版社，2002：81.

都忙于生活，而且也没有人去牵头。没有人牵头这个事情就晾在那边谁去管呢？[1]"谁知这一"晾"竟是16年，如同红军的万里长征，它在等待一个会师的时间点；又如金庸小说《神雕侠侣》中的杨过和小龙女的16年等待，他们需要在这段时间里苦练内功，降伏心魔，才能平淡对待人生的悲欢离合；还如伟大的酿酒师一般，发酵的时间刚刚好，一点不多也一点不少，方能让人甘之如饴。16年后的2005年，香店拳的民间武术家们已经到了知天命和耳顺的年纪，他们虽然大部分忘记了武功招式，却参透了内功心法，他们已经明白，所谓命运掌握在自己手中，不怨天尤人，不自怨自艾，香店拳的未来需要在他们手中创造，香店拳的弟子们隐约间参透了阿伦特的箴言，"除非经由记忆之路，人不能达到纵深"[2]，而记忆的勾起和放大，必然以师父房利贵和他所在的登云上山村为基础，所以，香店拳的积蓄和重生都无法绕开房利贵和上山村。每逢笔者面对他们[3]，看着两鬓斑白、生活并不富裕、甚至饱受病痛折磨的他们怀着对师父的感恩之心，对香店拳事业的赤子之心，心中总会感慨，就是这样的人，撑起了中国民间武术的蓝天，是实至名归的平民英雄。

（一）英雄归来

2005年5月18日是房利贵宗师105岁的诞辰。第一次厨会的16年后，在宗师房利贵的家乡登云上山村登云小学开启了香店拳最具历史意义的厨会，"连家属和师兄弟100来人，刚好10桌"，是1989年聚会人数的2倍。对于这次聚会的起因，吴孔谈说：

当时（2005年2月）是我大师兄徒弟的儿子结婚，就是林善泉，他是我大师兄的徒弟，他儿子结婚，我们几个师兄弟在酒桌上聊天，大家说我们师兄弟好久都没见了，看看有没有机会大家聚一聚。大家说这个不错，他们就说'孔谈，你去安排组织一下，争取今年聚一聚'，我说没问题。1989年曾经搞过一次聚会，现在十几年过去了，我师父都过世了，那时候才召集了40多人。2005年6月18日

---

[1] 录音编号：20160415WKT-4.
[2] 汉娜·阿伦特.过去与未来之间[M].王寅丽，等，译.北京：译林出版社，2011：89.
[3] 在一次访谈前的预约中，不巧的是，王华南妻子生病住院、吴孔谈家中遭遇火灾、房贞义久病，香店拳的多数第六代弟子面临类似生活中的遭遇，也常使笔者思考，在他们之后香店拳该是什么样子，进而推之，在这些民间武术家之后，中国武术该是什么样子？（注文）

第三章　香店拳弟子的"厨会"：一个民间武术门户的重生与发展叙事

是我师父的诞辰[1]，105岁，我就赶紧去跟我师父儿子家里商量，最后，师父儿子也同意了，就放在他村里登云小学，连家属和师兄弟有100来人[2]。

吴孔谈很快就和林善泉成立只有两人的筹备小组，拟定了大会主席王华南、副主席房贞义，吴孔谈为主持人，并分配了如何通知其他师兄弟的办法，房贞义负责登云村附近的师兄弟，吴孔谈负责福州市区，郑香俤负责长乐片区。常驻长乐的美籍华人香店拳弟子陈和銮和居住美国的徐扬溥很快知晓了香店拳弟子的"武林大会"，并慷慨解囊助力了聚会的成功举办。

哈布瓦赫指出："时光流逝，那些群体和个人置身其中，在人们记忆里留下了他们的印记。在这个意义上，没有不同时又是社会记忆的社会观念。只要每一个人物、每一个历史事实渗透进入了这种记忆，就会扭转成一种教义、一种观念，或一种符号，并获得一种意义，成为社会观念系统中的一个要素。[3]"香店拳的文化英雄们基本都身在其中，完成了师父房利贵在世时所从未有过的香店拳厨会（图3-3是香店拳第二次厨会合影）。时间选在师父的诞辰，地点选在

图3-3　2005年香店拳第二次厨会，奠定了香店拳此后的复兴

---

[1] 关于房利贵的诞辰，前后出现5月18日和6月18日的时间，根据吴孔谈的口述，房利贵的真实诞辰是农历五月初八，第一次聚会为了时间点的"好听"就选在5月18日，而从2006年开始则选择在更"好听"的6月18日。

[2] 录音编号：20151227WKT-3。

[3] 莫里斯·哈布瓦赫.论集体记忆[M].毕然，郭金华，译.上海：上海人民出版社，2002：312.

师父家门口的小学校园,香店拳的师兄弟们将香店拳的重生和师父的诞辰绑定在一起,他们的回归既像是拜师的轮回,又像是游学历练回来对师父的禀报,通过师父的"灵媒"作用,将师兄弟们重新连在一起,在检阅校场向宗师的拳术套路演练。显然,向师父的重新学习和汇报,学校自然是最好的场所。

约瑟夫·坎贝尔在《千面英雄》中这样评价文化英雄的归来:

英雄从日常生活的世界出发,冒着各种危险,进入超自然的神奇领域,他由那里获得奇幻的力量并赢得决定性的胜利。然后英雄从神秘的历险地带带着能为同胞造福的力量回来了[1]。

在师父诞辰中的聚会与共食仪式,对应了小南一郎在《中国的神话传说与古小说》中指出的神灵对厨会场所的降临。

"在此基础上道教礼仪,不只是它的形式,在礼仪的内容上也保留着太古流传下来的起源于共同体生活的'幻想'道教的天神们,代替祖灵、谷灵降临到道教厨的场所。由于天神的降临,那个场所就被当做严肃的地方。[2]"

在这一意义上,香店拳门人弟子的"100来人"的聚会是从1989年到2005年16年的积累变化,如郑保纯所言:"所以这些有着'道家'意味的乡饮不仅是小小的娱乐,它意味着平常的生活发生变化,而在积累仙道达到一定的地步之后,上天就会派神仙带着'食盒'前来'行厨',而这些天上的美食,将会给参加宴饮的凡人,带来神奇的力量。[3]"对香店拳师兄弟们来说,他们需要神奇力量所赐予的"激励事件"。

(二)婚礼"共食"仪式促成的香店拳厨会

从1989年的第一次聚会到2005年纪念宗师诞辰的第二次聚会及起因,我们发现,中国民间的传统婚丧嫁娶、生子事件都参与其中,主导了香店拳的文化发展与叙事过程。在郭于华对中国传统的丧葬仪式研究中,她认为中国人执着一种"事死如事生"的态度,在生死的二元结构中,"被强调的不是两极的截然对立、分割,而是两极的相通互易。"在"生生之谓易"的理论中,"以

---

[1] 约瑟夫·坎贝尔. 千面英雄 [M]. 朱侃如, 译. 北京: 金城出版社, 2012: 20.

[2] 小南一郎. 中国的神话传说与古传说 [M]. 北京: 中华书局, 1993: 373.

[3] 郑保纯. 武侠文化基本叙事语法研究——以"射雕三部曲"为例 [D]. 苏州: 苏州大学, 2014: 72-73.

第三章 香店拳弟子的"厨会":一个民间武术门户的重生与发展叙事

'易'为中枢的传统生死观所强调的不是死,而是生;不是死亡与虚无的恒常固定,而是生命在流转中的长存永续。[1]"

以大师兄徐心波徒弟林善泉的儿子娶亲为媒介,香店拳"几个师兄弟"得以在饭桌上举杯畅谈。事实上,在传统的婚礼中,也有专门的夫妻共食仪式,根据李文娟的研究,新婚的第一餐称为"共牢共食""如今共吃一份食物,就是为了表明新郎、新娘成婚之后已经成为一家人,从此两人就要不离不弃,共同享受食物,共同分担困苦"[2]。继而,这种"共食"仪式扩大到参与庆祝的双方社会关系中,从而为男女双方的两个家族互动创造了条件,范·盖纳普指出:"公共聚餐是婚礼仪式中的重要组成部分,同时也是一种必要的集体参与仪式,这种集体参与涉及构成社会的所有群体。[3]"在乡土社会中,婚礼的举行意味着一个人身份的社会化转变,其人生从此走向成熟和重大转折,同时,结婚意味着男方家族的添丁加口和新生命的孕育。在林善泉儿子的婚礼上,同时也孕育了香店拳的新生。

在香店拳师兄弟的层面上,他们借香店拳后裔婚礼的厨会催生了"争取今年聚一聚"香店拳发展篇章。在某种意义上,3个月后师父诞辰香店拳的厨会,是这次婚礼"共食"的延续,他们人数扩大10倍,从林善泉家中迁移到宗师家乡登云上山村。婚礼中,将亲朋好友宴请过来见证"新人"的幸福,也是对"新人"未来的期许与激励,"'厨会'是道教科仪斋醮中的第一步,将神仙请来,与自己一起吃饭,神仙通过天外的美食与经文,将超自然的能力给予尘世中的凡人,给这些短暂的凡人带来新的人生洗礼与新使命"[4]。从这一角度,婚礼"共食"仪式中的每一个亲朋好友都是"新人"的"神仙"。接下来的登云小学,香店拳的所有弟子们,见证了香店拳"过去"与"现实"的"共食"仪式,它所孕育催生了香店拳的"未来",参与这场盛会的则是香店拳很多未曾联系的各路"神仙"。吴孔谈谈道:"香店拳以前没有什么名声,也是2005年以后我们把它向社会推广。"

---

[1] 郭于华. 死的困扰与生的执着:中国民间丧葬仪式与传统生死观[M]. 北京:中国人民大学出版社,1992:78.

[2] 李文娟. 中国传统婚礼及其蕴涵的伦理思想[J]. 忻州师范学院学报,2008,24(6):68.

[3] Gennep, Arnold van. The rites of Passage [M]. London: Routledge and Kegan Paul, 1960.

[4] 郑保纯. 武侠文化基本叙事语法研究——以"射雕三部曲"为例[D]. 苏州:苏州大学,2014:73.

（三）激励事件

按照叙事学的概念，"一个故事是一个由5部分组成的设计：激励事件，故事讲述的第一个重大事件是一切后续情节的首要导因，它使其他四个要素开始运转起来——进展纠葛、危机、高潮、结局。激励事件必须彻底打破主人公生活中各种力量平衡。主人公必须对激励事件做出反应。"[1]以宗师诞辰为核心的香店拳弟子文化厨会中，香店拳套路、散手的遗忘让作为副标题的"首届功夫研讨会"大惊失色，进而演变成为一场"激励事件"。

如果1989年的第一次聚会算是香店拳发展的"药引"，那么从2005年开始的厨会则就成为一年一度师兄弟们将整理香店拳套路、选举头人、申报省级非遗、成立俱乐部、编写拳谱等系列叙事内容加入进来，推动香店拳进一步发展的宏伟药方。

然而，"厨会"的意义并非是"共食"，而是香店拳腾飞前的后勤活动与家底检查。师父去世的24年间，师父留下香店拳的遗产还剩下多少，他们并不自知。从在师父家中昏暗的灯光下扎马步的青少年到双鬓斑白的年纪，早已在岁月的磨砺下丧失冲劲的香店拳弟子再一次在师父诞辰之际，站在师父的家门口像个初学武术的孩子操练起来。哈布瓦赫认为老年人更容易构建集体记忆的原因是："他们已从职业、家庭所强加的，乃至为了社会中积极地生活而绵连的种种束缚中解脱出来，所以，他们就发展了重返过去并在想象中重温过去的能力"[2]。

从早上8、9点都来了，中午在那边演武、表演啊。实际上2005年，很多人都忘了，套路都忘记了，很多，我师兄们去表演都忘了，我们几个会的就开始演练，大家激情又来了，会的人不多，包括我也就会那么几个套路，会的先表演一下，到时候再挖掘整理[3]。

---

[1] 罗伯特·麦基.故事——材质、结构、风格和银幕剧作的原理[M].北京：中国电影出版社，2006：211-242.

[2] 莫里斯·哈布瓦赫.论集体记忆[M].毕然，郭金华，译.上海：上海人民出版社，2002：83.

[3] 录音编号：20151227WKT-3.

第三章 香店拳弟子的"厨会":一个民间武术门户的重生与发展叙事

师父诞辰日的展演结果震惊了曾经的"小伙伴们",香店拳的师兄弟们忽然发现他们居然连师父的亲传套路都记不起来。然而,似乎是先见之明,该次聚会名称为"纪念香店拳宗师房利贵诞辰105周年暨首届香店拳功夫研讨会"。所谓的功夫研讨,在于门人弟子间的切磋与献技,以提高自身技艺为目的,而现实却是"所有人加起来都不能把套路打全",类似的案例武界并不鲜见,王培锟也记录了类似民间武术家的功夫现状:"荒废多年,功夫衰退,技术生疏,大多已转向以研究套路动作的攻防技击含义为主。[1]"类似的还有九水梅花拳,2008年,"九水梅花拳"被列入市级非物质文化遗产项目,但"现在村里会全部招式的只剩下五六个人,最小的也有40岁了。[2]"同样,"在洛阳东关,所有会心意拳的四家加起来也不能把先辈们所传套路打全面,更让人担忧的是,现在会练的一辈年龄大都在45岁以上。[3]"因此,民间武术家的"遗忘"成为中国传统武术界的一种常态已经见怪不怪了,而香店拳的一帮师兄弟们并没有就此而沮丧和失意,相反,在师父诞辰的演练变成一场激励事件,对曾经技艺的忘却在集体活动中激发了信心的集体欢腾,他们当即做出了行动。

被尊为"拳谱"的《香店拳》一书中记载了本次"厨会"的具体细节:

在王华南的安排下,吴孔谈、房贞义召集了100位香店拳弟子,在福州登云小学召开了纪念香店拳宗师房利贵诞辰105周年暨首届香店拳功夫研讨会。会议由吴孔谈、林善泉具体负责,廖贵、房贞义、赵培坤、张杨溥、陈和銮、林尔苍、房文豪、吴振光、徐少霖、李敏光、陈开明、陈真协助工作,徐杨溥、陈和銮捐资支持。会议期间,大家共同商讨了香店拳未来的发展计划,并成立了香店拳功夫研究小组。从2005年开始,研究小组成员每个月均有4天在一起,挖掘整理香店拳的历史资料,从不间断[4]。

研究小组成员并没有辜负大家的期望,香店拳的各种套路被整理出来,

---

[1] 王培锟.漫步武林[M].北京:人民体育出版社,2012:209.

[2] 高亮.百年拳种挖掘容易传承难,抢救拳种不能光靠吆喝[N].半岛都市报,2010-04-04(4).

[3] 刘同为,侯胜川.论中国武术传承过程中的产权保护[J].广州体育学院学报,2007,27(5):53.

[4] 编委会.香店拳[M].福州:福建科学技术出版社,2015:167.

"厨会"也被确定为香店拳弟子年度固定事件,香店拳的发展也成为一众弟子的主要政治任务;在随后的年度"厨会"中,其祭师、禀报等含义被逐渐淡化,但其受传统习俗影响的"原型"支配性作用,由"厨会"引申的共食酒楼宴会,搬迁到市、郊区的各类酒店中,香店拳此后重大历史事件如掌门人选举、申遗及庆功会、拳谱首发等仪式环节均在厨会中一一敲定,而师兄弟中的武术展演活动则是扩散至各类传统武术竞赛中。"到2013年,共有965人次参加各种武术比赛,共获得金牌215枚、银牌388枚、铜牌326枚、优秀组织奖18次、技术风格奖35次。"

根据吴孔谈的口述,从1989年到2016年(不含2016年)共举办12次香店拳的聚会,2005年到2016年每年都是在师父诞辰日到预定的酒店聚会。从而开启香店拳推广与发展的大道。吴孔谈说:"从2005年开始(香店拳)就开始兴盛起来了,大家又开始重新把香店拳整起来。"如表3-1所示。

表3-1 香店拳的历次"厨会"

时间	地点	起因	内容(名称)	意义	愿主(出资人)
1989	上山村师父房利贵家中	大师兄徐心波去世,几个师兄弟建议	聊天、叙旧,纪念师父,扫墓,照相	承上启下,点燃集体记忆,为此后的聚会积蓄力量	集体均摊
2005.5.18	上山村登云小学	大师兄徐心波徒弟(林善泉)的儿子婚宴上,几个师兄弟建议大家聚下	家属及弟子100余人纪念宗师105岁诞辰,叙旧、表演香店拳套路	发现套路遗忘问题,重燃激情,商讨发展,为以后的挖掘整理,选举掌门人奠定基础	徐杨溥(1500美元)、陈和銮(1000元人民币)
2006.6.18	黄岐大酒店	"选一个头"带领大家发展	纪念宗师106岁诞辰,70余人参加,投票选举王华南为掌门人	"头人"的出现扛起了宗师、香店拳的旗帜,树立了武林中的香店拳一席之地	集体均摊

第三章　香店拳弟子的"厨会"：一个民间武术门户的重生与发展叙事

（续表）

时间	地点	起因	内容（名称）	意义	愿主（出资人）
2007.6.18	龙祥大酒店	申报省级非物质文化遗产成功庆功会	邀请国内外香店拳弟子和来宾280人	香店拳展中的里程碑事件，极大鼓舞了众弟子的士气	集体均摊
2008.6.18	北峰岭头粮局招待所	例会	80人	门内日常事物	集体均摊
2009.6.18	登云新村	例会	150人	门内日常事物	集体均摊
2010.6.18	路边搭棚农家饭庄	例会	在泉州参加比赛，组织福州50人	门内日常事物	集体均摊
2011.6.18	安泰楼	例会	80人	门内日常事物	房贞义（2000元），房文豪（2000元），房贞朝（2000元），王华南（1000元），其余传承人和吴孔谈各500元
2012.6.18	鑫豪酒店	例会	150人	门内日常事物	非遗经费2万余元
2013.6.18	杨南饭店	例会	50人	门内日常事物	集体均摊，现场支付
2014.6.18	龙祥大酒店	例会	220人	门内日常事物	房贞义、房文豪资助
2015.12.13	龙祥大酒店	香店拳拳谱首发仪式	380人	庆祝拳谱首发，拳术表演	陈以锦（1万元）及其弟子（7万元），其他弟子按照拳谱编委会层次捐款，总计19.3万
2016	待定				

145

在每年一度的固定厨会中，香店拳门人弟子形成了新的集体记忆：每年的6月18日，若非意外，厨会变成了香店拳共谋发展的仪式，在每个弟子心中潜移默化的成了习惯。保尔·坎纳顿指出："在习惯性记忆中，过去积淀在身体中。[1]"毫无疑问，如果这种厨会形成机制代代相传，那么，再传弟子对上代的回忆必将以年度的厨会为链接点，如同瑰丽的珠串，时间将他们串在一起形成一代代的香店拳集体记忆。

第三节　"愿主"：香店拳厨会中的资金与人力

景军在《神堂记忆——一个中国乡村的历史、权力与道德》一书中讲述一个村庄地仪式活动重建问题，"在三十多年的激进社会主义之后，孔家人的大量文档已经散失，但在一些断简残篇的帮助下，集体记忆的碎片得以拼贴，最终编辑成为一部祭孔礼仪手册。[1]"香店拳的文化复兴在一定程度上类似于景军所描述的大川村孔庙的重建，通过一次次厨会巩固师兄弟门人的集体记忆，通过修订"拳谱"使香店拳有了文本传承，然而，这些需要大量的人力、财力支持，在本文中，将投入的人力和财力的人称之为"愿主"。

一、"厨会"的愿主与募捐技术

愿主，意指愿意为宗教意义团体提供力所能及的资助的人。愿是许诺、发誓。所以，单纯的出资而没有具体的意愿的人并非愿主。出资最大的人称为"大愿主"，以此类推。作为资金筹集的操作人，吴孔谈采用了早期的摊派和后期的劝捐技术。根据吴孔谈的口述，在1989年的第一次聚会中，参与的有50人左右[2]，当时每人现场均摊30元。因为主要议题就是叙旧、"聊聊天"，感

---

[1] 景军. 神堂记忆——一个中国乡村的历史、权力与道德 [M]. 福州：福建教育出版社，2013：125.

[2] 在不同的口述时间里，吴孔谈对1989年的第一次聚会人数稍有出入，分别有40人和50～60人两种说法，笔者采用50人左右的平均值。

第三章　香店拳弟子的"厨会"：一个民间武术门户的重生与发展叙事

叹下师父和大师兄去世后"组织解体"的无奈，具有重温共同体温暖的意义；由于并没有形成彻底的香店拳发展纲领，所以，这次聚会只是"一次性的"，缺乏后续动力，从而在资金的筹集上，采用了传统的平均主义方法。纵观香店拳弟子的历次厨会资金筹集，基本以摊派和劝捐为主。也正是如此，在传统权威离去的时间里做了一次集体回忆的拼接，为后来的厨会留下了火种。

（一）资金的均摊

由于影响较小，没有明确的"发展纲领"，第一次聚会中的人均30元更像是"份子钱"；2005年的第二次"厨会"则显然是有备而来，"纪念香店拳宗师房利贵诞辰105周年暨首届香店拳功夫研讨会"具有极强的感召力，将"宗师"和"功夫"作为厨会的主题，抓住了香店拳弟子的集体记忆核心，又冠以"首次"之名，扩大了宣传，引起了潜在"愿主"对"第一"的"冠名权"。

> 本来要大家出钱的，结果被美国一个叫徐扬溥师兄知道了，他马上电话跟我们讲，说我们给师父做诞辰，这个费用他来包，他寄了1500美金回来，另外一个也是美国的，实际上在福州的叫陈和銮，他也捐了1000元人民币，加起来有一万多了，够了[1]。

《香店拳》一书中也记录了本次厨会的资金捐资内容，在捐资人数上稍有不同。

> 2005年，当他（徐扬溥）得知国内弟子要为房利贵宗师举办纪念会时，立即通过电话告知国内弟子，此次纪念会的一切费用均由他负责，才使得首届纪念会精彩圆满举行[2]。

福州的香店拳弟子将1500美金兑换成人民币加上陈和銮的1000元现金，"就在登云小学办了10桌，很热闹，刚好100人"。接下来的历次厨会事件中所花费用基本都是自愿捐资，多数为现场均摊，如表3-1所示，2006—2010年的5年间，香店拳弟子的厨会皆是现场的均摊，"今天吃多少，大家现场来，那个

---

[1] 录音编号：20151227WKT-3.
[2] 编委会.香店拳[M].福州：福建科学技术出版社，2015：167.

10年就是这样啦，比如算一下今天吃500块，那就每人50块。"而其他的非均摊的资金筹集，则是吴孔谈极为头疼的事情。

每年都是我这边集资一点，那边集资一点，我自己带头，我自己多出一点，都是这样子，2007年申遗就成功了，牌子是2008年才发下来的，以后每年都有聚会，钱都是我去要，2006年70人，2008年粮食局招待所80人，2009年登云新村150人，2010年农家饭庄60人，2011年安泰楼80人，2012年鑫豪酒店150人，人数的多少主要看召集的资金多少。[1]

在吴孔谈看来，如果他不去募捐，不可能有第二个人去，也不可能收到钱。除了有威望还要脸皮厚。宗师之子房贞义证实了吴孔谈在募捐时的独有作用："都是他（吴孔谈）在做，你叫我本人下去我也收不到钱"。吴孔谈在口述历年的香店拳弟子聚会时，对具体时间、参与人数、饭店名称和资金筹集方式如数家珍，若非鞍前马后的全程参与组织人员、募集资金又怎会在多年后记忆犹新。

（二）指定愿主的劝捐

在笔者的家乡，每年清明节上祖坟前夕，村里面有威望的老人就会各家各户走动号召大家捐资购买祭祖物资，如鞭炮、贡品、纸元宝之类，资金的多少决定了祭祖物品的丰简，而各家各户也会根据自身的经济条件决定捐钱的多少；另一方面，村中老人到家门口后说明来意，也会根据村中人们对该家的经济情况印象提出建议的捐款数量，甚至是已经提前拟好捐资名单和金额，因为数量并不多，且涉及对祖先的尊重和自身的名声，村民一般都会遵从。在吴孔谈的口述中，也有类似的指定劝捐方式。从2006年到2010年的5年间，香店拳师兄弟们厌倦了餐后的AA制摊派，作为历年的组织者，吴孔谈敏锐的发现了这种不良情绪，一旦这种情绪持续蔓延，对"厨会"的延续将是致命的。于是，吴孔谈改变了"大锅饭"的现代惯例。

2014年是房文豪和房贞义自己出（钱）。那是这样，每年都是我去（号召）捐款，都很反感，我就说你家里也要搞一次，他就同意了，他就拿出一部

---

[1] 录音编号：20160415WKT-4.

第三章 香店拳弟子的"厨会":一个民间武术门户的重生与发展叙事

分钱,然后房贞义出一部分,叔叔跟他侄儿两个人一起出,也办了22桌[1]。

对于这种指定的愿主方式,房氏叔侄并没有反对。在一定程度上,每年的宗师诞辰纪念仪式是以房氏家族为主的,虽然从2005年以后,这种祭祀的观念日渐淡化而有所迁移,但由房氏子孙承办一次厨会并不为过,22桌的承办量也显示了房氏叔侄的坦然与豁达。

2011年的资金筹集就稍显复杂。吴孔谈充分展示了自己的广博人脉和雷厉风行的作风。在笔者看来,惟其如此才能不断推动香店拳厨会的持续。

2011年就是这样,那时候我叫房贞义先出2000元,然后呢,房文豪一看也出2000元。一个叫房贞朝,这个人是大老板,我就跟他讲,你也帮一下,这个人跟我一讲话就叫我"孔谈哥",你说多少我就多少,每次都是这样,我说你也出2000元,这就6000元了,2011年是我指派的,王华南你是掌门人,你也出1000元,剩下的严孟永、赵培坤、廖贵等传承人[2],你们每个人出500元,硬性指派,我吴孔谈也跟你们出500元,其他人没有了,就这么几个人也出了8000多元,大家也没意见。

2011年参与人数有80人,每桌10人,每桌1000元左右的价格基本对上了筹备的8000多元。吴孔谈明白,这种指定愿主的劝捐方式类似于化缘,只能偶尔为之。吴孔谈的苦恼在于,一旦他停下来,整个香店拳的厨会便会停滞不前。当笔者问及2016年的厨会如何举办时,吴孔谈说:"你看吧,如果我今年不去做,肯定就不办了,现在大家都依赖我。"事实也是如此,在笔者2016年10月对吴孔谈的一次访谈中,吴孔谈坦言今年运气不好,家里总出大事,没有静下心来做事情,厨会事件打算在年底举办。

(三)消失的愿主

不难看出,在资金筹集过程中,香店拳的头面人物成为事实上的出钱、出力人,作为主要资金筹备人,吴孔谈深知自己找人捐钱会令人反感,但他也明白,如果自己不去操办,每年的厨会便无法运行。随后的相关案例也证实了

---

[1] 录音编号:20160827WKT-6.
[2] 香店拳申报省级非遗成功后,先后两批选出4个传承人,分别是王华南、廖贵、房贞义、严孟永,吴孔谈的本段话有口误,赵培坤并非传承人。

他的说法。2010年吴孔谈带领香店拳弟子在泉州参加比赛,所以就没有使当年的厨会扩大化,仅福州地区的50名师兄弟参与,地点选在路边不知名的农家饭庄,在口述中,吴孔谈曾以"搭棚饭庄"谓之,"搭棚"取其临时之意,农家饭庄实际是低端廉价的代称,在吴孔谈缺场的组织中,大家便宜行事,用现场支付的惯例完成了2010年的"任务"。吴孔谈在比赛期间仍赶回福州,聚会完毕又赶到泉州继续比赛。2012年的资金募集较为特殊,吴孔谈在当年4月12日身患重病而无暇募集资金,其他师兄弟也没有能力募集,无奈之余,吴孔谈动了香店拳公款的心思。

  2012年大家都没出(钱),为什么呢,我那个时候肠癌开刀住院了,没办法了,叫他们去募捐,任何人都不募捐,一个(是)威望(不够),一个(是)自己不好意思去,没办法,俱乐部还有5万块钱,我就跟房文豪讲,那就公款先用了,就这样,到现在(钱)还没有补齐[1]。

  关于这笔公款的来历,吴孔谈说是2007年申遗成功后。"省里"一次性给了5万,从未动用过,从中拿出2万多块钱补上了2012年的厨会资金缺口。然而,如何补充"公款"的2万缺口,没有人提出,吴孔谈也毫无办法。关于2016年厨会的资金筹集与安排问题,吴孔谈在4月的时候对笔者说打算在8月举办,而到了8月,吴孔谈家发生了一场火灾,家中所有财物全部烧毁,他忙于申诉,且居住在政府临时安排的宾馆中,他对笔者说,2016年似乎不太顺利,从春节第一天的车祸到现在的家中火灾,对他而言都是人生大事,所以他想将香店拳的活动推迟到年底,而对于资金的筹集,他并不发愁。

  今年还不错,前段时间,是3月份,我听到省里面和市里面跟我讲,说省里面有一笔非遗的资金要申请,我就没的说了,我只好跑文化馆、群艺馆申报,福州有三个武术门派申请,一个是永泰的虎尊,罗源的八极拳还有就是我们香店拳。后来鼓楼文化馆长谭永华跟我讲说我申报这个批下来了,我还没看到文件,我那时候报了18万,他批了15万给我,现在还没有拨到我们的户头来,反正文件下来了,钱还没有进来,具体什么回事我也不知道,如果钱到位的话,今年房利贵诞辰,我也是会搞的比较热闹[2]。

  每年的4、5月份,资金的筹集似乎是吴孔谈的心病,他对笔者说:"你

---

[1]录音编号:20160827WKT-6.

[2]录音编号:20160827WKT-6.

第三章　香店拳弟子的"厨会"：一个民间武术门户的重生与发展叙事

看，2012年一生病，这会就开不下去了。"在他看来，问题很复杂也很简单，在资金筹集多达19万的拳谱出版中，更能体会吴孔谈处理愿主问题时的简单、复杂方法。

二、拳谱的编著与出版发行

没有文字的文化传承一般有三种途径：口传、身传与心传。然而，基于孔子所秉承的"述而不作"的口传心授文化传承必须在"儿子和弟子"间得以传播，这种传导式的传承在太平盛世的"好年景"自然无虞。但是，一旦经历人的断层，传承则成为无源之水。所以，文化传承必然要扩展至传播层面才能保证文化火种的延续。在武术文化的传承与传播中，多少拳种散失了，多少传承人故去了，后人因此只能"废墟之上，凭吊古人"。所以，有武术研究者疾呼："各个时代的武人们都干什么去了？怎么就没有几个有识之士写几部专门的武术著作，武史著作呢？使得当今武术家呕心沥血地翻故纸堆，冥思苦想地去推测、联想、判断！[1]"由于在我国的历史长河中，一直存在崇文抑武的文化思潮，韦伯在研究中国的儒教与道教中指出："武人在中国被鄙视，就像在英国也受过200年的鄙视一样，一个有教养的士人是不会在社交场合中与武官平起平坐的。[2]"在中国文化的文弱、保守的背景下，民间多在"万般皆下品，惟有读书高""朝为田舍郎，暮登天子堂"的理想中践行"头悬梁，锥刺骨"的身体规训，严重缺乏"闻鸡起舞"的思想，从而造成"懂武术的文化程度不高，文化程度高的不懂武术"的文、武割裂，所以，在古典文献典籍中，关于武术的文献零星可见，也造成了武术拳种、门派中关于"起源"的神话争论愈演愈烈和自说自话。

（一）拳谱的作用

拳谱的重要性不言而喻。关于谱的阐释有以下3种，《说文》释"谱"为

---

[1] 张大为. 武林丛谈［M］. 北京：当代中国出版社，2013：205.
[2] 马克斯·韦伯. 中国的宗教：儒教与道教［M］. 洪天富，译. 南京：江苏人民出版社，1997：137.

151

"籍录也";《张守节正义》释为:"布也,列其事也";《旧唐书经籍志》释为:"谱系以纪世族继序"。总体而言,谱的含义是"按事物的类别系统地编成定则的表册、样本、书籍,以作示范或寻检。[1]"文天祥明确指出了家谱的作用:"家之有谱有尤国之有史。史以录事实,谱以序昭穆,则宗派曷得而曚哉?[2]"在文天祥看来,记录史实,分清家中代次和辈分以及宗亲远近关系是家谱的主要作用。不同于传统的家谱,武术中的拳谱除了整理本门武术技法等内容外,最重要的也是记录本门精英的重大事件并整理历代传承谱系。当香店拳在社会上具备了一定的名气和"江湖地位"之后,"整理国故"和面向未来的考虑一直困扰着他们,出版拳谱也就自然提上了议程。

在现代的民间武术门派中,出版"拳谱"会涉及多方因素。香店拳现存的第六代弟子中,多数为55～65岁,学历最高为专科、高中(中专)层次,且在吴孔谈看来,"实际的文化水平初中都没有,都没有上学,都在斗来斗去的"。所以,香店拳拳谱的出版并非易事,它要面对资料搜集、整理、编排和资金筹集两大难题。拳谱《香店拳》中也提到这一艰难的历程:"《香店拳》一书的终于出版,圆了香店拳人数百年的出书之梦,让香店拳人十分高兴。这本书从策划到搜集、整理资料,再到募集出版资金,历经8年。[3]"通览拳谱全书,记录了香店拳的历史起缘和沿革,香店拳的基本技术以及最为重要的传承谱系和部分精英弟子的简介,在笔者看来,其传承谱系资料的整理和编写是拳谱的重点和难点。

(二)香店拳拳谱编纂缘起

名人喜欢出书似乎是一个定律。在2005年香店拳开始"打向社会"的日子,积极应对各种比赛,并于2006年由王华南、赵培坤、房仁琪、徐梅峰、王

---

[1] 李道生.中华谱牒的知识问答[M].北京:金盾出版社,2006:1.

[2] 王林,朱慰琳.民间的一种记忆:今天的中国人如何编修家谱[M].文天祥.赖氏谱序.重庆:重庆大学出版社,2015:2.

[3] 编委会.香店拳[M].福州:福建科学技术出版社,2015:218.

凯、王永等在福州市华侨小学等学校课外活动教授香店拳,开启了民间武术门派传播拳种的新篇章;2007年香店拳成功申报福建省"非物质文化遗产保护项目名录",吴孔谈不止一次的说,"香店拳在那个时候有了一定的名气"。于是,似乎是顺利成章的,在2007年"龙祥大酒店"的"申遗"庆功宴上,掌门人王华南在讲话中提出了香店拳要出版拳谱的目标。

2007年申遗成功以后,我们都在酝酿,要出拳谱,那时候就吹出去了,吹出去不行啊,我们讲话要算数,话讲出去了,但是没有人愿意做,我跟王华南一直讲,要做啊。2007年申遗成功开会的时候,请王华南讲话,他说我们香店拳下一步计划出版拳谱,计划就要实现,结果计划一下就没有了[1]。

说起来容易做起来难的道理每个人都明白,尤其是查阅资料、整理断裂20多年的香店拳功法、理论、套路,对"我就是一个武夫"等香店拳第6代弟子来说,像是一座大山难以撼动。作为有心人,吴孔谈当时就"记上心了",就开始整理、搜集资料。

(三)拳谱的人物选择与资料处理

2007年以后,吴孔谈就有意识地积累资料,然而,真正促成他全力以赴加速编著香店拳拳谱的是2012年4月他的那场大病,在康复的休养阶段,他彻底放下了"后山武馆"和手中的其他杂事,也终于从单位退休,退休下来的吴孔谈并非无事可做,而是潜下心来,全力整理拳谱的有关资料。

从2007年我就开始整理资料了,从2012年正式开始做,当时病了,就在家里专门搞这个,把所有资料都整理出来,就这样开始编书了,你看看,搞了几年啊,将近4年时间。[2]如图3-4所示。

---

[1] 录音编号:20151227WKT-3。

[2] 录音编号:20160415WKT-4。

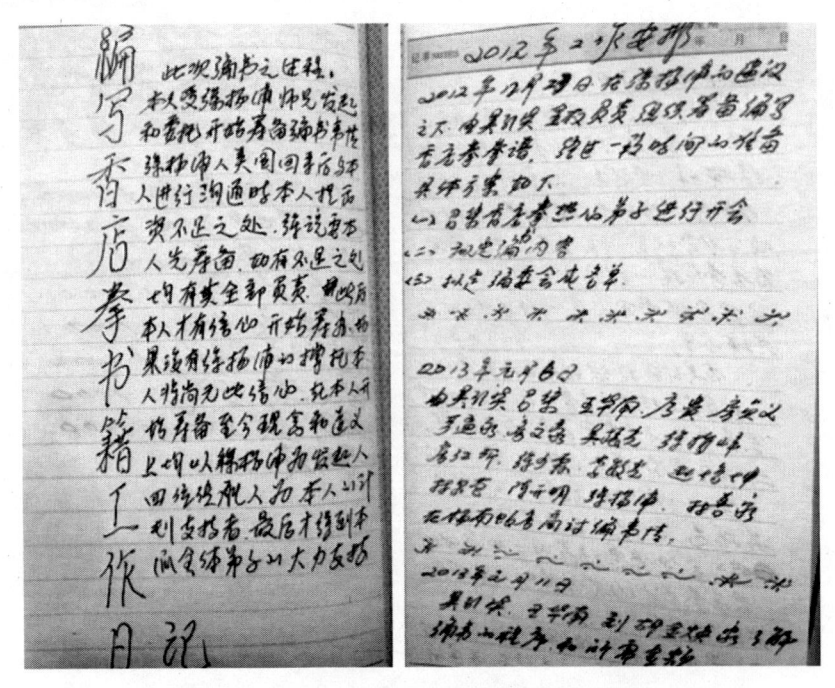

图3-4　吴孔谈手写的拳谱编撰筹备工作日记

1. 技术示范对象选择

从2012年到2015年的3年多时间里，吴孔谈"一言难尽"。吴孔谈先按照师父以前的传授内容整理出初稿，然后复印出来发给"主要的20人左右"师兄弟看，然后根据师兄弟们的建议进行修改。对于理论部分大家争议并不大，功法训练及香店拳的传承脉络大体较为清晰，师兄弟间并不存在太大问题。而在关键的"露脸"阶段，出现了"杂音"，也考验着吴孔谈的智慧。

大家看没什么问题了，搞了几年，最后开始编套路的时候，要上版面，我本来计划都是我徒弟们上去，结果一说上版面大家都争着想上了，谁都想上，既然大家都有意见，那就算了，我们这里有4个代表性传人，政府批的，那就上4个出来，但是你套路必须要练好，我看满意再上，不满意绝对不让你上，那这样大家就没有话好说了[1]。

---

[1] 录音编号：20160415WKT-4.

第三章　香店拳弟子的"厨会"：一个民间武术门户的重生与发展叙事

所以在《香店拳》书中，王华南分别演练了"内劲练法""三战""八步对练"（和赵培坤合练），房贞义演练了"八步"，严孟永演练了"十字""猫戏鼠打手技法"（和其徒弟），廖贵演练"少林""打手技法"（和其徒弟）、"开弓劈枣组合"（和其徒弟）、"拉踢组合"（和其徒弟）等组合用法。

而对于师兄弟中最有威望和资格的大师兄徐心波在拳谱中的"处理"，显示出了吴孔谈的对徐心波的缅怀和尊重。"我大师兄徐心波过世了，他大儿子和一个徒弟出来，散手对练给排进去，这也对得起我大师兄"。所以，在该书第四章第三节中的"地盘技"部分由徐心波长子徐少霖和徒弟吴振光演练。作为该书的主要编写者，吴孔谈彻底退出原本打算自己带徒弟"上版面"的想法，这种牺牲自己的做法赢得了师兄弟的信任，也抑制和平息了大家都想"上版面"的冲动以及可能引发的危机。但是，这种整体的和谐做法毕竟会对整体的拳谱质量产生影响，所以吴孔谈并不满意，进而产生了出版光盘的想法。

2. 谱系的整理问题

拳谱同族谱一样，是对一个门派人口的整理、登记，随着人口流动和年代的流逝，这些资料的获得和整理显得稀缺和难得，任何一个名字的添加、删减都是对真实历史的反映，需要编纂者异常的慎重。郝瑞（Harrell）认为："除去对某些地方群体或特殊群体的人口统计外，中国文献中很少有人口统计信息能符合剑桥学派式的家庭重构。倘若我们想在广阔的时空范围内研究人口变化，我们唯一可用的材料就是各种族谱。"[1]在香店拳的拳谱中，第一代至第四代只有掌门人的名字，自第五代开始呈树状开枝散叶，目前已经传承至第九代，其中以第七代弟子人数为最，折射了第六代弟子是香店拳传播过程中的中坚。在第五代弟子中，除了掌门人房利贵，还有其他4名师兄弟，而在第六代弟子中，房利贵弟子65人居人数之首，其次是何国华弟子7人，尚有第五代3人并无传人在录，拳谱中并无说明3人的传承人消失的原因，这种在谱系中悄无声息

---

[1] Harrell Stevan "On the Holes in Chinese Genealogies." Late Imperial China，1987，8（2）：54.

155

的处理显然会对后世产生谜团一样的印象，不利于香店拳的发展和族群认同。如图3-5所示吴孔谈整顿理的部分香店拳弟子名单。

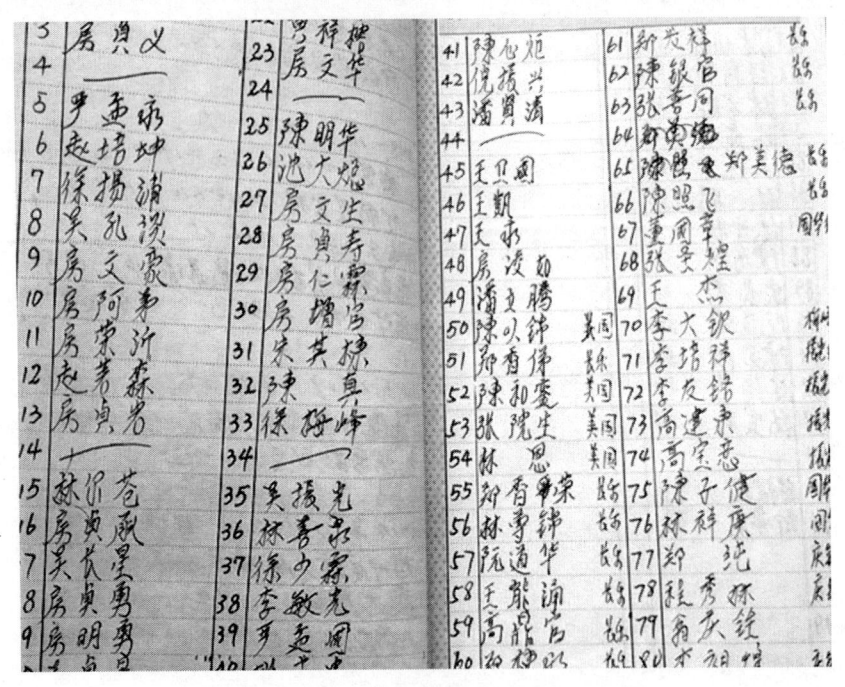

图3-5 吴孔谈整理的部分香店拳弟子名单

（1）房利贵的弟子

在拳谱的传承谱系部分中，以王华南为首的房利贵传第六代弟子有65人，颇为诡异的是，房利贵的孙辈和子辈被同时列入第六代，如房文豪和其父房贞振、叔房贞义皆赫然在列。这种将不同伦理辈分的人同时列入一代弟子中的做法在武术界是有争议的。瞿世镜在讨论杨氏太极拳的传承时认为杨家以磕头拜师论辈分，而不是实际的技艺传授为准则，如凌山、全佑、万春等得杨露禅技艺之"筋、骨、皮"却被指定拜在其子杨班侯门下，称杨露禅为师爷。所以，瞿世镜认为："傅声远、傅清泉都向傅钟文学拳，但傅清泉决不能向傅钟文叩头拜师，称爷爷为师父，称父亲为师兄。[1]"在瞿世镜看来，技艺亲传并

---

[1] 瞿世镜.杨氏太极 两岸一家[M].上海：上海古籍出版社，2011：104.

第三章 香店拳弟子的"厨会":一个民间武术门户的重生与发展叙事

不一定是名义上的师徒伦理关系,从伦理纲常层面来看,此话不无道理。在另一位太极名家刘晚苍的传承谱系中却出现了既是徒弟又是徒孙的"怪事",在刘源正、季培刚编著的《三爷刘晚苍》一书最后的刘晚苍"亲传弟子门生"名单中,刘晚苍之孙刘源正也同样在列,并在"刘源正"名后以括弧备注"刘晚苍孙",其争论点在于刘源正或许是爷爷刘晚苍亲传,但究竟能否成为"弟子门生"值得考量。同样该书中,摘录了刘晚苍弟子刘培一对师父的回忆性文章《德艺双馨,风范永存》,文中写到"像孙辈传人王盘林、王克南、张楠平、刘源正等也是每星期天必来与师爷过招。[1]"刘培一文中出现的王盘林、王克南二人同样也出现在刘晚苍的亲传弟子门生名单中,相似的是,王盘林和其父王举兴同属一代子弟名单,而在该书的"再传弟子门生"名单中,王举兴的名下同样有王盘林的名字,简而言之,王盘林既是刘晚苍的弟子又是父亲王举兴的弟子,而父亲王举兴则是刘晚苍的弟子,如此错乱的传承关系难以在伦理层面自圆其说。在同一本书中,出现三处相互抵牾的地方,并且文中并无解释,或许编者有自己某种的考量,这种"考量"是否也和房文豪等与父辈同为香店拳第六代弟子的缘由相同则不得而知。

当笔者问及房贞义和吴孔谈关于房文豪、房文生、房文华等孙辈为何同父、叔同代的问题时,房贞义简单地说:"他(房文豪)学得迟一点,跟着爷爷(房利贵)学的。"显然,香店拳拳谱以亲传为准则将房文豪列入第六代弟子。在笔者看来,由于房利贵弟子多数已过花甲之年,不排除香店拳内部有培养年轻人"接班"的考虑,为提高威望故而采取的"谱系技术",吴孔谈也谈到要渐渐地让出舞台给年轻人去做的想法和做法。

由于宗师房利贵并非职业拳师,而是在业余时间传授徒弟,其弟子也是"一拨一拨"分批次的,根据吴孔谈的口述,房利贵也曾经在福州周边长乐等地授拳,从而造成师兄弟之间并不熟悉,这使吴孔谈在编写拳谱时遇到了极大的困难。

> 因为他(房利贵)各个地方都有教过,根本就没办法(知道师兄弟都有谁),师父到底在哪里教几个。我编书的时候我花了几年时间到处挖掘这些人。比方长乐,我到那里找到师父第一批教的那几个人,召集起来开会,他们

---

[1] 刘源正,季培刚.三爷刘晚苍——刘晚苍武功传习录[M]//刘培一.德艺双馨,风范永存,北京:北京科学技术出版社,2016:210.

给我提供师父教的第二拨是谁，我又找第二拨，第二拨人又带我找第三拨人，这样子到处整整，都整出来[1]。

由于年代久远，有部分弟子已经去世，其再传弟子也难以理清，这才是拳谱编写过程中的最大困难，吴孔谈也指出："就人头这块相当的不容易，也有好几个过世了，就这样我都找出来了，就这一块我编书比较难一点，到处跑，最终师父教的所有人员没错了。"虽然吴孔谈在口述中三言两语带过了关于寻找宗师弟子及再传弟子的经历，我们依然能够感受到这一历程的艰辛和不易，"路费，电话费很多都是自己贴的，都是小事"。

（2）何国华的弟子

在拳谱《香店拳》中，列出了何国华的7位弟子，而在笔者的深入调查中，发现何国华的另一位弟子涂基清并未在列，其中缘由颇为耐人寻味。涂基清名字的消失，其原因并不在涂基清的身上，而是在他的弟子潘立腾身上。在香店拳拳谱成立编委会之后，按照编委会的策略，构建了以愿主大小为基本准则的编委会成员层级制度，并确立了编委会的组织架构。其时，作为香店拳第七代弟子，潘立腾捐资1000元并提出了4点要求：其一，担任编委会副主任的头衔；其二，要将其师爷何国华谱系单独列出；其三，要为其师父涂基清单独列出一页版面进行介绍；其四，要求自己承担何国华谱系的编写。当然，如此多的条件并不符合编委会开源节流的资金筹集策略，此外，房利贵传的香店拳弟子并不信任潘立腾编写的何国华谱系，具体原因在本文第四章有详细介绍，基于以上原因，这件事情并未成行，潘最后宣布退出编委会，并要求编委会删除其和师父涂基清在拳谱谱系中的名字，编委会则退还潘已经捐出的1000元。

将何国华传第六代弟子涂基清的"删除"意味着家谱中的除名，因其弟子潘立腾的一时之气而做此决策，破坏了谱系的完整性。当然，潘立腾是否能够代表涂基清从拳谱退出是值得商榷的。而且，拳谱《香店拳》已经出版，造成的影响无法弥补，按照传统的15～30年修谱一次的频率，如果下次的拳谱编修仍未能修改此次的失误，则何国华的谱系残缺永远无法修补，从而成为香店拳谱系的史实流传后代。

---

[1] 录音编号：20151227WKT-3。

第三章 香店拳弟子的"厨会":一个民间武术门户的重生与发展叙事

无论如何,拥有200多年传承的香店拳拳谱的整理如此的飘忽不定和难以把握,并极易受到外界的干扰,既是修谱中常见的行为,也是不正常的行为。在景军看来,"虽然族谱撰写不是方便科学研究。宗亲共同体的利益才是编辑家谱的动力。[1]"显然,修谱中的寻根问祖努力能够带来构建社会网络和加强宗族团结的裨益,但是,如果处理不当,也会产生内部矛盾,甚至是分裂,对武术社会来说,这种分裂往往意味着新的门户、门派、拳种的产生。

第四节 祭祀的文化基础

始于1989年的香店拳门人弟子的文化厨会,以宗师房利贵的诞辰纪念为核心,凝聚了数百位海内外弟子,经过了10年的努力,缔造了香店拳的现代复兴。那么,香店拳弟子为何会大张旗鼓数十年如一日、无怨无悔地操持对宗师的诞辰纪念,它的文化依据又是什么?

儒家倡导数千年的"孝"文化深入人心,在"父子一体"的观念中,师徒以类血缘的伦理关系确立了"孝"的文化基础。所以,当师父将技艺传授给徒弟之后,徒弟必将肩负起对师父的义务,这一义务除了基本的赡养之外则是在师父去世后对师父的祭祀、纪念活动,而且,这种"父子一体"的关系需要通过宗教仪式确认和强化。在对香店拳弟子的访谈中,笔者能够感受到他们在对跟随师父习武回忆中所散发出的无限怀念,作为一种因果循环,在时机成熟的时候,才有了以祭祀为主题的香店拳厨会。关于祭祀的观念,麻国庆认为:"人们认为一个人的存在是由于他的祖先,反过来祖先的存在也是由于他的子孙。阴界祖先的生活必须靠阳界子孙的供奉,阳界子孙的福祉则靠阴界祖先的庇护,而他们联系的纽带即是祭祀。如果这种祭祀停止,则祖先和子孙将两败俱伤。[2]"

诚然,我们从香店拳的当代复兴中可以看到这一"父子一体"观念成就的日趋兴盛的香店拳事业,在每年一度的宗师诞辰纪念中,会有一个"暨"字

---

[1] 景军.神堂记忆——一个中国乡村的历史、权力与道德[M].福州:福建教育出版社,2013:130.
[2] 麻国庆.分家:分中有继也有合——中国分家制度研究[J].中国社会科学,1999(1):115.

的副标题，可以认为，这一副标题代表的事件是纪念仪式的副产品，也是香店拳弟子所要解决的实际问题，实际问题的解决依赖于宗师为核心的香店拳弟子的"集体记忆"汇聚。查阅福州市武术协会网站，香店拳弟子成立的以"香店拳"命名的委员会数量为4家居所有门派组织之首，显示了香店拳弟子在发展香店拳中的实际行动。将宗师的祭祀和香店拳的发展是捆绑在一起，对逝去宗师的纪念、供奉也意味着宗师对弟子福祉的庇佑，所以，在另一层面来看，如神话学大师坎贝尔做指出的，人们对神话的关注实际上是对现世中人的关怀，在这阴阳相隔的往返观照中，现世的香店拳弟子接过上代宗师的接力棒，成为一个个合格的民间武术家，脱胎于南少林罗汉拳的香店拳羽翼渐丰，成为中华武术的瑰宝而光照八闽大地。

本章小结

香店拳的厨会中，包含了集体记忆、文化表演、宗师祭祀、发展规划等中间环节，换言之，没有一次次的厨会，就不会有香店拳的今天。同样，作为厨会的中间人，吴孔谈扮演了联络愿主、筹集善款的"秘书长"的角色，在成功举办一系列厨会的背后，笔者看到了危机，吴孔谈也感受到了紧迫，因为，如果他不去操办、筹款，厨会很可能搁置起来；更深层的危机在于无论是技术层面还是为门户无私奉献的角度，吴孔谈至今没有找到合适的传人。在第七代香店拳核心形成之前，没有一次次的厨会，就难以形成师兄弟间的集体记忆，而作为厨会的核心背景，集体记忆的分散就意味着下一代香店拳核心的凝聚力缺失。关于这一点，在香店拳拳谱的编撰过程中，房利贵门户和何国华门户的争执，已经表明了处于不同时空中的师兄弟之间极易产生隔阂和分裂。涂尔干认为："仪式首先是社会群体定期重新巩固自身的手段。每一个社会要想生存和发展，都有必要按时定期地强化和确认集体情感和集体意义，只有这种情感和意识才能使社会获得其统一性和人格性。[1]"可以想象，随着第六代师兄弟的

---

[1] 埃米尔·涂尔干.宗教生活的基本形式[M].渠敬东，汲喆，译.上海：上海人民出版社，2006：562.

第三章 香店拳弟子的"厨会"：一个民间武术门户的重生与发展叙事

分散和再传弟子的扩大，缺乏强化和确认的集体记忆会更加难以形成，香店拳厨会的未来或许步履维艰。

但是，从另一方面来看，这也或许印证了中国武术门派、门户分化甚至分裂的的文化常态，是新门户、新拳种形成的动力，也是下文继续讨论的内容。

第四章　掌门人：民间武术门派的权威构建与秩序运行

在武术社会中，"掌门人"一词有其深意。一方面，人们迫切需要构建一种武侠江湖中常用的专用术语来描述现实中的武林，并且极力建构出传统宗法结构中的家族社会来管理门户、门派等类似共同体的日常运作；另一方面，武术门户中人又需要特定的"头人"作为国家、社会和个人之间的中介，来打通各自之间的"任督二脉"。本章通过对香店拳的掌门人选举、权力构建、日常运作以及在申报省级非物质文化遗产过程中所暴露出来的如何处理国家、社会、门户及个人之间的复杂关系。

第一节　"掌门人"的文学想象与当代镜像

作为新派武侠小说的开山鼻祖，梁羽生的第一部武侠小说《龙虎斗京华》的起因与香港民间的两位武术门派掌门人的争斗有关，"1954年年初，香港最轰动的新闻莫过于拳师大战。太极派掌门人吴公仪和白鹤派掌门人陈克夫，为了门派的利益，先是在报纸上互相攻击，后来相约在澳门新花园擂台比武，以决雌雄"[1]。两位民间武术门派"掌门"的比武孕育了一代武侠文学大师的横空出世，而数位文学大师的武侠作品在全世界的风靡又影响到"掌门"的滥用，可以想象，多数人对武术的理解和对掌门的崇拜皆由金庸、梁羽生、古龙而起，两位武术门派民间武术家的比武经历以和平收尾，但这一事件所引发的武侠文学狂潮在其后的半个世纪中席卷了世界的每一个华人角落，掌门人在文

---

[1] 孙磊.梁羽生：大师不在，江湖已逝[J].东西南北，2012（24）：26.

学想象和现实镜像中来回穿梭,令人目不暇接。

一、武术社会中的掌门人镜像

(一)孙永田:掌门人是付出和吃苦受累的差使

何谓掌门人,作为掌门人的人又是如何看待掌门人呢?

2002年,当了十年"掌门人"的孙永田感慨道:"那时,我对掌门人没有什么概念,等接到了这份担子,经过这十来年的摔打,才知道当这个掌门人只有付出,是个吃苦受累受埋怨地差使。[1]"但是,在孙永田看来,他当掌门人的十年中,取得了企业和门派事务的双丰收,"在繁忙地工作之余,又掌管孙式太极拳门内大小事物——参加国内外的太极拳活动,为孙剑云老人做寿,给孙禄堂宗师立铜像。除此之外,他还在公司内部开展太极拳活动、创办中国太极拳网站,企业文化搞得热热闹闹,企业效益与日俱增。[1]"

孙永田对掌门人的理解恬静淡然,"说句心里话,这个掌门人之位不是我去争的,也争不来。将来,人们承认我是掌门人,我就是;不承认,我就不是。只要能为孙式太极拳的发展尽一份力,我就问心无愧了。[1]"孙永田的这段话似乎颇多无奈,作为孙门第二代掌门人孙剑云先生钦点的第三代掌门人,无论其他门人弟子的愿意与否,孙永田就是掌门人,在笔者看来,作为非血缘正统的传人,孙永田的无奈包含了在处理与师父的关系、与正统孙氏后裔的关系、与其他同门弟子关系中的困难。当然,这是每个掌门人都必须面对的问题。

(二)杨军:第二代或是第五代,掌门或是掌派的纠结

另一个太极拳门派的掌门人问题颇为复杂。2009年,远在美国的杨振铎在美国田纳西州立下遗嘱定其长孙杨军为杨氏太极拳第五代掌门人,此消息一出立刻在杨氏家族内部引起争议,因杨振铎有自己的兄弟并且各有子嗣练拳、教拳,杨军作为掌门人自然引起其堂叔、姑的质疑:一个晚辈如何去掌长辈的

---

[1]燕侠.孙永田 太极人生[J].中华武术,2002(6):42.

门,且此称号并非家族内部的公推。对于掌门人,路迪民认为:"一个师门,包括不同地区不同职业的传人,其负责人统领师门活动,称为'掌门人',这是有利于本门团结和谐的做法。但是杨式太极从来没有整个'流派'的掌门人,只有各个'师门'的掌门人。[1]"杨振铎后来也认为由于自己兄弟间沟通较少,自己考虑不周,改称杨军是"杨振铎门下第五代掌门人",尽管杨振铎以自己门户为由,将杨军定义为自己门内第五代,但是问题是如果杨振铎自立门户,杨军也只能称第二代,何来第五代之说?如此看来,尽管是家族内部,掌门人的争议仍然难以得到公众的认可,杨振铎的解释看似合理,实则牵强,杨军的掌门人必定难以掌整个家族的门。

(三)燕飞霞:妻子、徒弟、徒孙的三个掌门人共存

比起杨式太极拳的清晰传承脉络,自称从起源于甘肃平凉崆峒山的崆峒派的历史略显尴尬,因其难以提供任何有效的记载,并言及祖师为唐代飞虹子。然而,这种自说自话的门派起源并非该门派的最大争论,"2005年'掌门'燕飞霞去世后,门内有三人自称拥有本门信物,继承衣钵为'掌门',分别在日本东京、中国广东东莞和甘肃平凉。[2]"这种本身颇为尴尬的门派衍生出的"掌门"却引得海内外三方争夺,其中一位"掌门"是燕飞霞的日本籍妻子花影舞,在360百科中介绍其为"日本崆峒派第一代'掌派人'[3]"据媒体报道:"先是花舞影称丈夫将自己指定为崆峒派第十一代掌派人,后有平凉人白义海称燕飞霞指定自己为崆峒派掌派。如今,'80后'的平凉小伙陈虎又被称为崆峒派第十二代掌派人。对此,花舞影还曾在2010年发表声明称,崆峒派从未决定过第十二代掌派人。[4]"同一时期出现三个掌门,并且其中一位还是下代掌门的案例闻所未闻。对于这种民间的"自娱自乐"现象,官方并无明确态度。在传统文化日益变为地方政府的文化旅游资源的背景下,政府也乐于民间地域文化炒作,各种文艺作品中的武林派别在不同的地区成为被分别演说、开

---

[1] 路迪民.杨振铎老师谈杨军的第五代掌门人[J].武当,2015(2):65.

[2] 张剑锋.寻访中国传统文化:武林[M].成都:四川人民出版社,2015:53.

[3] 所谓掌派人,是指崆峒作为"派",下面有很多"门",即本文所指的门户,"门"的头人为掌门,为区别之见,则崆峒派头人为掌派人,但是这种称谓并不为多数门派、门户所认可。

[4] 王宏伟,程楠.崆峒派陷掌派之争:日籍女掌门与中国80后争权[EB/OL].新华网,[2015-06-09].

发、想象、利用的对象。2013年新疆特克斯县的"天山武林大会"轰动一时，而实际上不过是"县方面"起来为"天山文化周"红袖添香的，"天山武林大会"实际的主办方并非正规的武术管理部门，而是"天山天池管委会"和"晨报"公司。

（四）刘绥滨：被封的掌门和另一个共存的掌门

同样尴尬的是青城掌门刘绥滨，在各种媒体的宣传中，刘绥滨为"国家武术协会唯一承认的青城派武术传人余国雄正式授权的青城派武术第三十六代掌门人"[1]。20世纪末就有相关媒体报道称刘绥滨为"掌门"，当时刘绥滨并未在意。而后来官方领导看到后就问："你这个掌门是谁封的？这应该有个部门认证啊。"于是，为了名正言顺，刘绥滨的师父余国雄则封刘绥滨为掌门，并发了授权书，刘绥滨和他的8名师兄弟都有签字盖章。"师父还把他的古剑、拳谱、衣服、印章移交给刘绥滨。不过，尽管刘绥滨称自己'青城派第三十六代掌门人'，却无法向上追溯师承超过三代。[2]"即使按照普遍的四代即百年的算法，青城派至少延传了近千年，而无法追溯超过三代的现实难以佐证其三十六代掌门的说法。而且，据报道，青城派尚有另一个掌门人何道君，两人之间常有往来，刘绥滨说："道君为青城武术做了不少事，我们武林中人还是需要团结。"其言外之意是默许了青城派掌门人的"双雄"并立，青城武术的发展双赢局面暂时遮蔽了两个掌门的尴尬。

（五）郭襄：创造出来的峨眉派始祖

类似的案例尚有峨眉派。"2003年中秋，金庸也到了峨眉山，观看了一场峨眉艺术团的表演。峨眉景区的剧场在每晚的'功夫峨眉'演出里，各种峨眉的剑术、拳术和并非峨眉派独有的硬气功轮番上演。"在"功夫峨眉"的节目中表演非峨眉的功夫，多少有些"说不过去"，标榜博大精深的门派功夫中，却以其他功夫充当门面；而最为诡异的是，"在表演场地的入口处，有

---

[1] 邱良君."青城"掌门人[J].百姓，2005（4）：44.
[2] 吴亚顺.文化传承有尴尬 一批老拳师贫病交加[EB/OL].新京报网，[2013-08-23].

一座持剑少女的雕像，赫然是金庸《神雕侠侣》里描写的峨眉派'创始人'郭襄。[1]"和崆峒派的无法考据的第一代掌门人飞虹子不同，峨眉派索性邀请"创始人"郭襄的创造者金庸先生坐镇为笔下武当派始祖张君宝的初恋郭襄站台。

将掌门人一词进行延伸，或许当今门派、拳种的正统之争也可用"掌门"的政治、经济、权力关系概括。缘起于福建的"南少林"自20世纪80年代电影《少林寺》风靡全球后，成为当地政府热衷发展的文化、旅游推介项目，然而，泉州、莆田、福清等地都难以拿出令人信服的证据证明自己的合法性，从而形成了三地同为"南少林"的掌门并存局面。

综上可见，掌门人若想团结本门，必定有一个公共的基础，否则整个门派的范围内难以形成统一的共同体，所以抛开门派的范畴，门户的掌门人或许更为现实和可行。从而也可以看出，在门户和门派之间存在一个文化再循环的关系。合理保持二者之间的张力，才能维护门派和门户的进一步发展。

二、掌门人的传承机制

从上文的分析中，除了孙式太极拳现任掌门孙永田通过上代掌门孙剑云的"禅让"而获得合法地位，其余几位掌门都存在身份嫌疑。那么武术社会中如何确立下代"掌门"，是每个武术门派发展无法绕过的门槛。

经历过2005年的"厨会"之后，香店拳门人弟子在选举掌门人问题上达成一致，但是在选举谁的问题上并不一致。并不奇怪，由于师兄弟们长期分散各地，彼此并不十分了解，在"推谁""立谁"的问题上难免意见相左。但是，从武术历史的发展来看，其他门派拳种的掌门人问题基本经历了三种确立"掌门人"的模式：血缘继承，德才继承，权力的现实考量。

（一）血缘继承

以杨式太极拳为例，第一代宗师杨露禅传艺凌山、全佑、万春三人以及自己的儿子（长子早亡，次子班侯，三子建侯），从技艺上看，凌山、全佑、

---

[1] 张剑锋.寻访中国传统文化：武林[M].成都：四川人民出版社，2015：53.

万春三人在武林中分别有得其"筋、骨、皮"之美誉,但是,为了确保自己儿子的第二代掌门人"中心[1]"地位,"杨露禅不仅让三人拜其子班侯为师,而且在临终前当着众弟子面上演了向其子秘授心法以确认其子掌门人地位的仪式"。掌门人与普通弟子之间必然要做出区分,即使在已经成功得艺的杰出弟子中也不能例外,从这一案例中,杨露禅以血统确立其子班侯的正统,并以"秘授心法"确保其在杨家技艺中的独一无二地位。一般而言,"在贵族当中,通过代际传承,从整体上维续了一个世代绵延的传统和记忆。[2]"这也是为什么多数民间武术门派的掌门人或者代表人的传承中,多数沿用上代掌门人(代表人)直系后裔继任的原因,即使在"传男不传女"的古训中,由于"计划生育政策"或其他原因造成的宗师仅有一女的情况下,仍选择其女作为代表人。类似实践也发生在其他门派当中,如大成拳传人王选杰在故去之后,其门人推选其女作为门户"代理人"的权宜之计;孙氏太极拳的第二代掌门人孙剑云先生在其兄孙存周先生不愿出山的情况下继承了孙氏的脉络。在中国传统文化中,"传男不传女"的思想根深蒂固,如此无奈之举在维持共同体的团结方面有着不可忽视的作用;作为正统继承英雄基因的嫡传血脉中,推选女儿作为临时掌门的过渡,无非是为其他弟子在相互争执问题上做出的平衡,无论已故掌门人正统后裔是否具备技艺上的大成(甚至有的代理人根本不会武术的情况出现),但这并不重要,重要的是在过渡期间,希望能够出现一位能够得到各方认可的文化"贵族血脉"。

(二)德才继承

在孙氏太极拳第二代向第三代的过渡中,我国古典的"王权"禅让制度再次出现。孙氏太极拳第二代掌门人孙剑云先生在1995年把掌门人之位传给弟子孙永田,在孙剑云看来:"孙家拳掌门,惟有德者居之。[3]""近来,孙老师考虑自己年事已高,决心在自己健在的情况下确立第三代掌门人。她打破封建的家族传承旧习,推荐了一位经过一定时期考察、且得到同门弟子赞同的品学

---

[1] 戴国斌. 中国武术传播三题:文化史的视角[J]. 上海体育学院学报,2016,40(3):57.
[2] 莫里斯·哈布瓦赫. 论集体记忆[M]. 毕然,郭金华,译. 上海:上海人民出版社,2002:217.
[3] 燕侠. 孙永田 太极人生[J]. 中华武术,2002(6):42.

兼优的非孙氏家族的入门弟子、47岁的孙永田为蒲阳孙门第三代掌门人。[1]"孙剑云终身未婚,并无子嗣,但却有侄女习武,在此情况下,孙剑云并没有将掌门之位传给孙氏子孙,而是传给同姓不同宗,无任何血缘关系的孙永田,的确需要宽广的胸怀和不凡的魄力,正如前中国武术协会主席张耀庭所言:"这一举动不仅一反过去武术界封建保守的传承方式,而且体现了择优选拔人才地先进性,是符合当今时代的要求,值得武术界效法。孙老师在健康状况良好的情况下,主动交班的气魄与行动更是值得提倡和宣传。"孙剑云先生在其身体状况良好的情况下主动的"禅让"掌门人举动自然有其自身的意义,"扶上位,送一程"的权力技术让渡在我国历朝历代的王权更迭中都是江山稳固的必然选择,显而易见,权力并非全然的、赤裸裸暴力形式,它需要一套运行的制度来维护、支撑。若非如此,权力的真空期间所引起的"腥风血雨"争夺几乎在历史上不断上演。当然,戴国斌认为:"这种"弟子中心"的德技传承,一方面有利于门户的进一步发展以及提升门户在武林的影响力;另一方面也会因破坏西周形成的嫡长子继承制传统,而带来门户社会秩序的动荡。[2]"的确,从作为掌门的孙永田实际效应来看,他将掌门看做是一种责任和付出,为孙式太极拳做出了许多实际贡献之余也有许多难以言表的无奈。

(三)权力技术

在血缘正统和门派发展之间,选择下一代掌门人是每个权力持有人所必须认真思虑的问题,如何保持二者之间合理的关系:既能传位于血缘的合法继承者又能保证本门派在一定的时间内"发扬光大",这是个难题。在公开的文本中,任何一个掌门人都不会宣称他选择传人是看中了弟子的社会地位和手中的权力,因其能提高本门派的社会影响力和江湖地位。但是,这种潜在的影响是否真的存在?这是本章需要认真考量的。另外,戴国斌认为武术门派掌门的世袭具有一定的合理性,一方面因其具备了英雄基因,从而在天赋上更能接近祖传;另一方面,其后天的生活习惯更能在"武术理解与成就"上受到上代英雄的影响。同样的问题在武术门户的掌门人传承中屡见不鲜,在上代掌门后裔无

---

[1] 周荔裳. 破旧习 传衣钵—孙剑云确立非血缘第三代掌门人[J]. 中华武术, 2002 (6): 36.
[2] 戴国斌. 中国武术传播三题:文化史的视角[J]. 上海体育学院学报, 2016, 40 (3): 57.

才无德或者根本放弃了承担武术重担的意愿后，其他门户弟子必然有人站出来挑起门户发展的责任，这是健在的师父所必须面对的严峻问题；但是，更为困难的问题并不止于此，在上代掌门因故去世而并未指定下代传人的前提下，在宗师后裔不愿参与其中的情况下，如何在弟子各执己见的"折腾"中选出令各方满意的掌门人尤为困难。所以，掌门人的选举是多方角力的结果，当选的掌门人如何团结异议的门人弟子是其不得不面对的内部问题。

吴孔谈的一段话侧证了掌门人作为权利技术的作用。

现在大家倒不提倡掌门人，现在提倡什么会长，协会会长，委员会会长，私下我们本门叫掌门人，社会上，政府不承认你掌门人。我们当时的意思是，没有正规的组织机构，现在都有了，我们就先用掌门人的名义推选出来，在我们本派中大家承认就好了[1]。

另一位香店拳弟子潘立腾[2]因为不同于房利贵门户的出身，但是他依然承认香店拳房利贵门户弟子推选的掌门人，"我们推选他为掌门人，因为他对申请'非遗'有功不可没的作用"[3]。因为王华南在体制之内的影响力是其他香店拳弟子无法比拟的，"对我们整个处境有好处"。在拳种的门派意义上，不同门户之间可以放弃门户之见达成一致。

第二节 掌门人的现实需要和权威再造

在失去了传统宗法社会权威的当代社会，掌门人的头衔更多的是一种象征，是某一拳种、门派、门户存世的、被构想出来的象征，如米歇尔·沃尔泽指出的："国家是看不见的；在他能被看见之前必须对之人格化，在它能被爱戴之前必须对之象征化，在它能被认知之前必须对之形象化。[4]"如特纳所指

---

[1] 录音编号：20151227WKT-3.

[2] 潘立腾先生是房利贵师兄弟何国华的徒孙，作为何国华门户的代表人物赞成王华南为香店拳门派的掌门人，基于香店拳整体发展的现实考量，本文在第四章有论述.（注文）

[3] 录音编号：201610WKT-3.

[4] Walzer, Micheal.On the role of symbolism in political thought.Political Science Quarterly，1967：194.

出的，对总统的选举，人们选择是"国家的首席象征制造者"[1]。那么在上代宗师故去已久，人们在新的时期亟需重建昔日的精神家园时，对"掌门人"的选举除了作为门户"首席象征制造者"之外，还有那些现实考量？

一、式微的传统与掌门人的现实需要

在笔者看来，掌门人一词的实际意义在于民间武术门派将上代掌门人或师父的前世传统权威象征化以应对现世社会现实权威衰落的问题。王铭铭指出："中国的民间权威，不只是一种'自然圣者'，而是离不开官僚体制的，他们或为官后被承认为民间权威，或成为民间权威后被官方接受。"[2]在香店拳内部，无论是吴孔谈还是王华南[3]，他们都有官方的背景，从而使他们更容易将科层权威转换传统权威。这一结果也印证了殷琼所指出的"新中国成立后，政治权威凭借人们公认的威望和影响而形成的一种支配和整合力量，礼治的主体——传统的宗族道德权威逐渐淡出政治舞台的中心，人民公社化的历史历程更是加速瓦解了宗族网络"[4]。

因为人口流动的加剧，甚至城乡一体化加速了部分乡村的消失，基于费孝通先生的"中国社会是乡土性"的判断，从而得出"那些被称为土头土脑的乡下人，他们才是中国社会的基层"[5]的结论。同样，我们可以说乡土性的乡下人才是中国民间武术的基石。王明建指出："乡土村落对我国文化人类学研究的重要性，并不仅仅在于其作为'社会构成基本单位'的空间意义，更在于其'历史和时代产物'的社会学意义"[6]。然而基于这一时代与历史基石的破碎，部分武术人的乡土性日渐淡薄，成了吴孔谈谓之的"现在人多都不讲情义了"，吴孔谈在带笔者到登云新村调查的路上，说以前没有修好的隧道，也没有自行车，自己晚饭后，翻阅山岭，步行一个多小时的路程到师父家练拳，那份感情至今难忘，言谈中，吴孔谈对部分师兄弟和香店拳后代的"私心杂念"

---

[1] Turner, Victor. The Forest of Symbols [M]. Ithaca: Cornell University Press, 1967: 55.
[2] 王铭铭. 作为民间权威的地方头人 [J]. 战略与管理, 1997 (6): 116.
[3] 王华南曾任福州市文化局副局长、文物局局长.（注文）
[4] 殷琼. 转型期传统权威在乡村社会治理中的地位 [J]. 山西财经大学学报, 2010, 32 (1): 11.
[5] 费孝通. 乡土中国 [M]. 上海: 上海人民出版社, 2007: 6.
[6] 王明建. 村落武术的文化人类学研究 [J]. 上海体育学院学报, 2016, 40 (30): 69.

耿耿于怀却又流露无奈。他或许并不明白，上山村搬到"有一段很远的距离"登云新村后，原本紧密联系的熟人变得陌生，瓦解了血缘和地缘糅和的熟人社会，曾经相互维系的关系发生了变化，人们才开始变得不讲"情义"和"私心杂念"多起来。

上山村因为登云高尔夫球场的建造，村民全部迁往山下市郊的新办社区"登云新村"，虽然大部分村民并不愿住进当时新盖的楼房，但是"也没办法"，从农家小院住进老式的5层单元房中。房利贵的儿子房贞义也在此居住。从上山村到登云新村，费孝通先生所指出"乡土社会"彻底解体。林婷认为："宗族秩序和社会秩序，宗族权威和公共权威在历史发展上是一个此消彼长的过程，当社会秩序与公共权威以强势长驱直入的时候，宗族秩序及权威就弱化，甚至被消解，反之，就有所恢复和抬头。[1]"所以，不难理解在香店拳宗师房利贵、大师兄徐心波去世后，直至2005年的16年间，香店拳师兄弟们并没有形成新的凝聚力，主要原因在于传统权威故去后，新的公共权威和社会秩序并没有形成。根据吴孔谈的口述，原本在宗师房利贵去世后，大师兄的威望最高，应该继承师父的衣钵，但是因为大师兄的英年早逝，并没有充分的时间来团结香店拳师兄弟。

但是，被香店拳弟子公认的大师兄徐心波的权威是如何创造出来的？按涂尔干的看法，少部分人因为亲眼目睹了祖先的各种经历，因而能够更加真实地表现出来，这部分人在某种意义上承担了沟通先人和后人的中介，从而，"他们在他们所监护和养育地这一代人中间，享有着不可比拟的威望。[2]"

徐心波是正宗的很小跟着师父，他很小在香厂做学徒的，也就是庆香林香厂，跟在师父身边的，师父教徒弟，都是他在协助师父，包括我跟师父练着，有段时间没去，也跟着大师兄，因为他年轻啊，（能）对练对打，师父年纪大不能对打[3]。

跟随师父时间最久，对其他师弟有教授经历，大师兄自然积累了仅次于师父的权威，而且，作为师父的房利贵和徒弟之间并非无话不谈，尤其是在师父

---

[1] 林婷. 权威与秩序—乡村宗族秩序的现代化嬗变透析[J]. 贵州师范大学学报：社会科学版，2005（5）：19.
[2] 埃米尔·涂尔干. 社会分工论[M]. 渠敬东，译. 北京：生活·读书·新知三联书店，2013：250.
[3] 录音编号：20160827WKT-6.

去世后，关于香店拳的很多信息皆出自大师兄徐心波。

但是，从房利贵和徐心波的丧葬仪式中的师兄弟的参与规模上也可以看出两代香店拳精英的权威式微问题。

（师父的葬礼）都去了，他的徒弟基本上都来了，那时候最时髦的录音机我抬在头上，我伯父从台湾运回来的三大件，还放着哀乐，师兄弟们差不多去了四五十个吧。大师兄过世送葬都有去，但是没有师父那样隆重，人没有那么多[1]。

在改革开放之初的1981年，生活在农村的民间武术家葬礼上有哀乐和录音机，的确是一件隆重的事情，也证明了只有宗师和权威才有的规格。大师兄的葬礼则相对简单，师兄弟去的人较少，显示了宗法权威差序格局的递减规律。

在此背景下，香店拳权威的相继故去，新的核心集体长期没有形成，在现代社会中，香店拳面临严峻的生存危机，青城派掌门人刘绥滨在接受采访时指出："现在差不多有50来个武术门派因为'掌门人'故去，手下徒弟不再习练，而逐渐销声匿迹了。[2]"选举新的头人，再造现实权威、重新组成核心集体成为香店拳发展不得不面对的现实问题。

二、历代掌门人的由来

（一）民间武术门派溯源的虚与实

对一个民间武术门派掌门人追根溯源，实际上涉及了该门派或拳种的源流问题，而源流问题在中国武术社会中颇多忌讳，在有些拳种中，甚至是讳言的问题，其根本原因在传承年代久远，很多拳种在严格意义上讲并非一人独创，而是数代集体创编的结果。所以，除非是革命性的创造，否则难以将某一人单独列出来作为某拳种流派的始祖，为了掩盖这种尴尬，所以，附会之说才会比比皆是。因此，在这一意义上，笔者认为考察中国武术的源流问题，仅在门户的层面有意义，如和式太极拳仅从和兆元开始即可，杨氏太极拳始于杨露禅，无法追溯的可等待未来可能的史料出现，若如此，类似门户拳种的溯源能够避

---

[1] 录音编号：20160827WKT-6.
[2] 高欣. 武术的"非遗"尴尬［EB/OL］. http://news.hexun.com/2013-08-13/157060470.html.

第四章 掌门人：民间武术门派的权威构建与秩序运行

免近百年来无谓的武林笔墨官司。

根据龚茂富对青城派掌门人刘绥滨的访谈，"历史上有青城武术的存在，但是这个门派到底创始于何年何月，现在健在的青城派武术传人们没有人能够说得清楚。[1]"基于此，刘绥滨直言："青城派武术创派年月不详"。而另一武术门派崆峒派的历代创派掌门人则言之凿凿、流传有序。在台湾武术文化学者龚鹏程的《崆峒武术探微》一文中详细列出了崆峒历代的掌门名单[2]。在署名为今世崆峒的《崆峒武道，千年传承》一文中也记录有"崆峒派自唐代飞虹子大师创派至今已经历经多个朝代，今传至第十一代掌派"[3]的说法。具体名单如下：

第一代　　飞虹子（唐末甘肃人）
第二代　　飞绥子（宋朝甘肃人）
第三代　　云离子（元朝甘肃人）
第四代　　飞云子（黄衫客，明朝甘肃人）
第五代　　眉　姑（女，清朝四川人）
第六代　　飞尘子（曲一洪，清朝四川人）
第七代　　陆尘子（清朝湖南人）
第八代　　袁一子（清朝广东人）
第九代　　胡飞子（胡惠民，民国广东人）
第十代　　燕飞霞（王进，现当代吉林人）

这一根据现任掌门人白义海提供的名单，年度跨越太大，且姓名、地址不详，经不起史学研究的推敲，无怪乎龚鹏程也认为"恐颇有遗漏或多臆托"。而这些最为直接的资料来源于第十代掌门燕飞霞，但是，"燕飞霞以教拳为业，萍踪浪迹于大江南北，可是并没什么他与其他武林人士交往的记录，生平资料也很罕见，因此这仅能视为该门派相承之传说。"这一谱系"不可靠"之说已然清晰明朗。最为奇特之处在于该门派的掌门称"掌派人"，因为崆峒派

---

[1] 龚茂富.中国民间武术生存及传播方式研究[M].北京：人民体育出版社，2012：17.
[2] 龚鹏程.崆峒武术探微[J].少林与太极，2014（4）：50.
[3] 今世崆峒.崆峒武道，千年传承——访崆峒派第十一代掌派人白义海[J].2013（7）：72.

下面尚有8个门户分支,这些门户分支的最高头人才称掌门人;也有资料显示燕飞霞的日籍妻子花影舞在其夫去世后继任为第十一代崆峒派掌教。一时之间,掌教、掌派、掌门等称谓在中国武术的一个言语不详的民间武术门派中"大放异彩",不能不说中国武术文化生产的博大精深和奇思妙想。

中国武术社会中的门派溯源与掌门人的虚、实构成了现代武术拳种门户的真实镜像。

(二)断裂的传承和现实的生存

将"传说"作为拳术、门派始祖是中国武术起源神话的特色。然而,传说并非凭空臆测,而是历代祖先的故老相传,具有一定的历史背景和文化心理,所以,难以将传说当作史实,但也不能否定传说的历史价值。

根据王华南和吴孔谈的口述,结合他们所编著的拳谱《香店拳》,笔者大致梳理香店拳的传承脉络。在清代乾隆年间,作为反清组织的福建南少林寺被清军围剿,部分和尚重伤逃出寺庙。

"一天夜里,大批清兵突然重重包围了福建南少林寺,寺内乱作一团、措手不及,清军个个武器精良,特别配有弓弩等远距离射杀武器,训练有素。由于力量悬殊和毫无准备,僧人终究还是寡不敌众。大部分僧人在对抗过程中被杀害或受伤被抓,寺庙也遭烧毁,但尚有部分僧人凭借高超的武功杀出重围,并趁夜黑从混乱中逃了出来。[1]"

其中一名智远和尚也逃了出来,几经辗转逃到了福州南街庆香林香店门口。

"长途的奔波、身体的饥饿与疲劳交加,伤口的感染使他晕倒在店门口,店老板和伙计发现后便赶紧将其抬入店内,为他清洗伤口疗伤,并喂了热汤。为了报答其救命之恩,与老板商量决定将其毕生所练的武功和伤科中草药知识、医疗方法全部传给老板的后代。为避人耳目,智远和尚和老板合计将其所传的南少林罗汉拳更名为香店拳。"

从上述两段节选的文字来看,我们分明能够感受到近年影视中的惯用情节:反抗压迫、获罪官府、剿杀、逃命、获救、报恩、离去。经过数年的传教,智远和尚重新踏上"寻找自己的理想之路"。类似情节在《火烧红莲寺》

---

[1] 编委会.香店拳·后记[M].福州:福建科学技术出版社,2015:14.

《少林五祖》《南北少林》中皆有迹可循，奇怪的是，在吴孔谈和王华南以及《香店拳》书中丝毫未提及"反清复明"等当时的社会民族矛盾问题，而在《福建武术拳械录》却有"因反清复明被清廷围剿"[1]的记录，"反清"和"反清复明"虽两字之差，其意义却云泥之别。根据当代武术史学家程大力和周伟良的研究，他们都对南少林寺的存在提出了质疑，程大力进一步指出："南少林就是天地会，天地会就是南少林；哪里有天地会南少林就在哪里，所以也才有那么多的南少林。[2]"实际上，关于福建的南少林之争在20世纪80年代以来相继有莆田、泉州、福清、东山等地加入，各种证据的出现令人眼花缭乱；近代武术史学奠基人唐豪也认为福建有一真一假两个少林寺，分别在福州和泉州。笔者对此类史学问题并不涉及，但是作为反清复明为宗旨的"天地会"却是实际存在的，而小说普遍渲染的清军火烧少林寺也为史学家所否认，如果香店拳的传说为真实的历史，则智远和尚必然有所顾忌，或不愿连累自己的救命恩人。

另外，根据《福建武术拳械录》记载，罗汉拳在福建有6个分支：

①泉州少林寺空因和尚（1821年，道光初年）传慧尘，慧尘传云一山，一山在福州传王于歧（1900年）。
②九莲山一清大师（1933年）到漳州南山寺传授罗汉拳。
③宝空和尚在永泰传于谢宝匡。
④泉州少林寺智远和尚（清乾隆年间）传福州庆香林香店。
⑤嵩山少林寺慧明法师（清初）到古田传罗汉拳。
⑥泉州少林寺侯军焕传。

以上6种罗汉拳的传承都能够追溯到和尚或者少林寺，只是年代或不可考，或相差甚远，相互之间并无明显的传承，无法确定罗汉拳是否为同一种拳术。作为香店拳内部的拳谱《香店拳》并未言明智远和尚的原籍寺庙，只是笼统的"福建少林寺"，《福建武术拳械录》却指明了泉州少林寺，两本书出版时间相差4年，笔者猜测《香店拳》中的"福建少林寺"笼统说法可能是为了

---

[1] 林荫生.福建武术拳械录[M].北京：人民体育出版社，2011：283.
[2] 程大力.清代少林与内家之争是政治舆论之战[J].体育学刊，2014，21（6）：3.

避免省内各地"南少林寺"的纷争,而采取的模糊中立策略。我们暂不考虑其他5个分支的传承问题。《香店拳》一书中详细记录了香店拳自智远和尚传承的顺序[1]:

起源
福建少林寺智远和尚(清朝乾隆年间)

第一代
掌门人:郑德光(清朝嘉庆年间)

第二代
掌门人:徐振远(清朝道光年间)

第三代
掌门人:赵勇(清朝同治年间)

第四代
掌门人:林庆桐(清光绪年间)

第五代
掌门人:房利贵

房利贵师兄弟:何国华、郑友钦、陈美俤、魏桂英

第六代
掌门人:王华南

房利贵弟子65人(名单略),何国华弟子7人(名单略)

从以上传承顺序来看,从智远和尚到第三代赵勇,基本采用了清朝皇帝的

---

[1] 编委会.香店拳[M].福州:福建科学技术出版社,2015:160.

更替时间顺序承接下来,而这些皇帝的在位时间并非平均的,如乾隆(1736—1795年)、道光(1821—1850年)、同治(1862—1874年)、光绪(1875—1908年),即在172年的时间中传承了三代,平均每代为50多年,从道光到光绪也不过60年左右,笔者对此有一定的怀疑。由于智远和尚传承的为罗汉拳,且其在报恩于庆香林香店与清政府抓捕风声过后一走了之,香店拳仅将其作为起源传说写在拳谱中,并不能作为掌门。随后的访谈中,证实了笔者的疑惑,第一代至第三代掌门人的名字和年代都是虚构出来的,却并非香店拳门人的刻意为之,其原因颇为简单,因为在2006年申报省级非物质文化遗产的过程中,必须填写相应的传承顺序,以证明该非遗项目并非凭空捏造而是源流有序的。这使笔者想起经过20世纪80年代中期全国武术普查的结论,"经过3年努力,初步查明流传各地的源流有序、拳理明晰、风格独特、自成体系的拳种129个"[1],对于这一数字的质疑从未停止过,但官方至今并无公开"何谓129拳种"的详细资料,它成了拳种"太多了不合适,太少了也不足以支撑博大精深的赞誉"综合结果,于是,就稀里糊涂的成了流传至今的129个拳种。而程大力的论文中显示:"据统计,全国目前已查明的所谓历史清楚、脉络有序、风格独特、自成体系的拳种就有300多个。[2]"根据吉灿忠教授领衔的"河南省拳械录调查组"对河南省的近年调查显示,目前尚有160多个拳种和150余套单个套路分散在全省各地。从全国范围来看,去除重复的拳种名称之外,拳种数字的确认是不是匆忙的有隐情的结果。

在香店拳传承中,作为始祖崇拜的智远和尚以"老一辈都是这么说的"方式流传下来,作为历史上默默无名的智远和尚和其他武术拳种的托名、神话、神化起源现象并不相同,所以,我们无法在文化意义上分析其真伪问题,但是接下来的传承,福州庆香林香店中并无相关记载,第四代掌门林庆桐除了房利贵和徐心波有接触,其他师兄弟并没有直接接触,且据吴孔谈口述,"那个时候林庆桐已经很老了,所以才会把外甥徐心波交给徒弟房利贵照顾",房利贵也没有留下关于林庆桐师父及其他师兄弟是谁的只言片语,从而造成了智远和尚到林庆桐之间近两百年的传承断层。但是,从集体记忆的层面来讲,即使没

---

[1] 国家体委武术研究院编纂.中国武术史[M].2008:447.
[2] 程大力,刘锐.关于中国武术继承、改革与发展的思索—由武术门派的渊源成因看武术门派的发展走向[J].成都体育学院学报,1998,24(4):20.

有"申遗"这一事件的激发，香店拳弟子也会在面对"你们香店拳是怎么传承"的问题上尴尬，所以，着眼于对传承断裂的修补面对的是当前和未来的意义。"保存关于过去的集体记忆，既体现了人寻求类属身份认同的努力，也包含着某种追求不朽的愿望。"[1] 所以，香店拳弟子对过去掌门人的拼接照顾的是今天他们以及香店拳的生存和发展。如李剑鸣所言，"人类对过去的认识和理解，以及由此产生的历史知识，从来都不是固化和僵死的东西，也是活在当前并指向未来的。"

基于现存资料的稀缺，在申报省级"非遗"的现实政治需要中，第一、第二、第三代掌门人被香店拳的第六代师兄弟"整理"了出来。但是，一旦这种虚拟写进文本并作为拳谱传承下去，它将成为真实的存在；当然，这种真实并非真实的经历，而是按照文本的理解反映现实的真实；同样，后代的香店拳弟子也不会追究这些断裂的传承，这些符号性的掌门人掩盖了传承不详的事实，却无法提供更为详实的历史。最终，被"整理"出来的掌门人代表了一种源流有序的传承符号而成为文化真实将一直流传下去。显而易见，对断裂传承的修补关照的并非真实的历史，而是现实的人，现实的人通过整理历代祖先拿到了现实中的省级非遗荣誉，并坐享无名前辈文化英雄的福荫。

三、掌门人的历史叙事及门派的生成

在阿伦特看来，"权威者的最明显特征是他们没有权力"[2]。在现代社会，中国传统武术门派的掌门人称谓颇为复杂，其问题在于，它塑造出一种权威，但却没有任何权力。所以孙氏太极拳掌门孙永田才会发声"我这个掌门人又能掌谁的门"，继而又自嘲地说出"他们承认我是掌门我就是，不承认就不是"的尴尬话语。曾任香店拳委员会副秘书长，现任常务副会长、秘书长的吴孔谈曾感慨地说："都是我在干的。"有学者认为"权威的内涵或本质就是一种合法性的自我确证"[3]，所以，掌门人成为这一权威的合法称呼，它没有权

---

[1] 李剑鸣. "克罗齐命题"的当代回响：中美两国美国史研究的趋向[M]. 北京：北京大学出版社，2016：1.

[2] 汉娜·阿伦特. 过去与未来之间[M]. 王寅丽，等，译. 北京：译林出版社，2011：99.

[3] 董政. 寻找失落的权威——对中国传统权威秩序的现代考察[J]. 研究生法学，2013，28（3）：12.

力，只有付出，却在现代社会中不可或缺，也证实了阿伦特指出的"任何社会在缺乏一个权威架构的情况下都无法存在"[1]的观点。

但是，如果我们从涂尔干的"社会分工"视角来看，"工作越是分化，生产出来的产品就越多。分工为我们提供的资源更丰富、更优质。"将作为门户或者门派的香店拳当成一个企业，就需要内部员工彻底地完成社会分工以更能够高效地开发新产品。2005年香店拳的"整理国故"、2006年的掌门人选举、2007年成功申报省级非遗，作为香店拳的阶段性成果，掌门人的选举具有承上启下的关键作用。作为民间武术门派的权威符号，在社会分工意义上，掌门人具有将香店拳集体团结起来的中介环节作用。因为在现代社会中，传统的宗法关系式微，且宗师房利贵去世已久，直系后裔并不愿意承担血脉上的荣耀，以血缘关系凝聚的团结岌岌可危，作为集体的香店拳必须以宗师创造的团结为基础再造现代社会中的团结关系，原因就在于"社会的凝聚性是完全依靠，或至少主要依靠劳动分工来维持的，社会构成的本质特性也是由分工决定的"[2]。

将香店拳的历代传承梳理清楚后，接下来的问题是：香店拳真的历代都有公认的掌门人吗？每代的师兄弟间是否一定有一个权威的头人，是否一定就是掌门人，香店拳是否已经形成了真正的武术门派？

在武侠文学作品中常见门户"头人"术语——掌门人，在真实的武术社会中并不存在。虞定海、牛爱军的研究指出："遍查中国传统武术各拳种流派和全书典籍，所记载的只有历史传承表，标明某人为第几代传人或某人是著名拳师、著名武术家，未见有'掌门人'这一称谓，历史上也没有称呼某位武术家是某种拳种掌门人的事情。[3]"他们认为现在流行的门派掌门人多数是自封的或媒体封的。张大为也认为"旧时在武林门派和江湖帮会中执掌权力的人物没有'掌门'这个称谓"[4]，并指出洪门中有"大哥"，白莲教有"教主"，义和团有"大师兄"，镖局有"掌柜的"，马匪中有"当家的"，偏而没有"掌门"一说。

---

[1] 汉娜·阿伦特. 过去与未来之间[M]. 王寅丽，等，译. 北京：译林出版社，2011：97.
[2] 埃米尔·涂尔干. 社会分工论[M]. 渠敬东，译. 北京：生活·读书·新知三联书店，2013：26.
[3] 虞定海，牛爱军. 中国武术传承研究——非物质文化遗产的视角[M]. 北京：人民体育出版社，2010：170.
[4] 张大为. 武林掌故[M]. 北京：当代中国出版社，2013：105.

事实上，在笔者调查对民间武术门派掌门人的看法过程中，很多学者都对掌门人一词颇不以为意，甚至是反感。首先，他们认为古代并没有掌门一词的说法，那些所谓的掌门人多是为私人之利自封的美名，或是媒体惯用的宣传伎俩，如《中华武术》杂志曾以《太极拳五大掌门人齐聚香港》为题，文中将陈正雷、杨振铎、乔松茂、孙永田、李秉慈称为"五大掌门人"，中央电视台《人物》节目也曾以《陈氏太极拳掌门人——陈正雷》为题做专访，无独有偶，网络中也有将陈小旺称作陈氏太极拳掌门人的新闻，"近日，由世界陈小旺太极拳总会主办，北京静心太极文化传播有限公司承办的国际太极拳大师，陈氏太极拳十九世掌门人陈小旺大师习武六十周年全球巡回教学启动仪式在北京石油阳光会议中心召开"[1]，无论出于何种目的，这类新闻无疑加深了门派中的裂痕；其次，他们认为"掌门人"完全是对武侠文学作品的生硬移植，是历史想象和文学创作的产物，现实意义的门派掌门人并不具备企业团体意义上的经济、人事等管理权力，无法同掌柜、掌厨、掌教、掌勺、掌印、掌班、掌案等"执掌、掌握"意义的派生词汇相提并论；最后，在他们看来，宗派保守的排他性决定了徒弟只承认师父和师爷，对除此之外的师叔、师伯等分支未必在技术风格和管理上认同，在此背景下，如何产生统一的掌门人？

在笔者看来，否认掌门人的学者仅仅观照的是掌门一词的不实和张扬，忽略了这一词汇在现代社会中凝聚门户共同体和发展门户时所起到的积极作用。因为它完全是现代社会的一种文化生产，况且，现在很多拳种门派也是没有掌门人，如在陈氏太极拳内部并没有谁公开自称掌门或者选举之类的活动，即使在传承谱系中具有代表性的陈长兴和近代的陈发科，都没有自称或者被后世冠以掌门。笔者推测，从费孝通先生所指出的乡土社会的差序格局和生物血缘关系的递减趋势中，家族越庞大，其宗法权威就会越分散，若非重大外敌侵入，一般情况下，他们的离心力远大于向心力，所以，在他们分支众多的情况下，无法凝聚在一起选出公共的掌门人，杨振铎之孙杨军的杨氏太极拳掌门人风波也佐证了笔者的推测。在香店拳门户中，我们能够感受到掌门人在引领、团结、感召国内外弟子发展本门中无法替代的作用。吴孔谈也认为虽然大家不提倡"掌门人"，都以"会长"等称呼，但是他们"在私下里承认"，他们需要

---

[1] 佚名.陈氏太极拳十九世掌门人 习武六十周年全球巡回教学［EB\OL］.搜狐体育，http://sports.sohu.com/20150413/n411190807.shtml.

第四章　掌门人：民间武术门派的权威构建与秩序运行

一个"掌门人"名义的头人。

作为一个普通民间武术门派，香店拳的真正发展不过是近十年的事情，其开枝散叶也是从上代宗师房利贵的走出庆香林香店开始的，所以，两代的宗法传承仍然有着深厚的集体记忆和传统权威。根据笔者的调查，香店拳真正意义上的掌门人只有第六代的王华南，是宗师后裔的提名和集体的附议，具备现代社会的法理秩序效力；第四、第五代的林庆桐和房利贵都没有自称掌门人，他们在世时，诸多弟子也没有公开称其为掌门，由于林庆桐的师兄弟不可考，笔者推测，在香店内部绝非只有林庆桐一个人习练香店拳；但是房利贵的师兄弟均有名姓，在拳谱《香店拳》中分别列出了他们的名字：何国华、郑友钦、陈美俤、魏桂英，而且，何国华也有10余名[1]第六代传人，所以，笔者的疑惑是为何何国华或其他房利贵师兄弟没有当上第五代的掌门人。对于这一疑惑，笔者的调查结果是："当时在社会上何国华传的人都没有房利贵多"，在拳谱的传承谱系中，房利贵弟子65人，何国华弟子7人，近10倍的比例显示两者在社会上影响力的巨大鸿沟；一方面，吴孔谈根据大师兄在世时曾经讲到"师父在香厂里面威望、功夫都是一流的，为人也是一流的，大家都很敬重他"，从转述师父最重要的"衣钵传人"徐心波的话来证明房利贵在其师兄弟间的德、技双一流水平而确认房利贵具备掌门人的群众基础和个人能力。另一方面，既然认定林庆俤为第四代掌门人，林庆俤在年纪老迈之际将自己的外甥徐心波托付于5位徒弟中的房利贵照看，具有"托孤"和传承"信物"意义。所以，作为与林庆俤有血缘关系的徐心波的师父，房利贵是成为第五代掌门人的最佳人选。

在"香店拳宗师房利贵诞辰×周年暨×大会"为主题的香店拳弟子厨会中，房利贵传人的香店拳分支主导了会议的进程和议题，吴孔谈谈道："香店拳开各种会，他们（何国华传人）都会来，都很支持。"由于影响力的微小，何国华门户弟子参与了香店拳的现代发展，成就了"我们香店拳都很团结"的和谐局面，所以，掌门人从房利贵弟子中选举产生也就不足为奇了。

掌门人一旦产生，就意味着一般意义的民间社会团体成立，虽然它并没有法定的社会地位（2010年福建省庆香林香店拳俱乐部才注册成立），这也意味着，在武术社会中，香店拳作为门派从罗汉拳的分支中独立了出来，脱胎于南少林罗汉拳的香店拳竖起了自己的旗帜。在掌门人的带领下，香店拳弟子"内

---

[1] 尚有其他弟子名字因为拳谱出版的一些纠纷并没有在书中列出。（注文）

外兼修"：在外，香店拳弟子们积极参加各种武术竞赛、申遗、进入中小学、邀请社会人士参与会议进程；在内，整理套路、散手、定期举办门内厨会，成立功夫研究小组、俱乐部，出版拳谱等系列活动。作为一个民间武术门派，香店拳在日常生活实践和家族祭祀仪式中构建了自己的武术社会身份。

第三节　掌门人选举中的有机团结与机械团结

房利贵的儿子房贞义没能继承上代成为第六代香店拳核心，除了自身"老实，不愿意"的原因，还有社会变迁的原因。在一定程度上，城镇化造成的乡村社会搬迁与解体，阿伦特指出的"我们都处在一个不知权威真正为何的处境下"[1]。在哈布瓦赫看来，一个贵族家庭不在了的时候，就意味着一个传统的烟消云散，其中的一部分历史也会消逝。因为这部分历史"不可能像一个官僚被另一个官僚顶替那样，为另外的历史所取代。[2]"如我所知，香店拳第六代掌门人最终为王华南，那么王华南的支持者们如何转嫁宗师传统权威，王华南如何兼顾自己的现代权威和宗师后裔传统权威之间的关系，从而腾飞香店拳的当代发展？从涂尔干的社会分工视角来看，传统社会的机械团结向现代社会的有机团结转换中，又会产生哪些香店拳事件，它们之间存在怎样的联系？

一、香店拳掌门人的产生背景

在香店拳弟子中，确实存在一个"宗师后裔"——房贞义，作为嫡系的血脉，他本可以直接承接第六代掌门人，然而他并不愿意或者并不能承担这样的责任，从而将"掌门人"推到了其他普通弟子面前。既然传统的血缘传承无法走下去，那么就需要一个新的框架通过对香店拳的贡献来确立新的掌门人，"必须以相同的方式依循同样的途径来重构另外的框架，但尽管如此，这些框架也不再会拥有与原来框架完全相同的形式或外观了"。

---

[1] 汉娜·阿伦特.过去与未来之间[M].王寅丽，等，译.北京：译林出版社，2011：3.
[2] 莫里斯·哈布瓦赫.论集体记忆[M].毕然，郭金华，译.上海：上海人民出版社，2002：211

第四章 掌门人：民间武术门派的权威构建与秩序运行

所以掌门人的选举是在无法恢复原有框架的基础上作出的应然选择，但毕竟不同于传统。

2005年搞完（宗师诞辰）后大家很有兴趣，2006年就开始讨论，这样一群乌合之众不行，应该选一个头。我就跟师父儿子（房贞义）还有孙子（房文豪）商量，本来要他儿子出来当头，他儿子叫房贞义，很老实，就是上次我们见的那个，他不想做，那就没办法，他建议还是叫王华南来做。[1]

张延庆认为："在传统武术界，师父一般都是将最有成就的徒弟作为自己的传承人，而不一定是自己的子孙。[2]"在上代宗师故去的时间里，师兄弟间的类血缘关系核心也就随之消散，唯一能够凝聚这种从前关系的是集体记忆。但是集体记忆对于新群体的进一步发展难以有凝聚力，就本质而言，它仍是一种对师父的缅怀和追思，是在师徒关系的基础上产生的情感，并非新时期的新感情，如同吴孔谈在口述中反复提起的"我那个师父真是好""我抱着这个（师父的恩情），不收钱，免费传授"，显然，这种依靠上代感情资本的凝聚力维系办法会随着时间的延续而变得淡薄，尤其在新一代弟子逐渐成为中坚的时候，即费孝通先生所讲的"差序格局"。但是，国内外学者如郑杭生、帕森斯普遍指出虽然在现代社会集体意识趋于衰微，却并没有瓦解和消失，而是发生了演化，"这并不意味现代社会没有集体意识，只是集体意识的内容变得与传统社会不同而已"[3]。

所以，在现代社会，当传统宗法关系无法维系香店拳的日常运作和进一步发展的时候，需要一种新的结构代替师父房利贵在世时的传统来形塑和再造香店拳门人弟子的行为和规范。

2005年，作为重拾集体记忆的香店拳厨会，激发了门人弟子积蓄已久的集体欢腾，在要"大干一场"的情绪中，他们很快发现没有"头"的他们只能是一群"乌合之众"。而宗师房利贵的直系后裔房贞义"比较保守，老实，一贯都是这种风格，怕当不好给耽误了"，另一位宗师直系后裔房文豪（房利贵孙）由于当时42岁，且辈分较房贞义（房文豪叔叔）更低一辈，基于宗法的差序格局结构，他的权威则有所欠缺。

---

[1]录音编号：20151227WKT-3.
[2]张延庆.莫待此情成追忆—从技艺到记忆的邢台查拳[M].北京：中央民族大学出版社，2014：56.
[3]帕森斯.社会行动的结构[M].张明德，夏遇南，彭刚，译.南京：译林出版社，2003：356.

作为传统意义上的一门之长——掌门人，并非现代意义的企业创始人、各种CEO、国企一把手，实际上最多不过是民间社团的"头人"，他的最大意义在于处理国家与民间各种社会活动的代理人、中介，在实际的松散社会团体内部，掌门人并无处理门人的实际权力，门派的掌门人更具象征意义。所以，掌门人要行使的并非权力而是权威，或者是权力和权威交织在一起，互为其用。那么香店拳弟子们如何塑造掌门人的权威？

在作为头人的房利贵和头人象征的大师兄徐心波去世后，师兄弟之间少有来往，由于师父传徒弟曾辗转各地，"教徒弟是一拨一拨的"，很多师兄弟之间并不熟悉，彼此之间的亲近疏远十分正常，所以在选举掌门人的问题上并没有一开始就达成一致。由于房利贵在传授徒弟时是分批次的，每一批次也就5~6人，所以各批次的徒弟之间是平行关系，掌门人的选举是民间社会团体的内部分工，也是民间武术门派的符号意义，并不具法律效力和社会权力。基于此，有人愿意做，也有人不愿意做，也有人被推上舞台。在笔者家乡所在的豫西一个小村子里，村委主任的选举是全村部分人的大事，全村分为三大家族各自推举出自己的候选人按照每人一票的方式选举村委主任（村长），然而，村里青壮劳力大多在外打工，并不具备村委主任常驻村子的基本条件，所以笔者所在的家族中推选出一位常驻村中"闲人"作为候选人，所谓闲人则是常在村中，有一定威望，除了正常的"农忙"，且并没有其他业务缠身，他或许并不愿当这个出力不讨好的村委主任，但是迫于家族压力被推上了竞选的舞台。

尽管在香店拳掌门人的内部分工过程中，人们会产生一定的抵触，但是，一旦尘埃落定，人们终将发现分工所带来的影响比经济作用更为明显，这种分工"在两人或多人之间建立一种团结感，才是它真正的功能。[1]"

吴孔谈口述了掌门人选举中的部分背景。

我去问房贞义还有他哥哥，叫房贞振，房贞义一直要王华南当，我也征求房贞义他哥哥（房贞振）意见，他也同意要王华南当，所以在2006年直接提名王华南，房贞义提名，一提大家都没意见啊，我在组织时候大家举手表决，大家全体通过。[2]

---

[1] 埃米尔·涂尔干.社会分工论[M].渠敬东,译.北京：生活·读书·新知三联书店，2013：26.
[2] 录音编号：20160827WKT-6.

由宗师之子的提名，使宗法血缘传承对民主选举方法的转型具备了合法性，继而通过"大家举手表决，大家全体通过"的选举使王华南的掌门人具备了群众基础。从这一意义而言，"选举造就了一种幻觉，即决策过程完全是公平的"[1]。选举的这一过程更像是一种制造幻觉的仪式和权威再造的象征，它使每个人参与其中，具有举手表决权，既照顾了个人意识又完成了集体团结，柯恩在《双向度的人》中认为："仪式和象征既可以表达权威，又可以创造和再造权威，他们与权力关系相互依存、互为因果。[2]"人们或许不明白，在仪式和象征之下，实际的结果早已确定。

二、分工中的香店拳内部机械团结和有机团结

王华南被提名为香店拳真正意义的掌门人，并顺利通过门人弟子的选举具备合法存在性，那么，为何在数十名弟子中，王华南会获得如此大的支持，他具备哪些权威或者权威再造的技术能够满足整体香店拳的发展？景军认为在宗法结构的组织中要取得较高位置需要4个标准："道德权威、政治影响、仪式专长、个人魅力"[3]。即组织成员是否认为此人能够公正处理公共事务，是否拥有较高的社会地位或者一定的财力背景，是否认为此人能够操办组织内重大仪式，认为此人性格、技术能否独当一面、处理组织外部事宜。显然，一个人能够具备以上所述条件不是一件容易的事情。

（一）掌门人的权威基础

1. 房贞义的婉拒

根据公开的资料及《香店拳》书中的辑录，王华南（1949— ），福州人，中国武术七段，香店拳第六代掌门人，福建省非物质文化遗产香店拳代表性传

---

[1] 大卫·科泽. 仪式、政治与权力 [M]. 南京：江苏人民出版社，2015：59.

[2] Cohen, Abner. Two-Dimensional Man: an Essay on the Anthropology of Power and Symbolism in Complex Society [M]. Berkeley: University of California Press, 1974.

[3] 景军. 神堂记忆——一个中国乡村的历史、权力与道德 [M]. 福州：福建教育出版社，2013：57.

承人。王华南在体制内先后在公安、卫生、文化、文物等系统内部任职，退休前为福州市文化局副局长、文物局局长，正处级别，退休后任福州市闽都文化研究会副会长、秘书长。

关于为何宗师后裔房贞义和其兄长房贞振坚持推选王华南的问题，吴孔谈多次表达了他的看法。

因为王华南在这边官场上很有一套，而且他人也不错，处级干部，文物局局长，还没有退休，他没什么架子，对师兄弟来说相当不错，有的当官摆架子，他不会，人缘不错，我们就推选他来当掌门人，我们商量让他当，他也不知道，我定下来以后，我先跟师父后代商量清楚，然后我就找王华南，他说这样不行，还是要大家都承认才好，我说那没问题，我说在师父诞辰那天要大家举手表决。结果就在2006年花旗大酒店举行宗师106周年诞辰，我在会上突然提出这个事情，我说大家既然重新走到了一起，我们必须有个头出来带领我们，大家都同意，我说趁这个机会选一个掌门人，提名就提了两三个，最后我师父的儿子他坚决提名王华南，然后我就让大家举手表决，其他人票数不多，那天过来70来人，全部举手通过王华南，然后他就上了，成为我们掌门人了。[1]

实际选举并非一蹴而就，在提名的背后，吴孔谈首先征求房贞义和他哥哥房贞振的意见，而房贞义自愿放弃祖传的英雄光环，并执意提名王华南，得到其兄长的赞同，而实际的提名是房贞义提出，尽管房贞义谈及该问题时指出："当时王华南是大家选举的，不是谁说了算的"，但是，他又谈到选举的提名是"我提出来的"。

吴孔谈在谈及此事时，暗喻了个中滋味。

本来他（房贞义）当，他不愿意，他提出来王华南，第二人就没有人再提了。最后就举手表决。[2]

事实上，房贞义多次婉拒其他人提议的出任掌门人，并非纯粹的是"一贯老实"，而是有自己的现实考虑。

为什么（不做掌门人），是这样子，因为我当时身体不好，这是一个；第二个，我当时是1968年去当兵，年底报名，算是1969年的兵，1975年结束，回来以后上中专，到龙岩地区卫校，1977年分配到洪山医院（卫生院），1978

---

[1] 录音编号：20151227WKT-3。

[2] 录音编号：20160904FZY-1。

年当院长、副书记,就这样,功夫练得少,做了(掌门人)他们也不愿意啊,因为技术他们练得好,套路练得多一点,考虑到能力问题,技术,起码要有能力,我能力有限,做得也很少,所以就让别人做(掌门人)。[1]

某种程度上,房贞义代表了师父房利贵,他的提名暗含了宗师光环的转嫁,别人自然"不好意思反驳"。所以,有"顺位继承"的宗师后裔提名,王华南的上任才具传统秩序的合法性。

2. 制度的信任

作为香店拳第一个选举产生的掌门人,其权威的合法程度影响着王华南在香店拳中的地位。在现代社会中,民主制是权威的一种有效手段。通过选举,不管反对者愿意与否,他们都要接受选举的结果,乔恩·威特指出:"选举产生的领袖拥有合法权力,因为公民对这个制度抱有足够的信心、信任或信念。换言之,合法性存在于信者的心中。"[2]在笔者先后对吴孔谈和房贞义的访谈中,他们对掌门人选举时是否有其他候选人以及是否有对提名王华南的异议问题前后回答并不一致,吴孔谈最初说有2至3名候选人,后又说只有1名,房贞义虽然是王华南的提名者,但对当时情景已经记忆模糊,在笔者的求证中,吴孔谈也说不清楚,但他们总体倾向于当时情景趋于平淡和基本无异议。所以,笔者推测,随着城市化进程的加速,乡土社会中的宗法传统日渐瓦解,人们更倾向于民主制的选举,更何况提名者为宗师房利贵的儿子,如果宗师之子无异议,且主动让贤,选举的最大现实与心理障碍就不再存在。

3. 王华南的软硬实力

当然,对王华南的提名并非应急之选。在上面吴孔谈的口述中,我们大致可以提炼出王华南的优势:首先,也是最重要的一点,他当时是没有退休的处级干部,官场有一定人脉,利于香店拳发展中的民间和政府沟通;其次,他在香店拳师兄弟之间为人和气,能够深入群众,深得大家拥戴,具备一定的传统权威基础;最后,他是继徐心波之后的事实上的大师兄,进一步锁定了他在长幼有序的宗法关系中的地位,抛开血缘传承,立长原则的传统社会秩序也决定

---

[1] 录音编号:20160904FZY-1.
[2] 乔恩·威特. 社会学的邀请[M]. 林聚任,译. 北京:北京大学出版社,2016:123.

了王华南的优势，在后续的访谈中，吴孔谈也谈到了这一点。

这个关键我是看人，会不会为兄弟们做事情，在官场上能不能吃的开，王华南那时候已经是处级干部了，在师兄弟中间他根本没有什么架子，师兄弟谁叫他帮忙他都会帮，这个人不错，有点威信，他就在徐心波之下，徐心波过世后他也算大师兄了，理所当然就要他出来撑场面了。[1]

吴孔谈的这段话除了坚持前文所述的王华南由于在官场的地位而具备的权威，进一步谈到了王华南同样在大师兄徐心波去世后递进为实际上的大师兄，具备传统权威的优势。而在随后对宗师后裔房贞义的访谈中，进一步确证了吴孔谈所说的传统权威身份。稍有不同的是，由于房利贵授拳的分批次原因，数目众多的师兄弟之间并没有从头到尾的实际长幼排名。但在另一种传统的干亲方式中，却明确地排明了长幼顺序。

就是说我父亲干儿子有5个，徐心波是老大，王华南是老二，廖贵是老三，房阿俤是老四，迟大熄是老五，是这样情况，他们是5个干儿子，当时也没有排大师兄二师兄这样子。[2]

既为义子又为徒弟的方式使宗法形式的类血缘关系更加牢固，从而比一般意义上的徒弟更易深入香店拳权威核心。所以，徐心波去世后，作为5名义子排名第二的王华南自然成为最年长的师兄。从另一层面看，作为香店拳第六代弟子中唯一的有明确长幼排序的伦理关系，很容易为"师兄弟"一词实践，是香店拳内部产生的"大师兄"，而其他师兄弟则难以企及核心，仅能从私人感情的意义上口头表示。

如果说科层型权威和传统权威并重的王华南在师兄弟间体现的是软实力，而"功夫不错"则是他的硬实力。吴孔谈说："练武之人都是三教九流，一个要靠人缘关系，一个要靠功夫镇得住，不然不行的。""他（王华南）是我师兄，论功夫也可以了，我都跟别人说我的功夫有的还是王华南教的。"房贞义也指出："他群众基础好，技术也比较好。"从而在软、硬实力不俗的王华南以现代秩序的选举获得香店拳第一代真正意义的掌门人。在央视对开门八极拳研究会会长吴连枝的专访中，吴连枝说他在1985年召集全国的八极拳弟子600多人到孟村选举开门八极拳研究会会长，但是，即使父亲吴秀峰留下了传位给二

[1]录音编号：20160827WKT-6.
[2]录音编号：20160904FZY-1.

儿子吴连枝的遗嘱，八极拳弟子仍对吴连枝的功夫心存疑虑，以至于部分弟子在吃饭的时候"碟子都飞了起来"，最后吴连枝在与门中长老和大师兄的切磋后，才确立了"当会长没问题"的门中权威。所以，不仅是房贞义的自愿退出和全心全意的提名，王华南自身功夫的水平也决定了他在选举中的成败。

4. 仪式能力

郭于华将仪式分为"人类生存技术的仪式、生存意义的仪式以及权力实践和权力技术的仪式"[1]三类。在香店拳门内的日常生活实践如掌门人选举、申遗庆祝活动中，仪式必不可少，且需要头人的主持和操办。另外，对宗师的祭祀仪式是联系门人弟子的最佳实践场合，这些仪式的有无以及成功与否直接影响了门人弟子的集体意识和社会效益。在笔者的调查中，并没有资料显示王华南所具有操持仪式的能力，但是，从吴孔谈和房贞义的口述中，王华南因为身兼科层权威和传统权威，其"香店拳功夫也可以了"，所以在师兄弟间具备一定的威望，形成了自己的核心集体，拥有宗师之子和香店拳门内仪式主要操办者吴孔谈的的支持，多次的门内活动都是在王华南的安排下，由吴孔谈等具体操作的，所以，作为王华南的重要支持者，吴孔谈补充了王华南操持仪式的能力；而在另一层面，作为一种分工，这种功能的分散促进了门派的有机团结。

（二）科层型权威在"申遗"中的体现

2006年6月18日，王华南顺利成为掌门人，第二年的4月，"官场混的开"的王华南由于长期在福州市文化部门任职，最先得到武术可以申报省级"非遗"的消息，马上通知了吴孔谈。

2007年4月28号他（王华南）打电话给我，说孔谈我今天听到武术也可以列为非物质文化遗产项目。以前我们都不懂，他在文化局当副局长，他知道，我说可以啊，我们去报，他说赶紧报，现在人家都已经上报了，我赶紧通知大家，刚好5月1号放长假，我召集了20多个师兄弟，连续几天放假时间在讨论这个事情，大家心情都很重，就开始备材料拍录像，我们就去文化局先把人家已经申报的资料拿回来，我们就有经验少走弯路了，就按照他们申报的模式我们

---

[1] 郭于华.倾听底层：我们如何讲述苦难[M].桂林：广西师范大学出版社，2011：80-83.

开始搞，很顺，相当不错，6月我们就搞完了。[1]

作为福建本土的拳种，香店拳同自然门、地术拳等其他大门派相比，起步晚，影响力小，以至于对"申遗"这种民间和国家层面联系的绝佳机会把握并不及时。因为以前的"都不懂"，从而体现了作为掌门的王华南在此事上的远见和信息通畅中的科层优势，印证了香店拳弟子意象中的"官场混得开"毕竟是有用的。资料显示，福建省在2007年公布的非遗项目"杂技与竞技"门类中有9种传统武术门派，其中位于福州市的有5种，包含香店拳和自然门武术、南少林宗鹤拳、永泰虎尊拳、八井拳。

在申遗过程中，由于职务之便，王华南能够获得其他相关资料，参考其他已经申报的现成资料，避免了"摸着石头过河"，从而香店拳的申遗直接跨过市级而进入省级，实现了申遗层面的跨越发展，提高了香店拳的社会知名度和影响力。

然而，仅从获得消息和资料层面来看，这并非王华南科层权威的真正体现。

（申遗）上报到最后一关，到省里面有一个会议办被卡住了，非要一个福州市人民政府办公会议的一个纪要才能上报，我们（申报）太迟了。还不错，当时的福州市市长郑松岩，很支持我们，王华南去找他，（市长）马上召开办公会议，出个文件记录，报上去。

在普通百姓眼中，市长并非每个人都能接触和提出相应的诉求，何况还需要一个市政府办公会议的纪要，然而，王华南做到了。因为时任福州市文化局副局长兼任文物局局长的王华南因福州市文化古迹三坊七巷的拆迁工作和福州市市长在工作上交集颇多，所以，市长很爽快地答应香店拳掌门人并不苛刻的诉求。一个月后，香店拳申报福建省非物质文化遗产项目获得批准，并于次年获得授牌。

正如王铭铭所指出的："中国的民间权威，不只是一种'自然圣者'，而是离不开官僚体制的，他们或为官后被承认为民间权威，或成为民间权威后被官方接受。"[2]在福柯眼中，"权力关系植根于整个社会之网"[3]，毫无疑问的是，在"申遗"过程中，王华南所表现出来的各种权力运作深刻体现了官

---

[1] 录音编号：20151227WKT-3.

[2] 王铭铭.作为民间权威的地方头人[J].战略与管理，1997（6）：116.

[3] 米歇尔·福柯.福柯读本[M].北京：北京大学出版社，2010：294.

僚体制中的卓越优势,从吴孔谈的"他功不可没"和房贞义的"他贡献最大"评价来看,王华南以此奠定了其在香店拳门内的掌门人权威,为曾经的质疑者提供了实际的正面案例。

从这一案例的宏观层面来看,"表面看来,国家权力游离于家族复兴与再造运动,其实不然,国家机构工作人员以各种方式参与资助,为传统的复兴再造提供了正式和非正式的制度保证。"[1]一直处于体制之外自然生长的香店拳看到了在现代社会中复兴传统离不开国家的在场,选举王华南作为掌门人暗含了其国家公务员身份在处理民间和国家关系时的中介便利,国家权力的积极参与为香店拳的当代中兴提供了充足的动力。

(三)社会分工折射出的社会变迁和香店拳的发展

1. 香店拳中的机械团结

1981年,香店拳师兄弟们在师父房利贵葬礼上的相聚,并没有提到进一步继承师父遗志,即使大师兄再世的那段时间也没有明确的纲领性方向。虽然各自零散的有收徒和开办武馆,如吴孔谈在1983年创办了香店拳后山武馆,林善泉和吴振光相继在1996年左右分别成立香店拳拳社和南少林香店拳台江武术馆;整体来看,部分精英弟子独立的自我发展,呈散兵游勇之势,并没有拧成一股香店拳发展之绳,师兄弟之间通过偶尔"关系不错的相聚"维持着涂尔干指出的机械团结。在经历1989年的厨会,到2005年后,香店拳弟子重聚和走向未来之心愈加的迫切,一众海内外弟子的添砖加瓦形成一种信念,成就了后来的集体欢腾。在涂尔干看来,"当共同体成员共同具有某种强烈信念的时候,他们就不可避免地会带有某种宗教色彩"[2]。但是,随着社会各种功能从宗教生活的分离,尤其在现代社会,宗教生活对社会的影响日渐式微,政治、科学、经济、艺术、体育等功能脱离宗教自立门户,表现出明显的世俗性。涂尔干用上帝隐喻宗教,指出上帝在现代社会的退出,将世界交给人们。他认为:"即使上帝还在驾驭这个世界,也多少有些作壁上观的意味,即使上帝

---

[1] 郭于华.仪式与社会变迁[M].北京:社会科学文献出版社,2000:212.
[2] 埃米尔·涂尔干.社会分工论[M].渠敬东,译.北京:生活·读书·新知三联书店,2013:130.

还在统治这个世界,也多少有点含糊其辞,正因如此,人类才获得了自由发展的空间。"[1]

社会学大师涂尔干在其社会学经典著作《社会分工论》中详细论述了机械团结和有机团结的概念,用以解释个人和社会关系的维系,和亚当·斯密等学者不同的是,涂尔干确认现代社会中分工的真正意义不是经济作用,而是实现社会的整合。"分工既是社会团结的源泉,又是道德秩序的基础。[2]"

表4-1 机械团结和有机团结的差异

类别	社会形态	感情基础	社会分工阶段	社会效果	适应地区
机械团结	同质、未分化,传统社会形态	相似性吸引,强调集体意识以维系个人与社会,相似的团结	分工的低级阶段	有利于形成凝聚力和使成员体会到共同体温暖	农村社会
有机团结	异质、分化,现代社会形态	功能性互补,重视差异性,分工是个人与社会的纽带,否定的团结	分工的高级阶段	有利于个体价值的体现和社会团结,促进社会发展	城市社会

从第五代掌门人房利贵到第六代掌门人王华南,有着明显的传统与现代秩序的差别。房利贵在其数十名弟子中间,拥有绝对的权威,作为实际的和精神的偶像,他成功地将一众弟子凝聚在一起,形成集体意识,导致弟子们在信仰、情感、目标上具备相似性,实现了在传统社会中的机械团结。尽管房利贵在生前并未自称掌门人,但从其去世24年后的香店拳弟子的纪念仪式来看,他仍是众弟子精神上的掌门人,从而在选举新的掌门人时将其推上第五代掌门人的神坛,并以"宗师"谓之。在房贞义的口述中,他事先并不知情1989年香店拳弟子的第一次聚会事宜。

当时我都不知道,孔谈忽然组织一批到我家来,他没告诉我,突然间的,他想起来这个事情,就像会餐一样,照相,然后去父亲坟上扫墓。[3]

---

[1] 埃米尔·涂尔干.社会分工论[M].渠敬东,译.北京:生活·读书·新知三联书店,2013:130.
[2] 王虎学.个人与社会何以维系——基于涂尔干《社会分工论》的思考[J].江海学刊,2015(2):55.
[3] 录音编号:20160904FZY-1.

因为组织的自发性,作为宗师儿子的房贞义成为最后一个知情人。总有一种神秘的力量在召唤,叙旧、聚餐、照相、扫墓,这一系列关键词构成了众弟子的集体意识。然而遗憾的是,首次在师父和大师兄徐心波两位香店拳核心人物去世后的厨会中,并没有形成有效的社会分工,它在整体上仍是对宗师房利贵的追思,并未涉及香店拳的发展问题,依然是以房利贵为核心的机械团结体现,但却为此后香店拳的腾飞埋下了群众基础。当笔者问及师父去世后为何没有形成新的核心来发展香店拳的问题时,吴孔谈说:"都不懂,根本没有去想这些。"斯宾塞指出:"在机构得以有效重组之前,社会将要经历一个漫长的混乱和羸弱时期。"[1]

从1983年开始,吴孔谈和他的师兄弟们相继开办了自己的拳社、武馆,他们相互之间并无隶属和密切的联系,香店拳内部处于一种低级的分工阶段,他们之间偶然的相聚也是对曾经共同体温暖的回忆。因此,"社会整合、民族保存的决定性力量便来自社会成员的相似性及其高度一致的集体意识。"[2]然而,即使他们有对香店拳共同的信仰,但在同质化严重且分化程度不高的状态下,其弊端也是显而易见的。在2005年厨会中的香店拳展演环节中,很多人发现竟然忘记了大部分套路,即使吴孔谈于1983年开始收徒弟并开办了后山武馆,他也未能将师父的香店拳套路记全;同样,作为宗师的儿子,房贞义在工作后基本就不再习练套路,所以,香店拳弟子"个人并不存在多大的差异,每个人都是整体的缩影"。在师父房利贵去世后的24年中,香店拳师兄弟们怀有的共同情感和信仰,在房利贵构筑的机械团结中微弱地延续下来,作为一种低级分工方式支撑了香店拳在现代社会转型中的存在;显然,它需要在现代社会中建构新型的分工形式来适应新的发展趋势。

2. 香店拳中的有机团结

在涂尔干看来,这是历史的规律,因为"起初机械团结还能够或几乎能够独当一面,后来则逐渐失势了,有机团结渐渐跃升到了显著的位置。"[3]在

---

[1] 赫伯特·斯宾塞.群学肆言[M].严复,译.北京:北京时代华文书局,2014.
[2] 王虎学.个人与社会何以维系—基于涂尔干《社会分工论》的思考[J].江海学刊,2015(2):57.
[3] 埃米尔·涂尔干.社会分工论[M].渠敬东,译.北京:生活·读书·新知三联书店,2013:135.

2005年，由香店拳宗师房利贵延续的机械团结到了一个临界点，香店拳100名弟子史无前例地在师父家门口集聚，演绎了一场香店拳演练，操练的结果极大震惊了平日"单打独斗"同质化的众弟子，他们无法像从前一样在师父面前流畅地打出像样的香店拳套路和散手。所以，在现场"功夫研讨会"后，他们采用自愿原则成立了"十几个人"构成的"功夫研究小组"。

都是大家自己愿意来，都是我（吴孔谈）和王华南商量以后，愿意来的几个我们就召集起来。那时候都没有正式的机构名称，就讲一下我们香店拳研究会的，大家有空就一个月或者一个礼拜。那个时候的确很多人很长时间没有练就生疏了，经过一段时间大家在一起研究探讨基本上把所有的套路散手记起来了。[1]

研讨会的地址选在严孟永时任仓管员的邮电局油库中，吴孔谈说：

"我们每个礼拜都集中在那边研究探讨，大家都AA制出钱，练练吃吃，很热闹那时候就这样子。"

基于相似性吸引的香店拳弟子在自愿的基础上产生了功能性分工，与之前相比，他们"并不是单纯来自对共同的信仰和情感的接受，而是基于劳动分工上的功能性相互依赖"[2]。于是，在"差不多两年"的时间里，在师父没有留下拳谱的前提下，他们基本完成了香店拳的全部套路、散手整理。

（因为）不是说一个人把所有套路都记了，你记一个，他记一个，就回忆起来了，有练过，都很快，那时候就是忘记了这个马步是走错了，是左还是右，慢慢的就回忆起来了。

传统社会以集体意识为维系的主要方式，而现代社会中，分工是个人与社会的纽带；从涂尔干的社会分工来看，香店拳由过去的机械团结过渡到了有机团结，它意味着香店拳逐渐摆脱了传统社会中的宗法家长制权威秩序管理模式，它开始迈进现代意义的社团管理中，如涂尔干所言："劳动分工逐步替代了共同意识曾经扮演过的角色，高等社会的统一完全要靠分工来维持了。"[3]

在接下来的香店拳发展运作中，出现了现代民主提名选举的掌门人，功

---

[1] 录音编号：20160827WKT-6.

[2] 安东尼·吉登斯. 资本主义与现代社会理论——对马克思、涂尔干和韦伯著作的分析[M]. 郭忠华，潘华凌，译. 上海：上海译文出版社，2007：88-89.

[3] 埃米尔·涂尔干. 社会分工论[M]. 渠敬东，译. 北京：生活·读书·新知三联书店，2013：134.

第四章 掌门人：民间武术门派的权威构建与秩序运行

夫研究小组，申报省级"非遗"中的自然分工，申报福建省庆香林香店拳俱乐部以及管理阶层的分工，编著、出版拳谱《香店拳》中的"有钱出钱，有力出力"分工现象，如远隔重洋的美国弟子徐杨溥未能亲临现场和为香店拳其他事业出力，但却在2005年的师父诞辰和2015年的拳谱出版分别捐出1500美元和80000元人民币，成为捐款中的"大愿主"；即使在拳谱《香店拳》选择编著内容和动作示范人物的问题上，要求"套路练得好的"和"大师兄大儿子、徒弟出来一个以对得起大师兄"的选择和分工等。以上香店拳发展的案例中，都可以清晰地看到在现代社会中香店拳发展中的分工框架构建。

换言之，"掌门人"的出现就是社会分工的产物，如前文所述，香店拳此前并没有真正意义的掌门人，因为门户的家长即是掌门人。掌门人构建是对社会结构改变后的适应。涂尔干认为分工成就了现代社会，是现代社会得以可能的前提，他进一步指出分工的真正功能并不在于提高生产效率和经济效益，而在于"这些功能的紧密结合"[1]。同样，分工成就了香店拳的新生，铺开了"比师父当初更大的局面"。作为涂尔干的信徒，宪法学家莱昂·狄骥进一步认为："人们有不同的能力和不同的需要。他们通过一种交换的服务来保证这些需要的满足，每个人贡献出自己固有的能力来满足他人的需要，并由此从他人手中带来一种服务的报酬。这样便在人类社会中产生一种广泛的分工，这种分工主要是构成社会的团结。"[2]

作为现代社会中的武术门派，要获得社会更为广阔的生存空间，就必须沟通与一系列的社会关系，如郭于华所指出的"国家与民间社会、大传统与小传统、上层文化与下层文化、统治意识形态与民众观念之间的联系，沟通和活动过程才是认识社会构成与文化特质及其变迁的最重要角度"[3]。在香店拳内部，王华南贡献出自己的体制资源，吴孔谈以自己曾经的体制、经商资源进行劝捐和联络，严孟永、赵培坤等贡献自己的土地资源，吴振光管理组织资金，房贞义以血脉的正统进退有度，支持了以王华南为核心的新一代集体运作。香店拳现代分工的初具规模印证了涂尔干所指出的"过去不是被保留下来的，而是在现在基础上被重新构建出来的。"

---

[1] 埃米尔·涂尔干.社会分工论［M］.渠敬东，译.北京：生活·读书·新知三联书店，2013：24.

[2] 莱昂·狄骥.宪法论（第一卷）［M］.钱克新，译.北京：商务印书馆，1962：63-64.

[3] 郭于华.仪式与社会变迁［M］.北京：社会科学文献出版社，2000：341.

三、禅让：掌门人的权力让渡

（一）弟子与师父后代的关系处理

随着传统宗法社会向现代社会的转型，宗法的生物顺序和现代社会决定的权威结构合力使王华南成为第六代香店拳掌门人。由于现代社会秩序是以平等的社会竞争为基础的秩序，讲究的原则是社会权利和义务，但这并不意味着传统宗法血缘权威的彻底崩塌，"无数只能依靠体会领悟的格言训诫萦绕着人们的头脑，人们把他们看作是天地赖以生存，社会生活赖以持续的原则。由此，形成中华民族特别注重传统的价值观念"[1]。所以，当面对礼俗性的宗族秩序，即使合法的现代社会平等秩序也不得不做出适度妥协，实际上，礼俗就是被神化了的传统，王沪宁的研究认为："外化了宗族秩序，调节着共同体中各个成员的关系，族员也根据礼俗认识自己的权利和义务，正如法制外化了现代社会的主导价值一样。"[2] 它反映在王华南身上，则是"对弟子而言如何处理好与师父儿子的关系"[3]等问题。

（二）"会长"的让位

在2006年6月18日的宗师诞辰聚会中，王华南被房贞义、吴孔谈等提名为掌门人候选人，大会全体表决通过。但是直至2010年，香店拳门人弟子并没有一个真正现代意义的"家"，没有成立一个独立法人的民间社会组织，这种尴尬在2006年香店拳申报省级非遗的时候就表现出来，因为没有管理单位，香店拳在申报时不得不依托福州市群艺馆作为上级保护单位。

（香店拳）2005年以来一直没有正式机构，我跟王华南一直讲，我们商量以后，说好，那就成立一个俱乐部，本来是想先成立福建省香店拳委员会，然

---

[1] 许苏民.中华民族文化心理素质简论［M］.昆明：云南人民出版社，1988：211.
[2] 王沪宁.当代中国村落家族文化——对中国社会现代化的一项探索［M］.上海：上海人民出版社，1991：25.
[3] 戴国斌.中国武术传播三题：文化史的视角［J］.上海体育学院学报，2016，40（3）：58.

第四章 掌门人：民间武术门派的权威构建与秩序运行

而这个算二级机构，属于福建省武术协会的二级机构，没有法人代表，最后商量以后，王华南说还是做一级机构，一级机构那时比较难，一是要场地，还要备案安全的，场地面积要300平方米。刚好一个师兄叫赵培坤，他家很大，利用他的场地成立了福建省庆香林香店拳俱乐部，那时候跑了民政厅、武协以后都批下来了。[1]

2010年"福建省庆香林香店拳俱乐部"正式成立，第一任会长是王华南，房文豪为秘书长，吴孔谈为副秘书长。而在上任之初，会长王华南就指出最终要把机构回归房氏家族，这似乎是一个奇怪的决定，作为香店拳门户的分支机构，俱乐部的领导由掌门人担任属于情理之中，这种现象在我国官方和民间交叉的各类机构中很常见，中国武术协会、国家体育总局武术管理中心、中国武术研究院作为中国武术民间组织、官方最高武术管理部门、最高武术研究机构实际上是"三个牌子，一套人马"，那么为何作为掌门人的王华南会主动提出让出会长一职呢？在"俱乐部"成立后的2010年下半年，王华南提出了退出会长职务，于是房文豪接任会长，吴孔谈任秘书长和常务副会长。

马克斯·韦伯在《官僚制》中列举了权威的三种类型：神秘型、传统型、法理型。通过现代社会秩序的民主、平等原则，王华南被选为第六代掌门人，宗师直系后裔房贞义自愿退出传统的血缘继承秩序，使看似难以调和的法理型权威和传统型权威之间有了结合的可能。尽管两者在现代社会呈现出此消彼长的趋势，但是，由于宗法结构的严格规定性，它的稳定性系统是普通公共权威秩序所无法企及的，"虽然在近代以来的地位和权威在很多村落宗族中都减弱了，但是仍为主导范式。"[2] 所以，即使已经成为掌门人的王华南需要顾及香店拳中的登云上山村房氏血脉。在房氏宗族中，房利贵是房文豪的叔公，而在血脉上，房文豪却是房利贵的嫡孙，因为房利贵的长子过继给并无子嗣的哥哥。现实中房文豪开办一家保安公司，香店拳的荣誉自然能够为其企业增添光彩，所以有"私心杂念"的他很顺利地承接了叔叔房贞义因自言能力不足而退出的会长一职。新秩序的建立不可能完全无视传统宗法秩序的存在和影响，在任何时候，它都能够起到追本溯源、凝聚共同体的作用。可见，在民间社会组

---

[1] 录音编号：20160827WKT-6.

[2] 林婷.权威与秩序——乡村宗族秩序的现代化嬗变透析[J].贵州师范大学学报（社会科学版），2005（5）：18.

织中，公共权威秩序和宗法秩序的结合能够对组织管理和唤起集体记忆起到两面兼顾的效果。

因而，在香店拳内部，存在作为符号性的掌门人王华南和作为唯一法定社会团体的会长房文豪共存的局面。从人才培养的角度来看，香店拳第六代师兄弟大多60岁以上，多面临体力下降、精力不支等身体状况，培养下一代接班人的任务已经刻不容缓。在对吴孔谈的访谈中，谈到下一代掌门人的选举问题，说现在有意识地让年轻人出来多做事情，把会长、秘书长等职务传给他们。当笔者问及是否会将掌门人提前传给下一代，吴孔谈当即否定，说现任掌门人是王华南，是选举出来的，会一直做到"不在了"，然后第七代掌门人谁当是他们下一代的事情，他们自己选举，我们就不管了。

四、代表性传承人选举的技术

（一）逻辑正确与近乎人情

香店拳在2007年成功申报福建省非物质文化遗产名录之后，需要选报首批2名"非遗"传承人，根据吴孔谈和房贞义的口述，他们采用了投票选举的方法选出了传承人。在笔者看来，在2006年掌门人选举的现代民主秩序效应下，香店拳省级"非遗"传承人的选举只是它的延续，如果说掌门人选举只是民间承认，"非遗"传承人则是国家承认，并颁发牌匾，具有合法性，且每年每人有3000元的经费资助。在香店拳内部师兄弟看来，担任"非遗"传承人是名利双收的事情，因此，他的选举就可能有隐藏的现代秩序的弊端。

这个名单是政府上面给的名单（名额）。第一批给我们的时候，我们都比较民主，就是投票，反正都是我在搞，你问他们，都知道，我去召集大家投票开会，第一批2个人，投票结果就是严孟永、王华南。[1]

在"20来人"的投票中，根据"威信"和群众基础的标准进行选举，房贞义也指出选举的标准有两个："一个是贡献，一个是技术"。选举结果是大师

---

[1] 录音编号：20160827WKT-6.

[2] 林婷. 权威与秩序——乡村宗族秩序的现代化嬗变透析[J]. 贵州师范大学学报（社会科学版），2005（5）：18.

第四章 掌门人：民间武术门派的权威构建与秩序运行

兄去世后有最好"群众基础"的掌门人王华南顺利当选传承人，而严孟永的当选似乎出人意料，从门户的视角来看，如果要选出两个人作为国家层面的代理人，则一定"头人"是首选，所以，王华南的当选是必然的，而另一个名额则一定是照顾上代头人的后代房贞义。在国家话语和民间的沟通中，这样才能够处理弟子和师父儿子双选的难题。当笔者问及为何房贞义没有选上的原因时，吴孔谈说："（房贞义）票不够啊！投票啊，那时候差不多有20来个人，票数多的上。"在公开的民主选举中，必须尊重投票结果。作为事件操作人的吴孔谈并不满意这样的结果，虽然他并不参与候选人选举，但他隐约间知道部分候选人因"私心杂念"而做出的选举常见"操作性技术"。从而也使他怀疑民主选举的可行性和局限性，导致了在第二批传承人名额批准下发时，他改变了策略。

  到了第二批，我就不投票了，就直接把廖贵、房贞义报上去了。[1]

  吴孔谈这种"简单粗暴"的做法，虽然破坏了民主选举制度，但是能确保宗师后裔的提名，在吴孔谈看来，"如果不这样做，他（房贞义）肯定还是选不上"。因为，他认为"不善交际""一贯老实"的师父儿子无法跟那些"调皮捣蛋"的弟子去拉选票；在访谈中，房贞义也认为自己"不会说话""能力不够""身体也不好"，且参加工作后，"套路基本都撂下"了。但是，在武术门派中，功夫不济却能够被选为传承人的现象并不少见，如少林功夫的"国家级非物质文化遗产项目代表性传承人"为现任少林寺方丈释永信，但释永信的少林功夫并未获得业内认可，在牛爱军对王长青的访谈中，王长青指出："释永信师承行正大和尚，行正幼年即患眼疾，无法深入学习少林功夫。"[2]在民间，少林拳功夫颇具威望的刘宝山和王长青则只能冠以"中国民间文化杰出传承人"的称号以区别于释永信的"代表性传承人"。所以，牛爱军指出："单从技艺'传承'而言，无疑释永信的入选是值得商榷的。"[3]

  林语堂在《吾国与吾民》一书中深刻阐述了"逻辑"与"人情"的复杂关系，他认为："纵令一个问题在逻辑上是正确的，还须同时衡之以人情。"[4]

---

[1] 录音编号：20160827WKT-6.

[2] 牛爱军.近代社会转型中的国术［M］.北京：人民体育出版社，2014：139.

[3] 虞定海，牛爱军.中国武术传承研究——非物质文化遗产的视角［M］.北京：人民体育出版社，2010：81.

[4] 林语堂.吾国与吾民［M］.西安：陕西师范大学出版社，2006：77-78.

在他看来，"逻辑正确"并不能掩盖"近乎人情"，"中国人宁愿采取反乎'道理'的任何行为，却不能容许任何不近人情的行为，此种情理的精神与普通感性的信仰在中国人理想上树立了最重要的态度"[1]。无论是吴孔谈的"直选"还是王华南的"让位"在逻辑上并不能站得住，但却合乎民间与体制中惯用的传承，所以这种做法虽然会令部分香店拳师兄弟"不舒服"，却没有遭到反对。以程序正义重启的香店拳在面临"人情"时不得不以"非常之法"取得对"人情"的眷顾。

（二）传承人经费的处理

如前文所述，获得省级"非遗"代表性传承人是一件名利双收的事情，政府每年给每位传承人3000元的经费，如何处理这笔经费并不是一件容易的事情，如何既不引起其他未当选人的反对又能使当选人心甘情愿地发挥作用，考验着国家和民间的双重智慧。据报道："很多非物质文化遗产是群体性拥有的，并非掌握在某一个人的手里。在这个社群里，大家的水平都差不多，给谁不给谁是个很大的问题，而一旦只给一个人发钱，必然破坏了社群的关系。"[2]如某村的一位传承人被补贴2000元经费后，发现全村的妇女都忽然间变得陌生了，最终这位传承人因无法承受压力而采用了将钱退回去的极端办法。相对而言，香店拳的弟子们在处理这笔钱的问题上采用名、利不可兼得办法，较为和谐地解决了"钱"和"名"的难题。即将钱作为俱乐部的公款经费使用，前、后两批的4位传承人对此并没有异议，从而作为香店拳内部的一项制度定了下来。

（三）吴孔谈的逻辑

在对吴孔谈的口述访谈中，当笔者问及为何在参选"非遗"代表性传承人过程中，自己没有作为候选人参加选举，吴孔谈指出自己只希望多给香店拳做事情，不需要那些荣誉。

---

[1] 林语堂.吾国与吾民[M].西安：陕西师范大学出版社，2006：77-78.

[2] 张贺.记住"回家的路"有多难——我国非物质文化遗产保护的喜与忧[N].人民日报（海外版），[2007-06-08] 8.

第四章　掌门人：民间武术门派的权威构建与秩序运行

有些人就讲了，说都是你在做，我说我无所谓，包括他们叫我做副会长，我说我做副秘书长就好了，副会长叫房文豪做。因为什么，你不去抢荣誉大家都会尊重你。[1]

吴孔谈的逻辑是："我自己不敢去选，我不敢，我选了我说话就不行了。"房贞义也认为："（吴孔谈若参选）没威信了。"既非掌门人又非会长，吴孔谈作为具体经办人的秘书长，承担了民间团体的"主事人"角色，他以荣誉和威信不能兼得的逻辑处理香店拳与众师兄弟的关系，并获得了他人的信任，这也是他在处理其他"逻辑正确"与"近乎人情"关系时能够游刃有余的原因。

五、分工中的宗族制度的衰落

从上文王华南的"会长"让位，到吴孔谈直接上报传承人的做法来看，他们认为自己因"讲情义"而极力保持宗师房利贵的宗族得以在香店拳内部占据主流。但是，"在分工制度得以确立以后，种姓制度就逐渐趋于衰落了"[2]，涂尔干认为这是历史的规律。王华南和吴孔谈都意识到了房氏后裔房贞义和房文豪无论是在个人能力还是在香店拳技术上都不足以担任"传承人"和会长，但是，他们仍执意用异于现代社会秩序的手段让房氏后裔获得相应的称号；表面看来，王、吴二人并没有意识到宗族制度在现代社会的衰微是历史的必然，他们极力在现代社会中维护日渐式微的传统，而他们之所以执意如此，在他们看来是他们坚守对师父的"情义"，他们珍惜从前在师父身边的时光到珍惜今天对师父的怀念，时刻流露出敬仰之情，从而"很自然地会对长者流传下来的各种物品非常尊重。"实际上，"传统之所以具有某种力量，是因为上一代人把传统传承灌输给了我们。只有他们才能亲眼目睹祖先们的经历，并且能够把它活生生地表现出来。"

在分工意义上，虽然现代社会中分工越来越呈主流地位，传统意识固然在不断的衰微，但显而易见的是，传统并没有彻底地瓦解和消失，它演化为另

---

[1] 录音编号：20160827WKT-6.
[2] 埃米尔·涂尔干. 社会分工论［M］. 渠敬东，译. 北京：生活·读书·新知三联书店，2013：337.

外的方式获得了新生。一方面，作为社会分工的结果，王华南被选为掌门人，吴孔谈被选为秘书长，他们在各自职位发挥了应有作用；另一方面，房贞义被推为"非遗"传承人，房文豪被让为俱乐部会长，房氏后裔在其中的相应职位可以看作是传统权威的符号，对感召其他对宗师房利贵怀有深厚情感的弟子而言，具有师父影子的作用；所以房氏后裔的"位子"同样也是"看不见的手"的分工结果，他们虽然能力有限，但只要他们在"工作"，就足够了。

  涂尔干曾以上帝的退出隐喻传统的隐没，从而给人类更多的自由空间。房贞义顶着祖传的光环和英雄基因的神圣，如果他坚持做掌门人，那么，作为第一顺位继承人，显然是有极大的可能。作为香店拳众弟子中的精英，吴孔谈和王华南此前也是倾向于房贞义的。然而，房贞义坚持己见，连形式上的"会长"都坚持不做，他选择退居幕后，全力支持王华南和吴孔谈的工作，甚至对身居"会长"之位的侄子房文豪因"私心杂念"而较少参与香店拳实际工作而颇有微词。换言之，房贞义以"自由之身"选择了另一种重任，他清楚自己的能力和功夫以及威望不足以承担香店拳发展的重任，他选择做自己，至少"不像承受整个家族那样沉重了"，在他的配合下，香店拳呈现出前所未有的良好局面，对他而言，"这种自由发展的空间越广，团结所产生的凝聚力就越强。一方面，劳动越是分化，个人就越贴近社会；另一方面，个人的活动越加专门化他就越成为个人"[1]。是故，分工和个人自由是并行不悖的，房贞义的个人自由反而促进了香店拳的集体团结——以否定的形式产生了有机团结。

本章小结

  本章对武术社会中常见的掌门人现象进行了梳理，通过香店拳门派中的掌门人选举以及选举背后的隐情，力图分析一个武术门派在现代社会中的重新建构。在香店拳中，我们发现，掌门人在选举之前，是一种文化意义上的生产，他没有实际意义，是对宗法社会中的头人的称呼；而作为真正的掌门人，王华南以现代社会秩序的民主选举被推上舞台。这是一个了不起的进步，他圈定了

---

[1] 埃米尔·涂尔干. 社会分工论[M]. 渠敬东, 译. 北京：生活·读书·新知三联书店, 2013：91-92.

第四章 掌门人：民间武术门派的权威构建与秩序运行

香店拳门派意义上的组织构架，每一个成员在"做自己"以差异性原则摆脱此前相似性的共同体建构，他完成了涂尔干所说的在传统社会中的机械团结向现代社会中的有机团结转变；他使香店拳从依靠集体记忆凝聚师兄弟的方式转向以社会分工为基础的新的社会团结，尽管在香店拳内部，这种分工在民间团体中仅具雏形，王华南、吴孔谈、房贞义、房文豪、赵培坤等香店拳弟子各有分工，在厨会和申遗、拳谱编撰中可以看到他们作为有机体的运转成效。

同样，在庆香林香店拳俱乐部的会长人选中，我们看到传统社会中的一些制度再现，第二批代表性传承人的名单确定与第一批方法完全不同。这使笔者想起于阳在《江湖中国》中指出的："延续当中有变化，变化当中有延续。这延续，就是江湖传统；这变化，就是现代化和法制化。[1]"

杜赞奇将乡村社会中的"组织和象征符号"[2]构成的政治权威框架称为权力的文化网络，他认为最典型的权威体现在宗教和宗族组织中，然而，杜赞奇所调查的是20世纪初的中国华北农村地区，和近百年后的中国乡村社会政治权威制度已然大不相同，在一个民间武术组织——香店拳中，我们明显感受到传统宗族权威的衰微。作为门户第一位民主选举的掌门人，王华南身份是上代掌门义子、现实中的大师兄、民间组织中的国家代理人、良好的关系网络等传统与现代的"象征资本"，并由此转化为个人权威。

对一个普通民间武术门派的"掌门人"生产活动剖析，我们还能了解到中国武术社会中常见的门户运行规律和发展趋势，如郭于华所指出的："所谓传统的复兴与再造其实是国家权力、民间精英与权威、民众生活动力等各种因素互动与共谋的复杂的历史过程。"[3]民间武术门派无法在现代化大潮中以"终南隐士"的处世态度独善其身。毫无疑问，香店拳在对现代社会的调适中走在了前面，对其他民间武术门户而言有极大的借鉴意义。

---

[1] 于阳.江湖中国：一个非正式制度在中国的起因[M].北京：当代中国出版社，2006：325.

[2] 杜赞奇.文化、权力与国家：1990—1942年的华北农村[M].王福明，译.南京：江苏人民出版社，2010：206.

[3] 郭于华.仪式与社会变迁[M].北京：社会科学文献出版社，2000：6.

第五章 门户分化、分裂中的掌门人实践考察

通过发起于上个世纪80年代的全国武术大普查整理出：源流有序、自成体系的129个拳种，人们对其数量和内容都有不同声音。近年来，吉灿忠教授领衔的课题组对河南省的地方拳种调查中，初步认定的拳种有160余种之多。所以，毫无疑问的是，我国现存拳种远不止129种。在此背景下，拳种基础上分化出来的门派、门户则更为繁杂，其类别琳琅满目、难以数计。作为门派的下位概念，门户是如何从门派中分裂出来并形成自己另起炉灶的合法性，新、旧门户之间如何处理曾经的师兄弟关系，新门户如何在谱系层面完成自己的历史建构？本章借助对一个地方拳种门派的实地考察，揭示其门户的分化、分裂和形成背景，对分析整个中国武术的门派分裂、门户形成和了解中国武术的博大精深具有一定作用。

第一节 单位社会中的武术门户

对于练拳的民间武术家来说，身份的重要性不言而喻。即使在公园练拳健身、休闲的普通人，人们总会问及你练的是什么拳，跟谁学的，哪门哪派的？而对该问题的回答，涉及到了武术社会中的身份，即他的单位。李官认为："单位是中国经济、政治生活的基层组织形式，是一种中国特点的社会生活共同体[1]"。李汉林指出："人们在中国这个社会里说话办事，往往看重的和

---

[1] 李官. 师生关系的重构—从功能性师生关系到存在性师生关系[J]. 楚雄师范学院学报，2011，26（1）：89-92.

第五章 门户分化、分裂中的掌门人实践考察

所需要的是人们在单位中的身份。人们想要表明的社会身份，往往通过单位身份折射出来。"[1]在武术社会中门户是武术场域中的基本社会单位[2]。一个在社会上活动的武术人，往往以名师名门为自己的理想单位；在师徒互访的过程中，形成了门户和弟子之间紧密的社会关系，门户单位赋予了弟子在社会中行为的合法性和资格，师父对弟子的认可与否从而产生"今后在江湖行走可以说是我的徒弟"或"不许说是我的徒弟"两种截然相反的话语，体现出"单位人"或"非单位人"中的身份差异。肖倩在研究农村的分家实践时指出她选择家庭为单位的理由："第一，因为在传统乡村，社会最基本的单位是家庭而非个人，所以单纯从个体层面去考察该社会肯定是不恰当的。另外，家国同构的社会结构也使得家庭成为透视整体社会最恰当的研究单位。"[3]

所以，以单位的视角对中国武术社会中的门户进行研究或许是一种全新的途径。

一、单位彰显了稳定性

尽管在改革开放后，尤其是进入新世纪以来，"在中国经济社会迅速发展的今天，国家或全民所有的社会组织在整个中国社会中所占的比重在迅速地下降"，但在李汉林看来，中国社会仍然是单位社会，因为浓郁的乡土社会已经把现代的中国和传统的中国紧密地联系起来，单位中国和乡土中国无法分割[4]。路风也认为："单位作为我国各种社会组织基本形式的状况并没有发生根本的改变"[5]。同样，具有浓厚宗族色彩的武术社会的基本单位——门户同样没有消亡，甚至是更加普及起来。首先，单位作为一种制度拥有相对稳定的价值取向和行为规范，它以拟血缘的宗法关系约束门内弟子使之结构化，具有团结门人弟子和形成精神共同体的作用；其次，单位是中国社会的一种基本结构，在武术社会中，门人弟子以门户作为基本单位获取社会地位和社会角色，并在此

---

[1] 李汉林.中国单位社会：议论、思考与研究[M].北京：中国社会科学出版社，2014：20-21.

[2] 戴国斌.中国武术的文化生产[M].上海：上海人民出版社，2015：82-88.

[3] 肖倩.制度再生产：一个中国村庄里的分家实践[M].上海：上海社会科学院出版社，2012：2.

[4] 李汉林.中国单位社会：议论、思考与研究[M].北京：中国社会科学出版社，2014：1-2.

[5] 路风.单位：一种特殊的社会组织形式[J].中国社会科学，1989（1）：79.

基础上得以同其他单位组织进行互动。在武术社会中，其他门派很难接受一个无门无派的"野路子"。在李汉林看来，"离开了单位这个熟悉的、没有陌生人的社会，人们就会失去在社会上的地位、角色和身份"[1]。

二、单位隐含了分裂

自古以来，人们对社会身份的追逐从未停止过。从社会学来看，社会身份隐含了社会地位的高、低、贵、贱，从而决定了单位成员获得各种机会以及政治、文化、经济等诸多方面利益的多寡。但是，社会地位本来就是人们主观的价值判断，李汉林认为："我们逐渐地感受到，人们的社会地位总是和他们单位的地位息息相关。"一个人评判自我地位的高低包含了两个层面的信息，一是他在自己单位的地位，二是他所在单位在社会上的地位。换言之，一个人对自身的地位不满意时，他必须做出两方面的改变。首先是在自身单位的改变，他必须成为单位精英，甚至是头人，从而代表单位进行与其他组织单位的社会交往活动；然后是跳出单位对自身身份的束缚，换成另一个社会评判价值高的单位，或者干脆另起炉灶，发展出一个新的单位以确立自己的社会地位。以上两种对地位的改变无一例外地需要改变自身的身份。"如果说单位在社会上的地位在一定程度上影响和制约个人在社会上的社会地位，那么，个人在单位中的地位则在很大程度上直接影响和制约他们在社会上的社会地位。"

在武术社会中，为追求地位而引发的身份变化会造成基本单位——门户的分裂。但是，这种分裂并非通常意义上的武术社会中的细胞分裂，它是为一己之利（改变身份获取更大社会认同）而成就的新门户，却并非新技术、新拳种、新意义。但是，事实往往复杂得多，在另一类分化出来的新门户看来，作为细胞的自然分娩，事情并非旧门户想象的那样——以唯利是图的思维占据了头脑而做出的背叛之举，因为作为开放的社会和开放的门派，门户和门派本身的文化循环规律决定了传统宗法权威的故去必然会产生新的格局，它或许"绝对不是对'吾家旧物'的原有循袭"[2]。

---

[1] 李汉林.中国单位社会：议论、思考与研究[M].北京：中国社会科学出版社，2014：26.

[2] 周伟良.论非物质文化遗产保护中的传统武术[J].北京体育大学学报，2018，31（7）：869-870.

一般而言，武术社会门户的自然形成意味着新拳种、新文化、新技术、新风格、新态度的产生，如孙禄堂集八卦、形意、太极三门之长而独创的孙氏太极拳。在现代社会中，改换身份是门户分裂的主要原因。因为它跳出了单位制度规定的稳定性和合法性，他加入的或创造的新门户行为，并非是瓜熟蒂落的自然分娩，因背离了单位的规约与束缚，必然引起门内其他弟子的反对，引发背叛师门、大逆不道的指责，从而在师兄弟间产生龃龉，甚至是内讧。笔者曾在拙文《中国武术发展的视觉范式研究》[1]《当代武术文化生产的转向与现实路径选择》中基于对视觉文化、大众文化、文化工业、机械复制等文化术语的研究，认为"当代武术无法生产出类似螳螂拳、太极拳、蛇拳等极具象征意义的门户武术文化作品来"[2]。

所以，当代武术社会中的新拳种、新门户出现必然引起如人们对木兰拳是否为武术类似的质疑。

第二节 民间武术门户的分化实践考察

以香店拳为圆心的辐射中，我们发现存在香店拳、儒家拳、农家拳三种拳种及房利贵、何国华两个门户之间千丝万缕的联系，对香店拳弟子、农家拳现任掌门人房阿俤、儒家拳现任掌门人潘立腾的访谈中，笔者发现其中错综复杂的联系，这种联系各自表述中又大相径庭，可以肯定的是，他们的传承都涉及了香店拳，且在相当一段时间内，他们都是以香店拳为接引继而转移重心至儒家拳和农家拳，在儒家拳和农家拳中他们又有各自独立的传承谱系，同香店拳传承完全隔离开来，所以问题就出现了，一个单位分化出三个不相关联的单位。对香店拳弟子来说，部分弟子的另立门户和背叛师门究竟是要卸下传统思想包袱，还是要认真面对社会现实，进一步，对于已经分裂出去或者派生的新拳种、新门户，是将其作为新生儿一样的呵护还是视其为背叛者加以排斥和不

---

[1] 侯胜川，林立.中国武术发展的视觉范式研究[J].沈阳体育学院学报，2015，34（2）：134.
[2] 侯胜川.当代武术文化生产的转向与现实路径选择[J].上海体育学院学报，2016，40（2）：38.

管不问！本节从农家拳和儒家拳的出场、谱系改造入手，考察香店拳门派的分化实践。

一、农家拳的策略

（一）农家拳的谱系

根据房阿俤提供的资料，农家拳又称登云农家拳、农家法、农家功。根据登云村《房氏族谱》记载，清朝乾隆28年秋，因泉州南少林寺被清政府烧毁，寺中至善法师逃至福州东门外登云上山村，为该村人传授拳术，后被村人称为登云农家拳，内容包含扁担法、锄头功、伞法、飞鹤拳、龙桩拳、少林棍术等。目前，登云农家拳有第八代代表性传人陈乌妹，及其后人房利增，房阿俤是房利增的儿子。按照这一谱系，房阿俤为登云农家拳的第10代传人。记者的访谈也证实了笔者这一推断，"主持人找到了58岁的老拳师房阿俤，他是锄头功的第十代传人，每天早晨，跟他一起练的弟子，最多时有20多人。房先生舞动锄头，只见他的动作刚猛有力，防守时马步很稳，进攻时给人势如破竹之感"。[1]

房阿俤指出他曾看到过《房氏族谱》，里面有记载关于农家拳的传承谱系。

以前村子里面有族谱我看过，里面就有写过，现在不知道传到哪里去了。家谱很厚很旧了，是人工写出来的，我有看了一下，被人拿走了，我们找不到了，它传来传去，好像90年代因为搬家，资料就有的被藏起来。[2]

因为族谱的遗失，房阿俤并无充分证据表明农家拳的谱系，所以才会出现各种资料并不一致且语焉不详的问题。在笔者的访谈中，他并不能准确地说明自己说的农家拳授业师父，只说是跟村中不同邻居间的学习，在网络资料及其提供的资料和笔者看到的此前农家拳申报福州市非物质文化遗产项目的申报书中，显示的农家拳传承谱系又有所不同，在该非遗申报书中其传承至今的为7代，申报项目名称也并非登云农家拳而是"扁担法"。

---

[1] 李帅，包华. "锄头功"火了[N].海峡都市报，[2013-03-13]（6）.

[2] 录音编号：20161017FAD-1.

（二）香店拳和农家拳的争执

1. 农家拳的渐进式出场

在香店拳拳谱《香店拳》一书中，房阿俤的名字出现在第六代弟子名录中，是第五代掌门人房利贵的徒弟，在对香店拳弟子的调查中，显示房阿俤不仅为房利贵的同村，而且还是房利贵的5位义子之一，关系非同一般。在访谈中，房阿俤提到自己有学过香店拳，"我邻居有一个伯伯，叫房利贵，他原来在香店里面做学徒，他把香店拳也学来，然后传下来"[1]。在笔者对房阿俤的网络信息搜集中发现从2008年起，房阿俤的名字与香店拳和锄头功、扁担功相关联起来，且显示锄头功和扁担功是香店拳的器械内容，源自香店拳宗师房利贵，说明房阿俤擅长香店拳中的锄头和扁担器械。

2008年1月3日，在《东南快报》记者对房阿俤的访谈中，房阿俤指出："有位叫房利贵的工人是登云上山尾村人，他聪敏好学，在罗汉拳的基础上研钻，形成了独特的登云香店拳。""我们村人都爱香店拳，上次得知香店拳入选省级非物质文化遗产名录，还摆了30桌酒席庆贺！""香店拳中使用到锄头、扁担等劳动工具，说明它与农民的实际生活息息相关。"房阿俤介绍说，"如果村民会锄头功，万一有人在他锄地时搞背后袭击，就能利用手中的锄头迅速还击！"[2]在2010年3月的新闻中，房阿俤的香店拳和书法结缘，"福州登云社区有位56岁的房阿俤，既是稀有拳种、第二批省级非物质文化遗产香店拳的金牌得主，也是晋安区书法家协会的副主席"[3]。

在2011年8月的一篇文章中，同样出现了扁担功、锄头功和香店拳"联姻"的新闻。"接着，两名少年上台了，农家常见的扁担成了他们的武器，耍起来却是虎虎生威，不断发出疾风横扫的响声。邓东辉、余浩翔这两名少年'高手'说，他们耍的是香店拳，这套拳除了扁担，锄头也能成为得心应手的武器。""两少年的师父房阿俤说，香店拳经省政府批准入选第二批省级非物质

---

[1] 录音编号：20161017FAD-1.
[2] 王进. 锄头功、扁担功 听说过吗[N]. 东南快报，2008-01-03.
[3] 王进. 既能舞拳还会书法 福州依哥送"福"到日本[N]. 东南快报，2010-03-25.

文化遗产名录，也是此次评选中唯一入选的福州地方拳种。"[1]同样，在该新闻的最后，房阿俤指出是房利贵结合罗汉拳形成了登云香店拳。

以上新闻中可以看出，从2008—2011年的3年间，房阿俤的身份涵盖香店拳、锄头功、扁担功、书法，锄头功、扁担功作为香店拳的器械功法追溯其师父房利贵。但是这一短暂历史脉络在2011年后的新闻中发生了变化，"他（房利贵）回到登云山后，结合山区的劳动实践，在传承罗汉拳的基础上，潜心钻研，创造出了具有本土特色的香店拳——锄头功和扁担功。后房利贵将香店拳传给陈乌妹（1896—1989年），陈又传给房利增（1922—1991年），房利增再传授给房阿俤、房晓冰父女"。[2]首先，我们看到，在房利贵和房阿俤之间凭空多出两代人来，人数及代际的增加无疑会冲淡上代的光环，并为拳术的转型和变迁提供时间上和空间上的可能，在这里，将香店拳和锄头功、扁担功划上了等号，而非此前的包含种属关系。此后查阅到的资料显示，农家拳于2012年年底开始出现，并不时有登云农家拳和农家法等名字，锄头功和扁担功撇开香店拳成为登云农家拳的专属器械（图5-1），而在拳种起源上，至善法师代替了智远和尚从泉州南少林寺避祸至福州东门外登云村。第二点，在房阿俤的新闻采访中，房阿俤将香店拳发生点确立在登云村，而非公开资料显示的福州市南后街庆香林香店，将房利贵确立为登云香店拳的创始人，且与山区村民的农耕劳作息息相关。基于此，我们或许可以推断，从香店拳的发生地转移，到登云村村民房利贵的创造，结合农事活动的特点，再到锄头、扁担的文化表征，农家拳也就呼之欲出了。

图5-1　农家拳所用扁担，拍摄于房阿俤家中

[1] 李帅，毛朝青.狗拳耍起来 扁担舞起来[N].海峡都市报，2011-08-10.
[2] 佚名.高清："百万青少年阳光体育"福州首秀 "榕榕"与市民共舞[EB/OL]. http://www.chinadaily.com.cn/micro-reading/china/2015-06-06/content_13807951.html.

但是，从显示资料的逻辑梳理中，疑点颇多。如香店拳和农家拳的关系，房利贵和农家拳的关系，至善和智远的关系等，这些关系的混乱与模糊成为香店拳弟子与农家拳的争执核心，也是农家拳武术社会身份确立的最大问题。

2. 农家拳谱系的再造

尽管房阿俤无法说明农家拳的传承谱系，且原有《房氏族谱》已经散佚，农家拳的谱系成为逝去的历史，无法说清，那么再造历史成为登云农家拳的必然。具有一定书法成就的房阿俤[1]用书法的流派风格形成来阐释农家拳的出场问题。

香店拳有香店拳的师父房利贵，农家拳有农家拳的师父，棍术有棍术的师父，你擅长棍术我就跟你学棍术，你擅长香店拳我就学香店拳，你擅长农家拳我就学农家拳，当然我的师父有好几个，因为必然要学这个那个的，学书法也是一样，学楷书，也要学行书，必然是有机的结合，才形成自己的，不然的话太淡味了。那么多人学柳公权、颜真卿、欧阳询，有几个写的跟他们一样。[2]

无论是布封所指出的"风格却就是人本身"，还是标新立异、分门别类，武术社会中的师从多人，"形成自己的东西"，自成一家现象并不鲜见。多数天才武术家往往能够从不同师父、不同拳种中把握共性，结合自身而形成新的门派、拳种、门户。被誉为"虎头少保""天下第一手""赛活猴"的孙禄堂则是在集形意拳（师从郭云深）、八卦掌（师从程庭华）、太极拳（师从郝为真）而自创了进退自如的孙式太极拳。从这一观点来看，房阿俤将香店拳、农家拳、少林棍融合在一起形成自己独特的锄头功和扁担功并非不可能。

在访谈中，房阿俤很少或是不愿提及他的香店拳师承，当笔者问及他的香店拳学习及师承问题时，他也不讳言他是学香店拳于房利贵，且曾在2007年写出"南少林香店拳在登云传播"的文章，香店拳申报省级非遗成功后曾有庆功宴，房阿俤也多次在媒体的采访中津津乐道。"房阿俤父女为了传承和弘扬香店拳技艺，在登云山授徒百余人。不久前，为了庆贺香店拳荣列省级非物质文化遗产名录，登云山香店拳的弟子们还设宴三十余桌，齐聚一堂，切磋拳艺，

---

[1] 房阿俤先生送笔者的名片显示，房为福州市晋安区书法家协会副主席，福建省老年大学书法学会副秘书长。

[2] 录音编号：20161017FAD-1。

决心让香店拳这民间武术传统文化薪火不断"。[1]

可见当时，房阿俤并未主打近年来的"农家拳"、锄头功、扁担功名片。笔者查阅公开的各种关于香店拳内容的资料显示，锄头功、扁担功、伞功、少林棍均属于香店拳器械，房阿俤也提到少林棍有另外的师父，但其近年来的名片项目却是锄头功、扁担功，并逐渐将其与香店拳割裂开来，以两种器械的农具之意开创了农家拳一派。

但是，我们关注的是：作为农家拳的创意者，房阿俤是如何实现了农家拳的谱系再造？在笔者看来，有两个层面值得关注。

其一，对过去历史的改造。房阿俤提供的资料显示南少林至善法师避祸至登云村，从而传下登云农家拳，并且包含了扁担法、锄头功、伞法、少林棍术、飞鹤拳、龙桩拳、罗汉拳。但是，这些登云农家拳的涵盖内容几乎雷同于香店拳，同时香店拳的前身即是罗汉拳，这在侧面上隐含了农家拳涵盖香店拳的意味。且复杂的是，关于南少林传说中的"南少林五祖"中的至善禅师的传说颇为传奇，此至善禅师是否就是农家拳的登云传承者至善法师，不得而知。

为了对以上内容的负责，房阿俤的资料将历史推到了至善法师那里。哈布瓦赫指出："证明某个人具有贵族身份，需要的事实是，上溯几代，可以找到一位祖先或某个事迹，这个祖先或事迹能够造就出贵族来。"[2]关于武术拳种的起源神话中，寻找合适的祖先和事迹的案例俯拾皆是，而且多数无从考证，在起源神话中，无法修补的历史总是有神话的影子，在斯特劳斯看来，"神话形式是一种理智的修补术"[3]。哈布瓦赫指出，如果确实不存在这样的一个祖先或事迹，完全可以虚拟出一个来。所以，房阿俤在无法确定自己的农家拳师父的情况下，几经辗转，在房利贵、陈乌妹、房利增、房阿俤的香店拳谱系和陈乌妹、房利增、房阿俤农家拳谱系中变换，并以智远和尚和至善法师的祖先对等原则再造农家拳始祖。但是，显然冒然的再造会产生自相矛盾之举，从房阿俤提供的不同文本的资料中也显示出他对农家拳谱系整理的模棱两可问题，即他对自己的师承代际问题并没有完全清晰，所以，为了弥补这种漏洞，不时的打上补丁，产生了自己为第7代和10代的纠结。这种谱系的修补术显然不甚成功。

---

[1] 佚名.福建省非遗保护项目香店拳[EB/OL].http://cwboxing.com/Article/nsl/201111/641.html.

[2] 莫里斯·哈布瓦赫.论集体记忆[M].毕然，郭金华，译.上海：上海人民出版社，2002：225.

[3] 克洛德·列维-斯特劳斯.野性的思维[M].李幼蒸，译.北京：中国人民大学出版社，2009：20.

第五章　门户分化、分裂中的掌门人实践考察

但房阿俤的修补术某些方面又是成功的，毕竟，登云农家拳和锄头功、扁担功紧密的绑定在一起，继而又和他绑定在了一起，为他成为农家拳掌门人奠定了基础。

当然，这一谱系的修补过程不可避免地会与香店拳的支持者产生冲突，房利贵的儿子也曾当面质问房阿俤为何会背叛自己的父亲，将香店拳隐去而改换为农家拳。

其二，对近代记忆的限定。公开资料显示登云农家拳始于清朝乾隆28年，但是其后的传承谱系并未公开，对于年代久远的事件，人们更加关注的是在人们视线中可见的历史，因为，"社会也能将其注意力从时间上远离现在的任何东西上转移开来。并因此将其记忆的领域完全限定在最近的几代中"。[1]在清晰可见的资料中，农家拳仅有确凿的陈乌妹（第八代），此前的谱系则为未知。这一策略显示农家拳有自身的清晰的传承，并未凭空地捏造，即使有人对此提出质疑，但在人物环节上，它与人们的近来记忆完全吻合。

哈布瓦赫以家谱的编制为例，既要与其它保存的家谱保持一致，又要与本家庭的家谱来源保持一致。所以，这就要求在两个家谱之间截取一段相互重叠的部分作为社会记忆的限制区域，从而转移社会的注意力，达到成为"新贵"的目的。哈布瓦赫认为人们越来越多地采用这种策略。2004年，在被称为"太极拳名誉侵权第一案"中，张杰指责和有禄"欺师灭祖，投降陈氏[2]"。即和有禄并未进一步将拳谱向上溯至具有争议的张三丰，从而引起其他相关人士的"声讨和有禄欺师灭祖的行为"，原因乃是和有禄在人民体育出版社出版了著作《和式太极拳拳谱》一书中"仅将他祖传的太极拳追溯到陈清平，没有谈及陈清平的师承，而陈清平恰好是陈氏家族的成员。[3]"和有禄认为："陈氏之拳不知仿自何人，自陈氏迁温县下就有太极拳。[4]"并且指出："《和式太极拳谱》不是对太极拳历史的著述，我认为没必要在《和式太极拳谱》里追溯陈清平以上存在争议的师承关系。[5]"所以，对于不确定的历史公案可以置

---

[1] 莫里斯·哈布瓦赫.论集体记忆[M].毕然，郭金华，译.上海：上海人民出版社，2002：226.
[2] 张杰.《和式太极拳谱》引起的风波[J].武当，2004（7）：28.
[3] 赵丙祥.祖业与隐修——关于河南两个太极拳流派之谱系的研究[J].民俗研究，2012（2）：85.
[4] 和有禄.和式太极拳谱[M].北京：人民体育出版社，2003：271.
[5] 和有禄.我对侵害本人名誉权案的几点说明[J].中华武术，2005（6）：20.

于一旁，而只书写没有争议、历史清晰的那一段历史，康戈武研究员也持此观点，他在《解读温县被命名为中国武术太极拳发源地》[1]一文中引用和兆元的曾孙和有禄著《和式太极拳谱·和式太极拳概述》中的原话："和式太极拳始自和兆元。兆元公（1810—1890年）是河南省温县赵堡镇人，师承本镇太极拳名师陈清平，是陈清平的大弟子。"[2]这一"案件"的过程与是非我们不作评判，但和有禄的编著无疑采用了近代关于和氏宗族太极拳第一人的历史记忆策略，限定为和氏相关的太极拳，将个体记忆与时代所思同步，以这种方式修改或者巩固人们的现有记忆。但是，人们一旦以这种方式放弃了最古老的历史记忆（当然，有部分事件根本没有古老的历史），也就弱化甚至消除了建立在古老记忆中的宗法等级制度，也间接打击了原有历史的支持者和占有者的头衔或者特权，因为他们觉得自己才是货真价实的"贵族"头衔持有者。以和兆元作为和式太极拳先祖，通过对社会记忆框架的重组与修改，撇开了其他和太极拳相关人等，难免引起他人误会。哈布瓦赫指出："哪怕有人认为这样与实情不符，但这种做法却与人们近来的记忆更加吻合。[3]"以和氏命名的太极拳并追溯到宗师和兆元，实际上稳定了其一派掌门的头衔地位，使其拥有了武林中的贵族身份。

所以，关于《和式太极拳谱》的争端中，张三丰的支持者才会发出"和式太极拳是赵堡太极拳的一个重要组成部分；和式太极拳不能和赵堡太极拳分道扬镳"[4]怒喊，而对于武术社会中的"新贵"，他们并不这样认为，"近些年，有人一改传统称谓，坚持将此拳以地名冠之，称'赵堡太极拳'进而反对称'和式太极拳'"。[5]无论结果如何，门派的拆门分法成为必然，门人弟子的心理裂痕必将在一段时间内难以平复。

3. 农家拳的申遗

通过以上两种策略，登云农家拳确立了自己的武术社会出身。但是，笔者

---

[1] 康戈武. 解读温县被命名为中国武术太极拳发源地[J]. 体育文化导刊, 2005（1）：25.

[2] 和有禄. 和式太极拳谱[M]. 北京：人民体育出版社, 2003：5.

[3] 莫里斯·哈布瓦赫. 论集体记忆[M]. 毕然, 郭金华, 译. 上海：上海人民出版社, 2002：226.

[4] 张杰.《和式太极拳谱》引起的风波[J]. 武当, 2004（7）：28.

[5] 原福全.《〈和式太极拳谱〉引起的风波》之真相[J]. 武当, 2004（9）：64.

第五章 门户分化、分裂中的掌门人实践考察

有两点疑惑，首先，登云农家拳并没有在官方的武术组织中成立自己的组织，如福州市武术协会或福建省武术协会；第二点是登云农家拳也并没有申报市级或省级的非物质文化遗产项目，在官方体制内，这两种方式是获得社会认同的一个重要渠道。在对房阿俤的电话访谈中，他指出省、市两级的武术协会是一个松散的组织，想要成立农家拳委员会不是一件轻松的事情，但是，各种会议他都积极参加，以显示农家拳的存在感；且在参加相关武术比赛中，他以晋安区武术协会的名义报名，因为他本人是晋安区武术协会的会长，他的徒弟是副会长，所以农家拳虽没有独立的组织，却有一个集体组织。关于登云农家拳的申遗问题，房阿俤颇感无奈的说，他实际上已经填报好申报市级非遗的材料，但是他找到的相关领导以"等等看"回复了他，在他看来，申报非遗需要一个政策导引的大环境支持，当国家或者地方政策允许或者鼓励时，则申报容易成功，他认为近年"非遗热"已经退却，现在时机并未成熟；在另一层面，房阿俤自认为在体制内"上面没有人"，"在官方上面没怎么熟悉"而不好办，所以他反复强调申遗是一定会做的，仅是目前时机并不成熟。

在笔者对洛阳一位民间武术门派的代表人物访谈中，也谈到遇到类似的"申遗"无奈情况。该访谈对象指出他曾经向市、区文化馆提供"申遗"材料8稿，从资料整理、拍照、打印、复印等项目花了不少钱，但是总是提交出去并无音信，甚至是资料被无端遗失，对于一个文化程度不高且并不懂得运用现代文字处理技术的花甲老人而言，确实不易，他曾以都"快整疯了"来形容自己当时的状态，最后，甚至不堪重负而宁愿放弃申报。

所以，房阿俤对笔者多次强调，他现在注重传承，并不是宣传。

要注重传承，不是注重宣传，你宣传再多，没人传承下去，这也是空的，那个时候叫我去（香店拳拳谱首发式），我好像是因为要上课，因为我们现在就是传承，跟宣传没有多大关系，宣传上去，目的是搞一点名声，人家听一下看一下就没有了，比如说，我这个传下去，他们都会说是我房老师传的，所以（宣传）不是实实在在的东西。[1]

在笔者看来，房阿俤之所以言之凿凿的以传承为重要方向，并非他不愿意宣传，而是他在"申遗"等问题上的遭遇以及香店拳同门间的相互抵牾消磨

---

[1] 录音编号：20161017FAD.

了他的宣传信心，或者在宣传上，农家拳的出身并不能令人信服，使其在宣传中存在底气不足的情况。笔者也向他介绍了青城派武术掌门人刘绥滨通过各类宣传和申报非遗而获得了更大的发展空间和不凡的成就，从早期刘绥滨口中的"我们有个领导曾对我说，以前我们对你很不以为然，没把你当回事"，到都江堰市委书记刘俊林口中的"今天刘绥滨这个事情，是都江堰在文化研究、文化展示、旅游发展文化建设上的一个重大事情"[1]。在青城武术成为都江堰——青城山的文化旅游推介的"必打牌"之后，青城武术的另一掌门人何道君说："以前是想不行我就把武馆卖了，还是可以养老。但是走到这步，不是养老的问题了，是传承的问题了。怎么传？哪个来接手？"在龚茂富看来，"非遗"让他们倍感荣耀与担当，自省式的发问表露出了传承人的文化自觉。在这一背景下，刘绥滨和何道君均与当地中小学进行典范合作。因为宣传而成就的"青城武术'非遗'的影响力在当地正以几何数量级增长，其传承人与政府及非盈利性组织三者间的共识与默契正在形成"。从青城武术的发展来看，其通过宣传而获得的"非遗"荣誉加身为提升民间武术门派的社会话语权创造了不可多得的建设途径，因为"'非遗'激发了民间武术文化的生命力和新的生长点"。房阿俤也看到了这一点，他一手操办的登云农家拳要摆脱香店拳的影响就必须通过"申遗"来确立自己的江湖地位和社会身份，所以，他于近年也着手申报福州市非物质文化遗产项目，但他看到的却是人为设置重重障碍而不得不暂时停下这一宏伟目标，而将工作中心转移至他看中的传承中来，与青城武术的文化自觉传承不同，房阿俤更多的是对现实的无奈而做出的零星传承。

作为一个60多岁的老人，房阿俤认为再过10年，很多动作他就无法用身体表现出来，也就无法延续传承，所以房阿俤在家门口附近的公园、登云小学免费传授家乡子弟，并积极组织参加各级比赛且取得了一定的成绩，当笔者问及曾在媒体上多次出现过的他的女儿的农家拳传承现状，他说女儿有自己的生意要照顾，已经不再参与农家拳的传承。对于极力推介传承的房阿俤来说，曾经作为农家拳传承人的女儿因生活而退出，对其传承而言是个反讽，也是民间武术家在生存和传承抉择中退出的真实写照。

---

[1] 龚茂富.启蒙、实践与重构："非遗后时代"民间武术发展的实证研究[J].体育文化导刊，2016（10）：50-51.

二、儒家拳的抗争

（一）儒家拳的出场

1. 媒体视角中的儒家拳出场

和农家拳的情况类似，儒家拳的出场始终和香店拳纠缠在一起，我们同样可以从媒体的报道中清晰的看到这一渐进式的出场脉络。

在2011年的一篇报道中，介绍了福州市晋安区教师进修学校附属小学引入武术操的试点新闻，该文中显示"潘立腾是国家武术六段、高级武术教练，同时他也是香店拳民间推广的一名骨干。潘立腾说，他教的这套武术操是把香店拳的部分套路简化教授给小学生，香店拳源于少林寺的罗汉拳"。[1]该段新闻中，潘立腾为香店拳传人、骨干，以香店拳套路为蓝本编写的武术操在学校推广，尚无出现儒家拳相关信息，说明其时潘立腾的主要身份是香店拳传人。

在2013年的报道中，《东南快报》刊登了题为《福州香店拳师傅收了台湾三徒弟》的新闻，在新闻配的照片中，显示了收徒现场的横幅中写有"南少林香店拳儒家拳拜师仪式"字样，"参加拜师礼的除了福州香店拳掌门人之外，还有省武协常务副会长林文贤、副会长叶晓天等人士出席，担当拜师礼见证人"[2]。在这篇报道中，儒家拳捆绑在香店拳中成为配角出场，现场除了武术管理部门的领导之外，香店拳掌门人的出场更加重了香店拳的分量，在此前笔者对吴孔谈的访谈中，吴的收徒仪式即有给香店拳掌门人敬茶的环节，掌门人作为新门人的"接引者"意涵了对门户弟子收徒的认可，因此，潘立腾新徒弟的入门显示出香店拳的成份居多，无怪乎新闻标题是"香店拳师傅"。

在2015年的新闻中，儒家拳彻底脱离了香店拳的光环，独立成为新闻的主角，在中新网报道了以"福州展百年儒家拳 尽显非物质文化遗产魅力"为题的

---

[1] 黄文龙. 福州一小学试点武术操 有望像广播体操一样推广［EB/OL］. http://www.people.com.cn/h/2011/1222/c25408-1-2283828467.html.

[2] 黄文龙. 福州香店拳师傅收了台湾三徒弟［EB/OL］. http://sports.163.com/13/0808/03/95NN2HRJ00051CAQ.html.

新闻，"1月17日，'儒家拳'第五代唯一嫡传弟子、掌门人潘立腾带着弟子们在福州文庙为游客展示'儒家拳'的魅力"[1]。在该报道中，潘立腾的儒家拳身份凸显出来，"百年""唯一"等关键词将潘立腾推向了当代儒家拳代表人物之上。

从2011年到2015年的4年间，儒家拳以渐进式的方式出场，并与2015年申报成为福州市非物质文化遗产项目。笔者的疑惑是：作为独立的拳种，儒家拳为何采取了渐进的策略，为何和香店拳捆绑出场？基于此，笔者也做出了假设：作为小拳种，必须采用和大拳种出场的策略以获取公共资源。但是，无论是否如此，其后遗症在于为儒家拳和香店拳的纠缠埋下了争端的伏笔。

2. 儒家拳的武术社会出场

根据福州儒家拳代表人物潘立腾提供的资料，儒家拳和香店拳本身是两个拳种，之所以产生交集乃是其师爷何国华早年分别学拳于香店拳宗师林庆桐和儒家拳宗师陈培官。所以，何国华传涂基清，涂基清又传潘立腾，皆是两种拳法共同的传授。潘立腾认为，儒家拳是内家拳，香店拳是外家拳，走刚猛路线，两种拳法内外结合起来练习，合乎刚柔并重的武学逻辑。根据《广东拳械录》记载，儒家拳在广东韶关和湛江较为流行，又称少林儒家拳，由于洪海大师于清朝乾隆年间带至湛江传授与当地人，徒手套路有儒家拳和少林儒家拳两套，器械有双头棍，单支棍，双刀和大耙。[2]虽无证据表明流传于福建的儒家拳是否和广东儒家拳同为一门，但是，单从字面意义上看，儒家拳作为一门独立的拳种或门派是成立的。

而根据林荫生主编的《福建武术拳械录》显示，明朝末年，闽越4位儒士在科考未果的背景下，因壮志未酬而"访遍名山老寺习文演武，习得唐代梨山老母8个女徒弟所传的内家拳，即儒、鱼、牛、狗、猴、鹤、鸡七种拳法中的鸡、狗、鱼、儒四拳法，形成独特的儒士之拳——儒家拳"。[3]该书中记录了儒家拳的源流和技法特点，并附有部分儒家拳中的儒、鱼、鸡、狗四种拳法的动

---

[1] 佚名. 福州展百年儒家拳 尽显非物质文化遗产魅力［EB/OL］. http://sports.sohu.com/20150118/n407872609.shtml.

[2] 广东省武术挖掘整理组. 广东拳械录［M］. 广东：广东省武术挖掘整理组编印，1985：1-3.

[3] 林荫生. 福建武术拳械录［M］. 北京：人民体育出版社，2011：446.

作,动作演示者分别为涂基清、潘立腾、董国昌、徐少霖、吴振光、陈子健,该小节文末也显示了资料的提供者名单:涂基清、潘立腾、郑建铭、董国昌、陈子健、吴振光、王杰、徐少霖、刘庆辉、胡晓红。

根据香店拳拳谱《香店拳》书中的记载,徐少霖、吴振光是香店拳宗师房利贵的大徒弟徐心波的徒弟,且徐少霖是徐心波长子,也是房利贵门户香店拳委员会中的核心成员,香店拳房利贵门户成员为何会在儒家拳的动作示范中出现并提供了相应资料,在拳谱《香店拳》书中徐少霖、吴振光联合演练的是地盘技,在儒家拳的《福建武术拳械录》的儒家拳小节中,徐、吴二人联合演练了"左单蝙蝠斗金钩剪",从字面和图片上,笔者无法判断两种动作是否相同,但演练者的重叠或许显示的是香店拳和儒家拳的关联之处。

而其他几位动作示范民间武术家皆为何国华门户弟子,潘立腾为涂基清的徒弟,这是其中的矛盾之处。在笔者看来,这是否也在侧面证明了香店拳和儒家拳剪不断理还乱的关系。

(二)儒家拳的抗议

在2015年出版的《香店拳》一书中,以房利贵弟子为主要编委成员的编委会主导了拳谱的编纂过程,以林庆桐传下的五位弟子中,仅有房利贵和何国华有传人,然而,一众弟子难以确定究竟何国华和房利贵孰为师兄或者师弟的问题,在传统宗法结构中的"立长""立嫡"的观念下,师兄意味着在师父去世后的尊崇地位,甚至在某种程度上代表了师父,所以,香店拳弟子因为上代房利贵和何国华两位师兄弟的长幼顺序而产生了不愉快的纷争。

当王华南被选为第六代香店拳掌门人之后,香店拳弟子确立了申报省级非遗的宏大目标,然而,申报"非遗"的一个条件是必须有清晰的传承脉络,所以确立第五代乃至第一代掌门人被提上日程,基于房利贵门户弟子的一支独大,房利贵被推上了第五代掌门人,这一做法引起了何国华门户传人潘立腾的不满,他认为所谓第五代掌门人本就是子虚乌有,所以将有三位师兄弟[1]的房利贵立为掌门人是一种追授,并不符合历史事实,在他看来,其他几位师兄

---

[1] 关于香店拳第五代的师兄弟人数问题,《香店拳》书中记载为5人,潘立腾的说法为3人,两者有一定差距。

弟同样具有香店拳掌门人的资格。而对于第六代王华南的掌门人确立，房利贵门户和何国华门户都没有意见，如前文所述，王华南叠加了传统权威和科层权威，在同代师兄弟中拥有无可比拟的优势，潘立腾也同样指出选王华南为掌门人对整个香店拳的发展有好处，因为王华南对申报省级非遗的成功居功至伟。

这似乎是一个矛盾，对房利贵徒弟王华南的掌门人承认却否定其师父房利贵的掌门人之位。但又合乎情理，如神话学大师坎贝尔所指出的，人们对神话的关注实际上是对现实的人的终极关怀，因为，对上代宗师的神圣光环确认，意味着下代乃至后世能够承袭上代的英雄基因以确立自己的武林贵族血统。又因为王华南在体制内的不可替代的作用，完成了香店拳的省级非遗申报任务，自然惠及所有香店拳弟子，何国华门户弟子的赞成也是顺理成章的。

（三）儒家拳的策略

在访谈中，潘立腾坚持儒家拳有自己的传承和特点，并非是凭空捏造的拳种。一方面认定儒家拳是南拳中的一支，另一方面又认定儒家拳是内家拳，在南拳体系中，少有称内家拳的拳种，且根据蔡龙云先生关于武术内家、外家的分析，对武术拳种简单称为内家或外家并不符合中国武术的内在规律，"古人和贤者所说的一切，恐怕有一些也不完全是符合客观实际的"[1]。另一方面来看，福建南拳多为南少林体系分支，儒家拳作为南拳范畴确立了其地域特点，在传统的武术观念中，少林为外家的说法历史悠久，内家胜外家的观念至今仍然有一定的社会基础。笔者认为，或许这也是儒家拳的一种宣传策略。

儒家拳已经申报福州非物质文化遗产项目名录并获得批复，所以，潘立腾认为其儒家拳的师父、师爷虽同时习得香店拳和儒家拳，但二者并不能混为一谈，这为其以儒家拳立足于福建武术社会，同时和香店拳平分秋色提供了契机。但是，房利贵门户的香店拳弟子并不这么认为，在他们看来，儒家拳是香店拳中儒法的别称，或者是将儒法改名而来，潘立腾曾指出房利贵门户香店拳弟子曾与他协商将儒家拳增补为香店拳的内容，而潘立腾坚持儒家拳的武林独立身份而未同意。而基于香店拳弟子众多，且发展较早，已于2007年成功申报为福建省非物质文化遗产项目，儒家拳又如何脱离香店拳的影响成为独立的门户？

---

[1] 蔡龙云.琴剑楼武术文集[M].北京：人民体育出版社，2007：213.

第五章 门户分化、分裂中的掌门人实践考察

1. 儒家拳的谱系

在潘立腾的口述中，何国华出身于福清的一家开钱庄的家庭，是一位家底优厚的文化人，作过国民党19路军的教官，因曾在部队打死兵痞而遭受批斗，解放后成为福州南街医院骨伤科的一名医生，后将香店拳和儒家拳传授给福州19中的体育教师涂基清。涂基清为莆田人，毕业于福建省体育专科学校，在19中任体育教师期间，其中一名学生为何国华的儿子，见自己体育老师喜爱武术，便将涂基清介绍给自己的父亲何国华学习武术。

何国华的师父叫陈培官，酷爱武术的何国华偶然在福州遇见他后而学习了儒家拳。

为了进一步证明儒家拳的独立身份，潘立腾进一步指出3点来证明。其一，福州市武术协会在成立10周年的时候曾出过一本内部中英文对照的资料，包括鼓楼地方志均记载"儒法亦称儒家拳"；其二，根据福州市体育志的记载，儒家拳起源于福建南少林，并由南少林和尚传于江西、广东韶关等地；其三，福州本地曲艺——福州评话有讲到福建有七大拳种：儒、鱼、牛、鹤、猴、鸡、犬，相传为梨山老母的8位女徒弟传下来的，在潘立腾看来，福州评话中将儒家拳排名第一至少说明儒家拳的祖辈曾经风光无限，或者儒家拳有一定的历史典故，否则福州评话不会无故将儒家拳排名第一。

笔者并未看到潘立腾所提出的资料，而且作为艺术品类，福州评话的内容并不具历史资料的可信度，仅能作为参考处理。单从谱系来看，儒家拳的传承有一段历史久远的断层，且相关传说多有矛盾之处。如儒家拳创始于梨山老母的8位女徒弟无名无姓、没有历史区间。查阅的资料显示，梨山老母又称骊山老母、黎山老母，在道教中属于地位尊崇的女神仙、而关于她的女徒弟则更为传奇，分属不同的朝代，如钟无艳（战国，齐宣王之妻）、祝英台（东晋）、樊梨花（唐代，薛丁山之妻）、刘金定（宋代，高君保之妻）、白素贞（宋代）、穆桂英（宋代）等，以上6位女徒弟是否为儒家拳起源传说中的8位女弟子中人，不得而知，似也无须考证，因为所有的神话传说主题几乎无一例外的阐释了坎贝尔所指出的："一个无形层面支撑着有形层面。"[1]这些来源于艺

---

[1] 约瑟夫·坎贝尔，比尔·莫耶斯. 神话的力量：在诸神与英雄的世界中发现自我[M]. 朱侃如，译. 杭州：浙江人民出版社，2013：100.

术层面的传说典故无非是为了佐证创拳者的历史诉求和人生理想。

继而，明末的4位儒士又从梨山老母8位女徒弟所创拳术中学到了七分之四的拳术，中间插入了起源于清代福建南少林的传说，又有了寺中和尚传拳于各地的典故。对于这段历史无从考证，且历史跨越了唐代、明末、清中期三个时代。在笔者看来，传说中的第二层含义在于所有起源身份结合起来涵盖了儒、道、释三大宗教、学说流派，三者之间相辅相成，以"内用黄老，外示儒术"，集合了"达则兼济天下，穷则独善其身"的思想，某种程度上体现了创拳者的人生经历和武学思想：儒家拳是是三教融合的产物。在楼宇烈看来，"中国传统文化是儒、释、道三家鼎足而立，互融互补的文化"[1]。所以，儒家拳看似毫无联系的三种传说，其暗指的是儒家拳的中华文化大成产物身份。

但是，有迹可循的历史仅为近代期间的泉州地区某关帝庙的庙祝（有资料显示为了然大师）、陈培官、何国华、涂基清、潘立腾，所以，在公开的资料中，潘立腾被称为儒家拳第五代掌门人。中新社的报道中："这套有百年历史的稀有拳种是福州本土拳种，据《福建武术拳械录》记载，乃是闽越古都4位儒士习得源于唐代梨山老母8个女徒弟所传的内家拳中的鸡、狗、鱼、儒四拳法，薪火相传，至潘立腾已是第五代。"[2]在其他媒体对潘立腾的访谈中，基本都称潘立腾为儒家拳第五代传人或掌门人，显而易见，潘立腾将泉州关帝庙庙祝作为第一代传人，而没有将儒家拳谱系延伸至更为久远的明末4位无从考证的儒生。

2. 儒家拳的生存技术

潘立腾对儒家拳近代谱系的口述及对各种证据的罗列，无非是为了证明儒家拳有独立的谱系传承，而非香店拳的分支或者内容之一。但是，在上文显示的资料中，儒家拳和香店拳确有历史渊源，且在一段时间内，两者是捆绑在一起的，而且这种捆绑是在香店拳占据优势的情况下进行的。

由于何国华门户弟子都习练香店拳和儒家拳两种拳法，所以何国华门户弟

---

[1] 楼宇烈. 中国文化的的根本精神[M]. 北京：中华书局，2016：184.

[2] 程红. 百年儒家拳传人潘立腾[EB/OL]. 中国民族宗教网，http://www.mzb.com.cn/html/report/1501230364-1.htm.

第五章 门户分化、分裂中的掌门人实践考察

子也经常参与房利贵门户弟子举办的各种香店拳活动。2010年，由香店拳掌门人王华南任首任会长的"福建省庆香林香店拳俱乐部"注册成立，房利贵门户其他弟子分别任副会长、秘书长、副秘书长之职，根据潘立腾的口述，何国华门户弟子提议在该俱乐部名下成立一个何国华门户的委员会分支，但是，事情最终并没有成，原因在于王华南并没有在该俱乐部的会长之位上延续太久，大约3个月后，房利贵的嫡孙被推举为第二任会长，如果是正常的人事变动，或许何国华门户弟子不会做出太大反应，问题在于在俱乐部成立之初，首任会长曾提出终将会长之位还于房家，并随后不久践行了自己的承诺。作为香店拳的中兴者，房利贵弟子众多，为香店拳的当代发展做出了很大的贡献，其历史功绩毋庸置疑，弟子感念师恩，按照宗法血缘关系的权威传递传统将门户意义上的"会长"禅让与房利贵嫡孙似无不妥。但是，他们或许忘记了，房利贵尚有其他师兄弟的门户弟子在福州传承，这种将香店拳烙下"房家"烙印的做法引起了其他门户成员的异议，这是香店拳的内部矛盾根本所在。

　　作为一个门派，香店拳的发展关乎每一个香店拳弟子，无论是房利贵门户还是何国华门户。但是，在门派内部，两个门户关系的处理和沟通并不那么容易和通畅。上代宗师去世后，留下的很多谜团为两个门户成员各自创造了空间。在何国华门户弟子看来，将门派意义的"会长"归还"房家"，意味着香店拳没有何国华门户的位置。从这一意义来看，香店拳俱乐部会长的让位事件成为香店拳门派内部门户分裂的标志。基于此，何国华门户的代表人物潘立腾决定另起炉灶，走出自己的道路来。

　　查阅"武林村"网站的资料，显示潘立腾在福建省、市两级武术管理部门有三个注册民间组织，分别是福建省武术协会香店拳委员会任副会长兼秘书长、福州市传统武术协会任常务副会长兼秘书长、福州市武术协会儒家拳委员会任常务副会长兼秘书长。潘立腾先是在省武术协会注册成立的香店拳委员会，表明了自己的香店拳传人身份，为其在参加武术活动中区别于香店拳房利贵门户提供了生存空间；当然，他没有忘记自己的儒家拳传人身份，由于同一套班子不能在一个管理部门成立两套组织，所以，潘立腾在福州市武术协会成立了儒家拳委员会，如此，何国华门户所习得的两种拳术皆有了属于自己的武术社会身份，在名义上可以摆脱对房利贵香店拳门户的依赖。

　　早期的关于潘立腾的网络、报纸资料均会提及香店拳为福建省级"非遗"项目，但是，后来的情况有所变化，由于香店拳省级非遗为房利贵门户弟子主

223

导申报成功的,何国华门户弟子在使用这一品牌时似乎底气不足,在潘立腾的口述中,"因为那边告诉我,'非遗'(福建省级非物质文化遗产)是我们申请的,(所以)我现在没有讲我是'非遗'香店拳,你是'非遗'香店拳,我是传统香店拳,不能因为你申请了'非遗'我就不是香店拳了",即使如此,潘立腾仍然将工作中心放在了儒家拳的宣传和传承上,在他看来,房利贵门户弟子将福建省香店拳俱乐部还给房家的做法标志了其师爷何国华在香店拳中的尴尬处境,所以,他将何国华的名字放置在儒家拳系统中,进而将儒家拳申报了福州市非物质文化遗产项目。由于申报非遗需要相关拳种有自己的保护单位,潘立腾在民政局注册成立了福州市传统武术协会,笔者诧异于注册如此涵盖甚广组织目的,因为传统武术几乎包揽了除现代武术之外的中国武术,潘立腾告诉笔者,这样的名称设置是为了将香店拳和儒家拳包含其中,表明他没有忘记香店拳。在他看来,将师父的两门拳术申报两种"非遗"如同一个优秀学生的拥有两个学位证书一般,而且在福州市武术中已有先例。一代武术宗师万籁声先生分别师从刘百川、赵鑫洲、杜心武等武术宗师,并因此传下了自然门、六合门、张三丰原始太极拳等拳术,所以万老的徒弟分别将以上三种拳术申报"非遗"并获批准。由此而论,将何国华传下的儒家拳申报"非遗"更能确立儒家拳作为影响小、受众少的武林独立身份。从单位视角来看,将何国华门户身份从香店拳单位剥离开来,以儒家拳身份重新确立新的单位,其首创精神、社会自治权、市场运作机制必将得到体现和创造新的生存空间。

另一方面,潘立腾扛起了发展儒家拳的旗帜,在相关报道中,他的儒家拳身份日趋鲜明。中新社的报道中,潘立腾于2012年辞去金融企业总经理助理的职位,"义无反顾挑起儒家拳传承人的重担。如今,同门师兄弟50多人遍布国内外,都收徒授课。他说:'他们把它当做兼职,闲暇时做;在我这,传承儒家拳是使命。'"[1]潘立腾以专职和职业区分了其他师兄弟的兼职和闲暇,掌门人的身份确立他才是儒家拳这一门户的当代领航者。

---

[1] 程红.百年儒家拳传人潘立腾[EB/OL].中国民族宗教网,http://www.mzb.com.cn/html/report/1501230364-1.htm.

第三节 门派中的门户掌门人

作为一个单位,香店拳门派内部涉及了相关3方:房利贵门户香店拳,何国华门户香店拳、儒家拳,房利贵门户登云农家拳。在现有社会体系中,他们分别进行着各自的文化生产,由于同处一个单位,他们之间不可避免地产生交集甚至是冲突,又因为单位生产要素间的非契约性关系,他们之间并不存在实质的隶属关系,从而难以在相关利益面前达成一致。但是,作为一个集体的单位,香店拳成为每一个小群体立足于社会的前提条件,无论是房阿俤还是潘立腾,他们都曾经在相当一段时间内主打香店拳品牌身份,且以主要传承人自居,如路风所指出的"单位本身就是一个小社会,单位之外没有完整的社会,个人离开单位不仅寸步难行,而且还会丧失主人的身份。"[1]无论愿意与否,香店拳都是他们获取第一桶金的资本,但是,随着时间的延续,当香店拳新的门户核心形成后,逐渐被边缘化的他们需要淡化或者摆脱原有单位的束缚,就不得不重新建立以自我为中心的的单位,并自任掌门人。

一、登云农家拳掌门人

关于香店拳掌门人的选举及产生背景在前文已有论述,本小节着重论述农家拳和儒家拳掌门人的由来背景。

如前文所述,登云村的农家拳起源问题存在语焉不详、难有定论的问题,在笔者对上山村村民的访谈中,该村民认为:"农家拳绝对是后来的,这是很肯定,我个人认为。香店拳的确有它基本的套路,我很肯定,从小我们村的小孩子就是练的基本套路,就是香店拳,后来我看到小孩子练,我说这就是我们小时候练的基本套路。现在主要是房阿俤的女儿,主要是她在做锄头功和扁担功。"至于为何农家拳晚于香店拳的出现,他认为:"武术本是一体的,细化是发展的结果,在新时代中,它必然要形成自己的内容,所以它就分出来

---

[1] 路风.单位:一种特殊的社会组织形式[J].中国社会科学,1989(1):77.

了,(但是)作为香店拳发展的一部分,我们去客观地描述它。"[1]结合村民的描述和现有资料,我们基本可以得出这样的结论:房阿俤学香店拳于同村长辈房利贵;锄头、扁担为香店拳器械;农家拳在登云村的出现晚于香店拳。但是,另外一个客观事实是,锄头功和扁担功是在房阿俤的倾力打造下而名声在外的,并继而成为其身份的名片,基于锄头、扁担的农家农具特征,房阿俤将其改造为农家拳具有一定的可行性和现实性。

  房阿俤通过改造历史和把握现在两种策略再造了农家拳的谱系,确立了自己在农家拳谱系中的历史地位,因而,房阿俤跳出香店拳单位而进入自己主导的农家拳单位,拥有了自己的发展空间。当然,这一过程并不顺利,他经历了房利贵之子的"背师"指责,也经历了其他师兄弟的冷遇,但他依然坚持己见,以锄头功和扁担功为导引,引申出登云农家拳而自成一家。然而,房利贵门户其他香店拳弟子并没有彻底放弃房阿俤的香店拳弟子身份,在2015年出版的拳谱《香店拳》中,房阿俤依然在房利贵传第六代弟子中间,且每年一度的宗师纪念大会暨其它庆祝活动都会通知房阿俤,房阿俤并未悉数到场,房阿俤自言有时候"有课要上"就没有去,且对这种大操大办的宣传不以为然。在对其他香店拳弟子的访谈中,他们指出房阿俤"随他爱来就来"的随意性。另一方面,对于香店拳的掌门人,房阿俤认为香店拳的几个人凑在一起选出一个掌门人,"这个掌门人哪有算数的",显示出他对香店拳掌门人背景的不认可,其中或有隐情,但是,对于登云农家拳掌门人的说法,房阿俤则有自己的看法。

  当笔者问及农家拳的掌门人问题时,房阿俤指出在福建省武术协会开会时,没有其他个性鲜明的锄头功和扁担功位人,所以他认为如果说掌门人,"现在农家拳基本就是我了,农家拳掌门人就是我了,没有第二人第三人"。也的确如此,有媒体报道中,直接称房阿俤为登云农家拳掌门人。另一层面来讲,房利贵门户其他香店拳弟子对房阿俤的指责在于将其房利贵亲传弟子身份的改造,增补陈乌妹和房利增两代传承,并以农家拳取代香店拳的行为。内部对房阿俤的指责已经变相地证明农家拳的存在和公开,在他们看来,农家拳是房阿俤将香店拳部分内容改造的农家拳,在此意义上,房阿俤的确是农家拳第一人,他做掌门人应是题中之义,其中进一步的疑问是:不同于潘立腾谱系清

---

[1] 录音编号:20161007CXC-1.

晰的第五代掌门人身份,房阿俤虽被称为登云农家拳掌门人,但其究竟为几代的谱系依然存疑,房阿俤在访谈中也无法说清。

作为门户内部事务,房利贵门户弟子并未将矛盾公开化,以"家丑不可外扬"之心态对外称内部关系"很和谐";所以,香店拳自称是福州武术门派中最团结的组织,这也是他们最引以为豪的,即使在谈到何国华门户时,他们依然称都是为了发展香店拳,都是相当团结的,并以前福建省武术协会会长孙君梅的话说,在福建省能组织的像香店拳这样的场面的武术门派几乎没有了。

二、儒家拳掌门人

在2016年的公开报道中,"潘立腾今年52岁,福州本土武术人,是香店拳第七代代表性传承人、儒家拳第五代掌门人"。[1]根据公开的资料和潘立腾的口述,儒家拳的近代谱系为泉州关帝庙的庙祝、陈培官、何国华、涂基清、潘立腾,基于此,潘立腾称自己为第五代掌门人,但是,他认为自己的掌门人并非自封,而是何国华门户其他弟子的推举,为显示何国华门户香店拳和儒家拳身份是独立于房利贵门户香店拳之外。一方面他认为香店拳并没有第五代掌门人,对房利贵的追认不符合历史事实;另一方面,在他被认定为儒家拳第五代掌门人后,他认为掌门人就是一个CEO,以传承本门拳术为己任。

在笔者看来,由于香店拳房利贵门户弟子将房利贵立为香店拳第5代掌门人,而将同为房利贵师兄弟的何国华置于一旁,为了抗衡香店拳的"房氏"特色,何国华门户弟子不得不将何国华放在儒家拳谱系中,将潘立腾推举为儒家拳第五代掌门人,变相的承认了何国华的第三代掌门人之位,从而将房利贵和何国华两位香店拳师兄弟同时置于掌门人的对等地位。

但在另一方面,在潘立腾看来,"我这门小,也是一个门派。我的掌门人只是儒家拳的。掌门人是历史的需求,我对掌门人的理解,他是民间的,是松散的组织,大家都是兴趣爱好,为了这种技艺能够传承下去,拧成一股绳,就是需要一个CEO,你愿意参加就参加,掌门人去推动民间这种技艺的传承有帮助的作用,他带领着民间这种技艺的传承、发展和传播。"[2]

---

[1] 黄文龙.福州武术家潘立腾入围"华夏情·中国梦"中国武术名家[N].东南快报,2016-03-24.
[2] 录音编号:20161019PLT-1.

由此看来，儒家拳的掌门人确立呈现出公、私的两种。在公的方面是门户的发展必须以"头人制度"团结各方力量前行，以传统的、约定的方式树起儒家拳的旗帜；于私则是以确立自身谱系中的上代宗师之位而使其荫及后代，即虽是百年的儒家拳，作为小门派，却是武林一脉不可或缺的一支。另一方面，潘立腾虽然于近年重点发展儒家拳，但并不放弃其香店拳身份，所以，他公开的身份一直是香店拳第七代传承人，甚至这一身份的出场排名在儒家拳掌门人之前；但是，如前所述，香店拳的谱系自传说中的南少林智远和尚至林庆恫之间出现了传承的断层，没有确切资料显示这一断层中间的谱系，目前这一谱系的修补乃是为了申报省级"非遗"而做，加之现任香店拳掌门人在为香店拳申报"非遗"中的无可替代的作用，使何国华门户弟子承认王华南的第六代掌门人，令人意外的是，潘立腾并不全部承认由房利贵门户弟子主导的香店拳谱系，如对房利贵的第五代掌门人确认，这一看似矛盾的选择性认定实际上是照顾了儒家拳传人在香店拳传人关于门户分支的冲突现实，为了各自门户发展利益的现实选择。所以，在此意义上，儒家拳掌门人被推了出来。

第四节　门户的"分中之合"

在同一个武术大家庭中分化出的若干门户之间存在各种资源争夺的冲突，但是，他们又天然地维系在一起，这种千丝万缕的关系纠缠在一起，难以分开，无论儒家拳还是农家拳他们都有自己共同的身份——香店拳，以我国传统社会中的分家实践来看，香店拳的门户分化中有继也有合。

一、分家实践与门户分化

在中国传统的乡村社会，最基本的单位是家庭而非个人。如李汉林所言，单位组织与传统的家族文化和家族组织制度有着无法分割的联系。在武术社会中，传统的武术传承本身就是以拟血缘关系建立起类似家族的宗法关系，在此意义上，武术社会中的基本单位——门户可以在一定程度上和乡村社会中的基本单位——家庭进行类比。因此，以传统乡村社会中的分家实践来探索武术社会中的门户分裂或分化中的社会问题有一定的积极意义。

(一) 分家与门户的分化

中国统计家庭数量的基本单位是"户"。按照肖倩的定义，家庭是"一个由血缘或拟血缘纽带联结起来的公共维持家计的经济生活共同体"[1]。同样，戴国斌认为门户是武术社会中的一个具体的共同体[2]，并指出该共同体像是一个家，"既是一个技术组织，也是一个社会单位"[3]。但是这一共同体并非是一成不变的，虽然，在中国人的心中，始终存在一种累世同居、多代同堂的"大家庭"理想，现实却是费孝通先生指出的"乡土社会中无法避免的是'细胞分裂'的过程"[4]，"分家"在中国的乡土社会中一直都是家庭结构的必然，肖倩认为分家就是"子辈家庭从父辈家庭独立出去的过程和状态，"[5]包含了分产和分灶两个内容。

但是，显而易见的是，乡土社会中的分家与武术社会中的门户分化、分裂有一定的区别。在弗里德曼看来，"当儿子们长大成人而且结婚的时候，他们开始确立作为未来家庭单位的家长的独立性。"[6]费孝通先生也认为通过分家，是家族子弟可以成功地获得父辈祖产的一种方法，进而进行自主的支配和控制。当然，对于无产或少产的家庭来说，分家更多的是意味着独立自主的创造属于自己的财富。阎云翔也指出："在分家中最重要的还不是财富本身，而是控制和消费财富的权利和权力。分家似乎是解决谁来控制财富的唯一的可行方式，而到底有多少财富却不那么重要。"[7]而在武术社会中，其分产与分灶、分家有着不同的意义和后果。

---

[1] 肖倩.制度再生产：一个中国村庄里的分家实践[M].上海：上海社会科学院出版社，2012：15.
[2] 戴国斌.门户：武术的想象空间[J].上海体育学院学报，2009，33（3）：80.
[3] 戴国斌.武术：身体的文化[M].北京：人民体育出版社，2011：139.
[4] 费孝通.乡土中国[M].北京：北京出版社，2011：103-104.
[5] 肖倩.制度再生产：一个中国村庄里的分家实践[M].上海：上海社会科学院出版社，2012：32-33.
[6] 弗里德曼.中国东南的宗族组织[M].刘晓春，译.上海：上海人民出版社，2000：28.
[7] 阎云翔.家庭政治中的金钱与道义：北方农村分家模式的人类学分析[J].社会学研究，1998（6）：81-82.

首先，武术门户分化的"分产"不同于分家。由于武术作为非物质文化遗产，不能用实体资产衡量，所以，武术门户中的分家并不表现出对财产分割，而是对师父技艺的继承和上代宗师荣耀的承袭，如对民间意义掌门人和非遗意义传承人身份的争夺，以及对信物拳谱等的争夺。其次，"分灶"标志着一个独立门户的产生，是家庭的文化再生产，但这种独立具有相对性。费孝通先生在《江村经济》指出了这种分家后的本质，"经济上他们变独立了，这就是说，他们各有一份财产，各有一个炉灶。但是，各种社会义务仍然把他们联系在一起，他们互相帮助，在日常生活中关系比较密切。"[1]而武术社会中的门户分化则意味着新门户跳出原有宗法的束缚，但却难以跨越传统的师徒伦理。与家庭的分产和分灶不同，家庭成员常因分产而产生冲突，而门户成员则因分灶而引发矛盾。

（二）门户分化的必然性

　　费孝通先生在《生育制度》中以家庭的"三角形破裂"比喻分家是自然之果，他认为："这并不是原有三角形的意外结局，而是构成这三角形的最终目的。三角形的破裂是他功能的完成。"[2]所以，分家作为一种传统社会约定俗成的制度文化，人们不会去问为什么，它在决策意义上不具任何参考，因为所有家庭皆是如此，分家是早晚的事，不分家反而不正常，它既能调动生产劳动的积极性，又能减少家庭内部矛盾和充分利用姻亲关系的社会资源。麻国庆也认为："分家是家庭再生产的主要方式[3]。"

　　尽管武术门户的分化与分家实践有一定的区别，但是在本质上却有极大的相似性。虽然并非人人都愿意开宗立派，上个世纪的太极拳衍生出上百个不同流派，在没有私心的情况下，杨氏太极拳传人田兆麟被人怂恿自成一家称"田氏太极拳"，田兆麟并不忘本："我的拳全部得自杨家的恩赐，学到今天还是只一点皮毛，哪及得上杨老先生的一根指头。老先生这么好的功夫都没有说过派，就算功夫再好也是杨家的，我岂能创什么派？[4]"同样，陈式太极拳陈发

---

[1] 费孝通.江村经济[M].南京：江苏人民出版社，1986：59.

[2] 费孝通.乡土中国　生育制度[M].北京：北京大学出版社，1998：216.

[3] 麻国庆.分家：分中有继也有合——中国分家制度研究[J].中国社会科学，1999（1）：109.

[4] 季培刚.太极往事：晚清以来太极拳的传承谱系[M].北京：中国商业出版社，2011：55.

科的弟子洪钧生在世时也不允许徒弟称所练为"洪式太极拳"。但是，如果田兆麟的确有自己风格和特点，称"田家太极"并无不可，只要追根溯源至杨家即可。近年来流传的李雅轩太极、叶大密太极，包括早已有之的郑子太极、董家太极等皆是杨澄甫先生的支系，当然，这些支系太极拳在谱系追溯中都会言明从学于宗师杨澄甫。所以，师父的因人而异、因材施教必然会在徒弟间形成风格迥异的太极拳，他们的开枝散叶又是客观存在和无法避免的。如朱寿桐所言，"文学社团是文人的集合体，文学流派是风格的集合体"[1]。所以，武术门户的分化也是自然和必然的。

二、门户分化的矛盾

怀特海曾指出："一部西方哲学史不过是柏拉图的注脚。"余英时认为这一说法完全可以推而广之，他进一步指出，"怀特海原意是说西方后世哲学家所讨论的都离不开柏拉图所提出的基本范畴和问题，并不是说，一部西方哲学史都是在发挥柏拉图的哲学观念"。[2]从这一观点来看，民间武术门派之间的门户观念并不一定要非此即彼，而是在更高的视野看到新门户的出发点和落脚点。

关于传统社会中的分家原因，弗里德曼认为在父亲在世时，儿子的潜在个人权利受到压制，所以，兄弟间在经济上的竞争和冲突通常由外姓的妯娌表现出来，而父亲一旦去世，则兄弟间冲突与矛盾凸显出来，家的分裂也就一发而不可收拾。[3]从儒教伦理来看，对父亲的孝及兄友弟恭是天经地义的，但是，在弗里德曼看来，因为财产的原因，家庭的分裂又是必然的，所以，由此而引发的兄弟间矛盾也是客观存在的。

但是，与分家中的兄弟"分产"矛盾不同的是，作为一种自然现象，在民间各类武术门派中，门户的分化为何会产生出背叛师门的呼声。而且这一指责在传统中国的宗法观念上极为严厉，甚至造成严重的后果，决定了被指责者在

---

[1] 朱寿桐. 中国现代社团文学史 [M]. 北京：人民出版社，2004：2.
[2] 余英时. 文史传统与文化重建 [M]. 北京：生活・读书・新知 三联书店，2012：492.
[3] Freedman, Maurice, Chinese Lineage and Society: Fukien and Kwangtung [M]. London: Athlone Press of the University of London, 1996: 46.

谱系中的除名和门内弟子的唾骂和隔阂。

（一）弟子的权利和义务

麻国庆在对中国的家庭和日本的家庭观念的比较中认为："后者是一个以居住和经济要素为中心而形成的经营共同体，而前者则是一个强调祭祀继承和父系血缘关系的血缘共同体。"[1]无论是中国宗法关系中的父系承嗣还是武术门户中的继承，都明显地表现出父子相承原则，从前文中香店拳的掌门人选举中即可看出，即使宗师之子房贞义不愿意继承其父的香店拳的头人之位，但在提名他人之时仍要先征求房贞义的意见，并且在选举中由他提名，方显得现代意义上的掌门人选举具备传统的合法性，即使如此，王华南仍在兼任香店拳俱乐部会长数月之后便让于宗师房利贵之孙房文豪，可见这种传统的宗亲继嗣在现代社会依然保持着强大的生命力。

以模拟宗族形式出现的门户师徒伦理中，徒弟对师父技艺和社会资源的继承反映出徒弟的权利和义务的统一问题上。无论宗师后裔还是选举产生的掌门人，他们都有对师父财产（技术、声誉）继承的权利和祭祀的义务，这两者是统一的。一旦有弟子在继承权利后没有完成或尽到应有的义务，则必然承受到这一道德失范的后果。一般而言，对上代宗师的义务包含了生前的赡养和死后的祭祀。

在香店拳房利贵门户中，我们看到关于对宗师财产继承和祭祀之间的权力、义务关系处理不当而产生的门户纠纷。

肖倩指出："宗族继嗣的实质是'继人'。在传统社会，财产继承只是身份继承的必然结果，继承的实质在于身份继承。[2]"在香店拳房利贵门户中，所有弟子都有权利继承房利贵传下的非物质文化财产，但是，对房利贵身份的继承只有三人有权利，即已故大师兄徐心波，现任掌门王华南和房利贵之子房贞义。由于徐心波的英年早逝，王华南和房贞义分别继承了香店拳的"头人"和房利贵门户的房氏血脉两种身份，至商周以来的宗法制度中，封建贵族的继嗣以嫡长子的世袭为正统制度，所以在香店拳门户中，徐心波去世后，王华南

---

[1] 麻国庆.家与中国社会结构[M].北京：文物出版社，1999：179-183.

[2] 肖倩.制度再生产：一个中国村庄里的分家实践[M].上海：上海社会科学院出版社，2012：154.

第五章 门户分化、分裂中的掌门人实践考察

成为实际上的大师兄,房贞义为房利贵嫡子,两人对房利贵的继承符合传统的宗法继承制度。对其他弟子而言,对房利贵香店拳技艺的继承包含了拳技和香店拳的房氏身份两种继承,实际上,后者比前者更为重要,前者仅是后者的附带产品。基于权利和义务的对等原则,身份继承的重要性也决定了弟子对师父技艺身份承认的重要。所以,武术门户分化的矛盾主要在于身份继承的认同问题上,弟子对自身技艺身份的否认也意味着对原有师承的不承认和改造,必将遭到其他师兄弟的集体反对。

在处理香店拳和农家拳的问题中,房利贵门户其他弟子和房阿俤之间依然维持着谨慎的平衡,如在公开的《福建武术拳械录》《香店拳》著作中,依然将房阿俤明确为房利贵传第六代重要弟子,每年一度的房利贵宗师诞辰纪念仪式都会邀请房阿俤的参加,房阿俤并未完全拒绝,而是选择性的出席,除了房利贵长子对其的当面指责外,其他弟子并未有其他过激举动。

对师父技艺继承的权利对应了赡养和祭祀的义务,也是对师父的孝。作为一种祖先崇拜事件,香店拳弟子对宗师房利贵的诞辰纪念活动自2005年至今从未间断,每年参会的人数不等,基本以福州城区弟子为主,而作为房利贵5位义子之一的房阿俤的"有时来、有时不来"态度,引起其他弟子的不满:对师父技艺权利的继承而未兑现作为弟子应有的祭祀义务。

赵力涛指出维持宗族机制有两个条件:家族仪式和日常实践。作为一个门户,房利贵去世后,香店拳弟子对其的祭祀仪式捆绑了其他的日常实践活动,如2015年的"香店拳宗师诞辰115周年暨香店拳拳谱出版发行纪念大会",从这一会议名称来看,宗师诞辰纪念作为祭祀仪式,拳谱出版发行作为香店拳共同体的日常实践活动,两者共同维持了年度的香店拳家族机制的正常运行。调查中发现,房阿俤并未出席这一香店拳的历史时刻,以锄头功和扁担功小有名气的他已然以农家拳立身于福建武术社会中,对自身香店拳传承身份的消隐和农家拳身份的彰显意味着对原有身份附属财产的摒弃,所以,对他而言,香店拳应该是渐行渐远的,相关的门户仪式和日常实践是尽量避免参与的,偶尔为之的参与不过是维持谨慎的平衡。

显而易见,无论是儒家拳还是农家拳的出现,香店拳弟子都会认为是对上代宗师身份继承上的彻底否认或者半否认。在笔者对登云村村民的访谈中,他们也认为感觉到房阿俤和其他香店拳弟子间的隔膜。而对于何国华门户的儒家拳问题,房利贵门户弟子所做的仅是劝潘立腾多做香店拳事业,放弃儒家拳,

甚至将儒家拳划为香店拳的内容，作为香店拳的分支，并不真正指责潘立腾，因为他们并非同一门户。与房阿俤不同的是，师承何国华门户的潘立腾依然承认自己的香店拳身份，在公开的文本表述中，香店拳的第七代传人身份一直在儒家拳的传承人之前，甚至承认香店拳房利贵门户所选举的掌门人，只是在香店拳其他弟子看来，作为拆门分法的结果，儒家拳的出现必然消弱香店拳的影响。

（二）矛盾的胶着与处理

1. 门户关系的胶着常态

在被称为"中国太极拳名誉侵权第一案"中，太极拳流派中争论百年的笔墨官司终于打到了法庭上。以2003年6月和有禄《和式太极拳谱》的出版为导火索，引发了武当赵堡太极拳和和氏太极拳关于门户分与合的激烈争端，一方坚持："和式太极拳是赵堡太极拳的一个重要组成部分；和式太极拳不能和赵堡太极拳分道扬镳"[1]，另一方指责："近些年，有人一改传统称谓，坚持将此拳以地名冠之，称'赵堡太极拳'进而反对称'和式太极拳'"[2]。最后不得不以法庭判罚为终点，但是这种惨烈的结局已经无可挽回，门户已破，成见犹存。

当然，在我国武术社会中的多数门户分化、分裂问题远未达到对簿公堂的程度，处于一种表面和谐的内部紧张状态。多数研究中，将我国汉族家庭中的兄弟分家实践看成是继承了一个分裂的家庭，而非完整的家。在麻国庆看来，"在分的背后，一个很重要的字就是'继'。'继'是中国家庭的一个基本特点，'继'在家庭的再生产过程中是关键的一环。"[3]

所以，对于新门户的出现，我们如果换一种视角，或许问题会简单而易于解决。

虽然，门派的分化与分裂是一种自然现象，是树大分支的结果，但是，原有门户内部的聚合张力并不能在短时间内接受，其向心力和离心力在一段时

---

[1] 张杰.《和式太极拳谱》引起的风波 [J].武当，2004（7）：28.
[2] 原福全.《〈和式太极拳谱〉引起的风波》之真相 [J].武当，2004（9）：64.
[3] 麻国庆.分家：分中有继也有合——中国分家制度研究 [J].中国社会科学，1999（1）：114.

第五章 门户分化、分裂中的掌门人实践考察

间内处于胶着状态,在这段时间内,双方的处理方式和接受态度决定了今后门户之间的关系基础。一般情况下,分化出的门户和原门户间存在天然的经济合作的优先性,以及在文化仪式上的一致对外原则,所以,不难理解即使香店拳内部各门户之间存在一定的争论,但是在对外宣传中,仍坚持门户的"十分和谐",因为,他们在一定程度上仍是一荣俱荣和一损俱损的。访谈中得知,潘立腾虽然坚持何国华门户的正统合法性,但仍坚持出席房利贵门户香店拳的各类活动,房利贵门户弟子也承认"他(潘立腾)还是很支持香店拳的"。尽管房利贵门户和何国华门户之间存在一定的争论,但在中国文化中一直强调"兄弟如手足",师兄弟同样如此,作为整体的香店拳分化出房、何两个门户,在儒家伦理中的"兄友弟恭"准则规训的文化背景下,依然为师兄弟间的门户分化后的"合"提供了文化基础。所以,在房利贵门户和何国华门户之间,在房利贵门户弟子之间,他们之间关系表现为两种看似矛盾的现象:公开的"和"及内部的争议;现象上的争论和本质上的"和"。但是,对于这种胶着状态的处理显然没有找出一条合理的现实路径来,本着和则两利,争则两伤的逻辑来看,争论双方需要处理两点:原门户应理解门户的分化是文化生产的必然。新门户应放慢脚步处理好部分与整体的关系,即新门户应是旧有门户的分化而非分裂,个体无法抛开整体而单独存在,在此基础上,双方才有和谈和携手的可能。

2. 门户关系处理的前提与现实路径

门户的分化或者分裂都是对母派资源的重新分配,所谓"富不过三代"即是上代资源的分散所造成的力量涣散,所以门户间必然因各自利益而对上代资源进行争夺,从而摆出非此即彼的"零和"态度。所以,在笔者看来,对此观念的纠正和正确的引导才是处理门户关系的前提。

首先,门户的分化本身所产生的是门户意义上的分,而在门派意义上又是合。他们在横向上血脉相连,在纵向上又树大分支,即分中有"继"也有"合";他们在日常生活中各自为政,为自己的门户谋取利益而奔波,但在门派义务、文化意义及宗教仪式上的种种约定,又把他们紧密的联合在一起。这种不同层面的分、合构成了中国武术门派的基本运行机制,也直接成就了中国武术的博大精深和万紫千红。

其次,对待新门户的母派而言,分化并非全然的资源分流。戴国斌对门户

与门派的关系进行了辩证的分析，"一方面，门派是门户的基础，没有武术的门派也就没有武术具体的门户存在；另一方面，门户是门派存在的载体，门派的形成要在门户中诞生，门派的传播要借助门户来实现，门派的发展也要依据门户之'大本营'和'根据地'"。[1]门户和母派在文化逻辑上是一种相互依存、互为基础的关系。"'差异化生产'是自立门户的基础，吃透本门技艺，超越老师才具备了进行'差异化生产'的资格。"[2]刘伟认为："如果能够超越师父，你在往上加上自己的东西，不是不能改，你得先吃透，真能超越，你才能改，如果不是就别瞎改。"[3]所以，门户的成立必须以创新为第一要义，而非以一己之利的"瞎改"而另起炉灶，不同的是，前者是门户的分化，后者是门户的分裂，前者有和谐的基础，后者为拆门分法。对于这两类情况需要分而视之，不可一概而论。在香店拳门派中，争论的焦点在于儒家拳和农家拳是否是香店拳的分支，还是另有源头，对儒家拳和农家拳的现任掌门人来说，他们坚持曾同时分别习得香店拳和儒家拳、农家拳，三者之间不具备师承和技术上的相关性，如潘立腾指出儒家拳为内家拳，香店拳为刚猛外家拳，二者在习练中可以达到内外互补的效果，房阿俤则认为"香店拳有香店拳的师父，农家拳有农家拳的师父，棍术有棍术的师父"。这是门户争端的根本点所在。

实际上，对于香店拳弟子来说，尤其是房利贵门户弟子，他们所要坚持的在于无论是儒家拳或是农家拳，就其内容而言，无出香店拳左右，换而言之，它们并不是一个全新的拳种，仅是改头换面而已。福柯认为语言是一种没完没了的镜子般的反射游戏，"如果我们制造出一本讲述所有其他书的书，那书自己还是不是书？它必须讲它自己的故事，仿佛自己是其它书中的一员吗？并且，既然它的目的是做一本书，但如果它不讲自己的故事，那么它可能会是什么？"[4]门户的争端同样如此，新门户究竟是一本讲述旧有门派的书还是讲述自己故事的书？在笔者看来，双方均无确凿历史资料证明各自的观点，且并非一纸官方的或民间的判决书来定论。2007年6月，河南温县被中国民间文艺家协会命名为"中国太极拳发源地"，然而，这一半官方性质的认定不但没有平息

---

[1] 戴国斌.门户对拳种流派的生产[J].上海体育学院学报，2013，37（4）：77.

[2] 侯胜川，周红妹.批评与辩护：武术门户概念的辨析[J].上海体育学院学报，2016，40（6）：91.

[3] 刘伟，口述，福堂，整理.相逢与告别——怀念恩师王世祥[J].中华武术，2015（7）：23.

[4] 米歇尔·福柯.福柯读本[M].北京：北京大学出版社，2010：11.

百年来的太极拳历史之争,反而引起了早已习惯了自说自话的太极拳派间的强烈回应。从实际效应来看,"认定"并未达到一锤定音的结果,甚至加剧了局面的对立。

因此,回到香店拳门派中的"三拳分立"状态中来,追根问底式的溯源问题未必是最佳方案,其结果必然是兄弟间的彻底决裂,对门派而言则是门户破裂且成见犹存。所以,旧门户应当是坦然面对新门户的创新和发展,新门户应是自觉维护母派的祖传权威,将树大分支的谱系和旧门户进行链接而不是断代和另起炉灶。唯有如此,双方才能在"合"的文化基础上拓展更为广阔的生存空间。

第五节 社会分工中的门户分化与分裂

关于武术社会中的门户分裂与统一、分化与合并问题,人们习惯用历史的真实来衡量双方之间的纠纷,然而,基于历史的断层和自我解读,历史的方法根本无法还原真相,从而使门户的问题混乱起来。

凯瑟琳·莫兰指出:"我总以为,要说历史是枯燥无味的,那就怪了,因为大多数历史是编造出来的。"克罗齐同样指出:"一切真历史都是现代史。"柯林武德也认为:"一切历史都是思想史。"从以上世界著名历史学家关于历史的"编造""当代""思想"等关键词可以看出,历史从来都不是简单的过去事实的再现,"而是与历史讲述者当前的思想、兴趣和经验有着密切的关联",所以,李剑鸣认为:"从这个意义上说,无论是'克罗齐命题'还是'柯林武德命题',其旨趣都触及了当前与过去、现实关怀与历史写作的关系。"[1] 进而言之,现实社会中武术门户的起源、谱系传承问题无不是当事人的政治诉求体现,是各方现实政治的一部分,所以,历史学家也好,普通人也罢,都无法将现实在历史的表述中驱逐出去,那些高扬"历史真实"的当事者,极力塑造出过去的传声筒和代言人的自身形象,以掩盖各种权力制约下的

---

[1] 李剑鸣."克罗齐命题"的当代回响:中美两国美国史研究的趋向[M].北京:北京大学出版社,2016:2.

自我，确立自身的合法性。但是，如前文所述的太极拳源流问题公案以及现实中的香店拳门户分支谱系问题，都无不在表明各自的"历史真实"局限性。"研究宋代理学的伊沛霞认为，基于继嗣群体的族谱之出现源于一部分士人的政治野心。这是由于士人大夫阶层企图'改变亲属关系实践，将宗族组织作为自己的社会依托之一'。"[1]希姆斯（Hymes）也同样认为："即使对于那些从未有过宗族的人们来说，编修族谱也具有政治意义。"[2]希姆斯又进一步指出"修谱也许往往伴随着将一群人变为一个实惠共享群体的努力。"所以，历史学无法圆满的解决这类和过去相关的现实问题。

那么，从社会学来看，涂尔干的社会分工理论给我们提供了理解和解决问题的新契机。

一、社会分工中的失范

涂尔干尽管强调社会分工是一种正常的现象，带来的两种社会团结：有机团结和机械团结，但他同样指出："（分工）就像所有社会事实一样，或者像更加普遍的生物事实一样，表现出很多病态的形式，在某些时候，分工也会带来截然不同甚至是完全相反的结果。[3]"在武术社会中，如果说新门户是对母派的变相说明和张扬，母派逐渐会转变通常对新门户"背叛师门"的反应，则这种合乎逻辑的自然分工促进了社会的团结，但这并不意味着门户的分裂中不存在一种"无中生有"的分工失范现象，对于武术文化研究者来说，需要考察的是究竟是什么原因促使它背离自然的发展方向？涂尔干直截了当地指出这一问题，"这些活动绝对不是分工本身，它们只是某些纯粹而又简单的分化"。

众所周知，自工业文明影响中国，中国传统文化即遭受前所未有的生存与发展压力。以中国武术为例，时至今日，这种文化复兴的前景仍不明朗，甚至有异化的危险。在香店拳门户中，房利贵的65位弟子分布福州周边地区，甚至

---

[1] 景军.神堂记忆——一个中国乡村的历史、权力与道德[M].福州：福建教育出版社，2013：131.

[2] Hymes, Robert. 1986. "Marriage, Descent groups, and the Localist Strategy in Sung and Yuan Fu-Chou" In Kinship Organization in Late Imperial China 1000-1940. Ed.Ed.Patricia Ebrey &James L.Watson.Berkeley：Universiyy of California Press.

[3] 埃米尔·涂尔干.社会分工论[M].渠敬东，译.北京：生活·读书·新知三联书店，2013：313.

有侨居海外，在以农耕生存为主的乡土社会中，房利贵团结了一众弟子，甚至以收义子的形式巩固这种机械团结，众弟子以相似性吸引团结在房利贵周围，形成门户意义的共同体，这种共同体温暖、激励了多数弟子，在房利贵去世后的20多年间，仍发挥着作用。在2005年后，香店拳新的集体的形成，师兄弟"有钱出钱、有力出力"的有机团结行为促成了香店拳的当代复兴，香店拳中心也由福州市郊的登云上山村转移至福州市中心。但在城镇化进程中，武术门户在现代社会中遭遇的机遇与危机足以使刚刚形成的有机团结发生断裂，它使部分无业或失业的民间武术家意识到，他们有机会发展自己的门户，而不必顾虑技术上成熟与否。香店拳众弟子相继成立了层次不等的注册委员会和协会组织，这些组织在名称上似乎联系紧密，实际上又毫无联系，农家拳、儒家拳也因此应运而生。他们朝着自己的方向前进，分工失范也由此而生。在分工的一定阶段中，他们只顾埋头工作，并没有发现自己的特殊活动将自己孤立起来，他们没有意识到身边其他做着相同事情的师兄弟，逐渐忘记了曾经的共同工作和目标。显而易见，曾经有机团结的关系已经断裂，但是，这是门户分裂的根源吗？

（一）乡村向城市的流动导致了传统习俗的衰微

涂尔干认为城市人口增加的主要原因是由于"那些步入而立之年的以后离家出走，而且已经摆脱了前人影响的年轻人们构成的"[1]。在城市中，原本乡土社会中的传统权威和习俗不可避免地衰落，从而导致曾经的共同体、信仰等传统力量无法有效地阻止个人的自由发展和分化。这是因为在乡土社会中任何人想要脱离传统习俗的控制，必将遭受来自邻里四周的指责、唾骂，即使是稍有的独立倾向都不可避免地要迎接民众的指指点点，甚至会被族中长辈以家法处置，在乡村的狭隘空间中，这种公众的传统习俗、权威监视无处不在，难以逃脱。但是，在城市中，这一危机得以迎刃而解。城市中林立的钢筋水泥和来去匆匆的陌生人构成的社会使人们可以任意行事，而不必担心来自身边的熟人监视，这种任意行事和传统习俗的式微必将引发新的信仰危机和地域共同体衰落。但是，另一方面，"当人从地域共同体走出来，不仅意味着个人的独立和

---

[1] 埃米尔·涂尔干. 社会分工论[M]. 渠敬东，译. 北京：生活·读书·新知三联书店，2013：252.

自主，更意味着要承担相应的责任。[1]"在乡土社会中，土地是最稳定、可靠的生活、生存资料来源，人们长期以来对土地的依赖产生了费孝通先生所形容的"粘性"，这种"粘性"在城市中已经荡然无存，从上山村到登云新村，村民们失去了世代相传的土地，城市化打破了早有的传统习俗"粘性"和集体意识。涂尔干在《社会分工论》中指出了集体意识的内涵和社会规约性。"社会成员平均具有的信仰和感情总和，构成了他们自身明确的生活体系，我们可以称之为集体意识或共同意识。[2]"涂尔干认为集体意识散布在整个社会范围之内，具有自身的特质而形成一种界限分明的存在。

在香店拳门派中，我们发现儒家拳和农家拳的出场规律，他们都是在早期以香店拳为接引，继而逐渐将重心转变到儒家拳和农家拳中，他们尽管有受到来自香店拳门户弟子的指责，但这种指责并不具备传统的权威，尤其是何国华门户的儒家拳；在笔者的调查中，也有信息表明登云村的居民有议论农家拳的出身和香店拳房利贵的关系，但是，由上山村搬迁的登云新村，由农家小院变迁为高楼单元房，乡土社会中的邻里关系早已荡然无存，传统习俗对人们的影响已经日趋衰微，人们很容易对抗这种微弱的压力。

（二）自由发展导致了分工的失范

显而易见，当缺乏"超稳定结构"的传统习俗约束时，人们的自由发展很容易产生失范行为。奥古斯特·孔德以科学的分化论证了这种失范的发生过程，"大多数学者只知道孤立地思考问题，把自己局限在既定科学或大或小的领域里，他们顾忌不到自己特殊的研究和普遍的实证知识体系之间的关系了。[3]"科学被分割成若干独立的部分，彼此之间没有任何联系，他们独立行事，似乎都有各自的绝对价值，但是，问题在于他们无法再成一个整体。香店拳房利贵门户弟子认为农家拳的扁担功、锄头功来自香店拳的传统器械套路，并非农家拳的首创。同样，他们认为儒家拳来自香店拳中的"儒法"，他

---

[1] 徐勇.历史延续性视角下的中国道路[J].中国社会科学，2016（7）：10.

[2] 埃米尔·涂尔干.社会分工论[M].渠敬东，译.北京：生活·读书·新知三联书店，2013：42.

[3] 孔德.实证哲学教程.2卷，39页，转引自埃米尔·涂尔干.社会分工论[M].渠敬东，译.北京：生活·读书·新知三联书店，2013：317.

们都隶属于香店拳，但事实是农家拳和儒家拳的谱系再造中已经和香店拳没有任何联系，他们不再是一个统一的整体。表面看来，不同功能的出现在于分工的分散，而功能的扩大化则在于分工的失范。在涂尔干看来，"功能的分化是有用的和必需的，但统一性也同样是必不可少的。[1]"源于崆峒花架拳与木兰拳以专注女性健身的舞蹈为特色，成为中国武术协会认定的第130个拳种。因此，门户拳种的不同套路功能出现是自然的，但前提是其谱系的统一。

对于从乡村社会中走出来的人而言，他们获得了城市所给予的自主性和均等性，但代价是他们要面对强大的生存竞争压力，以及陌生社会所带来的孤寂无助感，失去了宗族、家庭的庇护和依靠，他们必须自力更生、辛苦劳作才能度日，因为乡村社会中的生活整体上是一种自给自足的体系，其生存压力相对城市要小的多。潘立腾辞去此前的金融公司工作，专职以教拳为生，最早只有3名学生，他曾言及到郊区授拳得到的学费还不及汽车的油钱，到现在的"还不错""生存很简单，我能够吃饭，能够供养我的就是我的学生。"当然，在农耕为主的生存方式中，人们同样有一定的自主性，清末的太极拳与八卦掌、形意拳的广泛传播与门户的快速分化告诉我们，那些武术超能之士在成立新门户之时依然依附于原有门派，他们中间有着极为清晰的谱系脉络，在寻根问祖时往往追溯至各派始祖并以此为豪，但是，这种依附关系也限制了人们的进取性，形成武术发展中的惰性；所以，中国武术始终没有跳出自己的范式而走向西方搏击的范式。门户武术中少有的颠覆性创新是大成拳宗师王芗斋，他对中国武术的革命性创造召来门内、外的指责，在于他对形意拳的改造已经是翻天覆地，相似性已经远低于差异性。

二、失范中的整体和谐

作为门户存在的前提，差异性必然是新门户创始者的主打内容，如农家拳的锄头功和扁担功，事实是锄头功和扁担功成就了农家拳，当相似性大于差异性时，母派和新门户之间仍能够表现出整体的和谐，局部的矛盾并不影响大局为重的团结。如上所述，香店拳弟子仍坚持农家拳和儒家拳中的主要内容来源于香店拳或者相同于香店拳，在照顾整体的香店拳门派发展中，他们能够暂时

---

[1] 埃米尔·涂尔干.社会分工论[M].渠敬东,译.北京：生活·读书·新知三联书店,2013：252.

将分歧搁置一旁。但是,我们发现这种表面上的团结并不真实,而是一种空洞的现实。无论是吴孔谈指出的"我们香店拳很团结",还是房阿俤所说的"师兄弟之间关系没怎么处理,我们都是和谐的",或是潘立腾指出的"承认房利贵门户推选香店拳掌门人",他们所谓的团结在于淡化分歧,并非是根除现实中的竞争关系,而是对竞争关系的变相调节。

如果儒家拳、农家拳承认他们之于香店拳的部分、整体关系,则他们的和谐相处仍是一种普遍的机械团结。现实是,他们相互之间并不承认彼此的内在联系,而是武林一脉中的并列关系,在涂尔干看来,"在任何情况下,如果分工不能产生团结,那就是因为各个机构之间的关系没有得到规定,他们已经陷入了失范状态"[1]。整体而言,虽然中国武术门派、拳种、门户、流派繁多,但远不及改革开放以来的30多年的拳种、门户生产的内容之庞大。为私人之利而进行的各种武术拳种、门户生产甚至成了武侠文学的实践基地,降龙十八掌、四川唐门、逍遥派、崆峒派、六脉神剑等不一而足,这些门户相互之间完全独立、不成体系,甚至不顾颜面的胡编乱造,其谱系脉络自相矛盾、不值一提,也有新门户为正统出身而挂靠传统大门派,总而言之,这种失范状态使当代武术社会在一段时间内群魔乱舞,令人眼花缭乱、不知真假。

如果各个门户之间相互接触,形成固定的联系,则这种失范不会产生。当他们相互贴近、相互依赖、相互需要时,他们之间形成细微的影响而能够有序地进行交流,规范就形成了。事实并非如此,他们之间存在一定的隔膜,如香店拳、儒家拳、农家拳之间,他们有着各自的诉求,在一段时间内难以达成一致和谅解,但这种不和谐仅存在于他们内部,在公开场合并不点破,如"我去反对他会被武术界耻笑"之类的大局意识,这种状态只有在强烈的外界刺激下才会使他们内部之间进行沟通,如香店拳的"申遗"和香店拳掌门人的选举,这类团结事件至少会在公开的场合造福更多的香店拳弟子,使之有了团结的基础。青城派现今有两位自称的掌门人,或许他们在私下颇有微词,但是在明面上,他们并没有明显的裂痕,掌门人刘绥滨也指出另一位掌门人何道君为青城武术做了贡献,抱定以和为贵的态度和共同发展的战略。当然,他们之间如果隔膜过久,容易产生不确定的形式,即当团结的联系松弛下来,混乱和松散的状态也就随即产生了。

---

[1] 埃米尔·涂尔干. 社会分工论[M]. 渠敬东, 译. 北京:生活·读书·新知三联书店, 2013:328.

第六节 统一与分裂：武术社会中门户发展常态

许烺光认为："无论在任何时期，人类集团内部系统的连带都不是一个固定不变的实体。在内、外系统的相互作用中，内部系统的离心力远比向心力大，这样一来，在家庭与部落、民族之间，社会会发展成许多集团"[1]。在瞿世镜所著的《杨氏太极 两岸一家·再版前言》中提及杨式太极拳内部门户纷争问题，"李雅轩师伯后人与郑曼青师伯弟子，因《体用全书》眉批发生误会，在武术刊物发表文章，相互辩诘。[2]"瞿世镜认为从杨露禅到杨澄甫祖孙三代之间，他们"性情各异，风格不同"，从而拳架自然也不相同，即使杨澄甫，"其早、中、晚之拳艺风格亦有差异"，所以，瞿世镜疾呼："杨门之再传弟子，务必尊重历史，消除歧见，求同存异，精诚团结，方有可能切磋探讨，继承杨家武艺绝学。万万不可纠缠于辈分等枝节问题，徒耗时间与精力"。民间武术家之间纯粹为一己之私谋取宗师牌位，另立门户或者单纯的为小群体利益而另起炉灶，这些会引起的内部纷争和消耗对抗是不值得称赞的，也是阻碍武术繁荣发展的毒瘤，其负面影响"势必会形成一种无聊的对立"。[3]另一方面，"武术在宗族内部、结社组织内部、师徒之间狭小范围和纵向单线的传播，使武术像树一样伸出根须，互不相连地越伸越远，终于形成为众多的门派。[4]"

葛剑雄在对国家的统一与分裂的讨论中指出："尽管我们讨论的是昔日的天下，但面向的无疑是未来的世界。[5]"同样，本章对武术门户的分化、分裂问题讨论，指向的依然是门户在保持百家争鸣、百花齐放张力之下的整体团结、和谐。

在上文关于单位、分家实践、社会分工视角的论述中，我们发现武术门

---

[1] 许烺光.宗族·种姓·俱乐部[M].薛刚，译.北京：华夏出版社，1990：158.
[2] 瞿世镜.杨氏太极 两岸一家[M].上海：上海古籍出版社，2011：5.
[3] 江磊.现代文坛派系研究：以英美留学族为纽带的考察[M].开封：河南大学出版社，2015：5.
[4] 程大力，刘锐.关于中国武术继承、改革与发展的思索——由武术门派的渊源成因看武术门派的发展走向[J].成都体育学院学报，1998，24（4）：23.
[5] 葛剑雄.统一与分裂：中国历史的启示[M].北京：商务印书馆，2013：209.

户无论是作为武术社会的基本单位还是作为社会分工的产物，其分化甚至是分裂都是必然的，是社会发展的一种常态，尽管也有分工失范的时候。通常情况下，武术门户发展一直在统一的向心力和离心力的分裂之间保持平衡，从而在门户问题上表现出门派意义上的整体和谐，甚至在一定时期或者某一"大是大非"问题上保持有限的团结。

如果用统一与分裂来形容武术门户中向心力和离心力之间的博弈，我们也不必讳言统一的弊病和分裂的痼疾以及两者所各自持有的优点。作为一种结构性矛盾，统一之于武术社会中的门户并非全是优点，它所保持的拳种套路上百年而不改变，改变须经师父同意的制度使中国武术经过千年的冲刷而不改其色。蔡龙云先生曾对武术套路的作用和产生背景发出疑问："有人说戚继光就反对，但是从那个时候就反对、反对到解放前、反对到现在，怎么没有反对掉？""我就想搞明白套路的生命力到底在什么地方？不讲技击，就是撇开技击，它的生命力还有什么？"[1]早有学者指出如果提高技击水平为何不直接拳击、散打，为何穷极一生从简单套路到复杂套路能反复演练那些不切实际的动作招法，多数人的回答中，"师父就是这么教的，不可能骗我"成为各自的护身符。但是，这种统一所带来的弊病并不在于统一本身，而是宗法制度和家长专制文化思想，马廉祯等在谈及香港武术的没落时认为"旧式师徒关系下的家长制管理模式"等弊病的死灰复燃"导致香港社会对武术逐渐丧失兴趣、武术日渐孤立、逐趋空洞"[2]。对于现实中的武术社会而言，门户分化与分裂的问题在于如何统一，统一到什么程度，而不是一味的统一。

对于武术门户分裂的积极因素如自治、竞争、活力、创新等，我们需要看到的是它并非是分裂本身所带来的，它是对旧有师徒关系中的家长管理制度的冲击，是通过外力而达到的与旧制度妥协或者局部解体的结果。即使如此，我们依然能够从武术门户的分裂中看到中国武术百家争鸣的局面。

在蔡龙云先生看来，文化遗产有一个问题，就是在保护、传承的同时，不利于多样化发展。"比如太极拳，陈氏太极拳最早，杨露禅在此基础上发展出杨氏太极拳。如果那时候有文化遗产，可能就没有杨氏这一派，只有陈氏这一

---

[1] 戴国斌. 新中国武术发展的集体记忆：一项口述史研究[M]. 北京：人民体育出版社，2016：188-189.

[2] 马廉祯，毛旺，冯进勇. 香港武术文化的形成及其特征[J]. 体育学刊，2016，23（4）：33.

派了。"蔡龙云说,如果只有蔡龙云的华拳,其他的都被抹杀了,那么华拳也就不会再有新的发展,所以要给其他的派别一些空间。"任何事物都在创新发展往前走,如果越古老的越好,那么原始社会的武术就最好,你现在还会用原始社会的石头剑吗?"在蔡先生看来,"我相信会有新的拳种发展起来,以后也会有新的拳种补充进来"[1]。

所以,对于门户的统一与分裂我们需要关注以下3点:

一分裂本身就意味着新事物的产生,但分裂本身并不是新事物产生的原因;

二分裂作为一种趋势,是统一的重组;

三分裂要照顾统一,统一并不愿意放弃分裂。

本文所研究的香店拳谱系中,香店拳也并非"自古以来"就有的,其前身是各方承认的南少林罗汉拳,也有进一步称来源于嵩山少林寺的罗汉拳,即使追溯到清乾隆年间,至今其历史也不过200多年,因此,如何论证罗汉拳、香店拳、儒家拳、农家拳的正统与否问题,需要辩证地、系统地看,而不必局限于一时一地。总而言之,对待武术门户的统一与分裂问题,我们所要做的是:超越传统,面向未来。

本章小结

对一个普通民间武术门派的梳理,分析当代中国武术基本单位的内部建构,我们发现,香店拳在现代发展中所遭遇的申遗、分化等问题并非个案,而是一个普遍现象。在文学派别中,梁实秋认为:"文艺界之分门别户,自古已然,于今也并未为烈,在外国是如此,在我们中国也并不曾变本加厉。在文艺的广大领域里,各树旗帜,分道扬镳,原是很平常的事,即使党同伐异,互相攻击,也算不得什么罪恶。不过要看门户之分是由于主义的歧异,抑是由于私人的好恶或厉害的冲突,这其间却有很大的斟酌。[2]"

---

[1] 李雪林.蔡龙云:武术,回到百姓中间[N].文汇报,2012-11-13(15).

[2] 徐丹甫.北京文艺界之分门别户[N].时事新报·学灯,[1927-6-4].

同样，在本章中，笔者并不想对武术门户分化、分裂的现象口诛笔伐地谴责，而是理性看待这种分化甚至是分裂所成就的武术社会中的"色彩斑斓"。尽管，在分化与分裂中，因私人之利的现象屡见不鲜，在现代社会，甚至是占据了大部分的争论起因，但在整个中国武术发展的全景中来看，这种分裂、分化出来的武术门户，又何尝不是武术的一分子。所以，面对香店拳的指责和劝导，儒家拳和农家拳可以做自己，在对历史负责的前提下，发展自我个性、突出自身特色才能确立自身的武术社会身份。

第六章 研究的结论、不足与展望

第一节 研究的结论

一、民间武术家生存状态与社会发展折射出的武术本源

①对一个民间武术家的50年武术生涯研究发现，武术之"打"作为人类社会生存的需要成为一个民间武术家的习武起缘，通过习武之"打"确立在社会生存中的地位和精神的自信。以此为视角跳出武术研究中常见归纳方法和历史方法对于武术缘起的种种假设，从而认为武术是社会人的生存伦理，"打"是武术实践的必需品，其他皆为武术的衍生物。民间武术家对武术之"打"的体悟和理解影响了此后关于"击和舞"的争论，并以此区别于国家武术的价值取向。

②民间武术家在处理得艺与试敌的关系中，表现出武术中的"比试"伦理：先礼后兵和拳不善比。套路承担了比试之"礼"，散手承担了比试之"打"；因为比试中无法控制的"出手不留情"，比试往往产生"没有赢家"的社会后果，从而反证了武术套路之"舞"作为比试前奏和为比试局面提供高下立判的参考依据。

③民间武术家的武术人生与国家政治、经济生态息息相关，从"革命"时期的偷拳到"后革命"时期的开馆授拳、下海等系列的生存、生命、生活状态中，民间武术家形成了鲍曼语境中的"流浪者"和"观光客"两种极端类型的分化，作为互为自我的两种民间武术家群体，构成了中国民间武术的全景。

④民间武术家的武术传播实践（开办武馆）和传承实践（收徒仪式）在现代社会的遭遇折射出两代武术人（师父与弟子）在不同社会背景下的传承与传

播境遇。在现代社会中，武术逐渐失去了之于人们的生存、安全的基本需要，转换为欣赏、健身、休闲的选择性需要，造成了受众群体的骤减，福利型（免费）模式陷入传播和传承的困境，注定了衰落。

二、集体记忆为民间武术门户的重建与复兴提供了契机，"厨会"是门户复兴的中介

①民间的婚丧嫁娶等红、白事务所关怀的是"生"。门户传统权威人士的过世同样孕育了门户的"生"。以婚、丧事件为契机的门户"厨会"能够激发门户成员的集体记忆，进而为门户的复兴创造机会。

②"厨会"所需资金可以通过劝捐和均摊进行解决。

③作为一种追溯性建构，拳谱勾勒了武术门户的历史脉络，确立门户成员的历史位置与社会身份。另一方面，拳谱编撰过程中的惯用谱系技术也是对不同门户争执的妥协结果。

三、作为文学想象的"掌门人"为民间武术门派的权威建构和秩序运行提供了制度保障

①当代民间武术门户"掌门人"的实际意义在于作为一种传统权威象征来面对门户的衰落并进一步引领门户的发展。

②选出民间门户的掌门人存在血缘继承、德才继承、权力技术的综合考量。作为民间、国家和个人之间沟通的中介，掌门人必须具备传统权威和科层权威，两者在一定程度上可以进行转换。

③随着传统权威在现代社会的衰微，掌门人在处理师父、儿子和弟子之间的关系中，仍无法完全剥离传统权威的"象征性资本"，从而产生对师父后代的照顾。

④以上代宗师的故去为界，民间武术门户组织出现了机械团结和有机团结两种方式。前者以相似性吸引为特征，是现代社会武术门户发展的基础；后者

以功能性互补为特征，是现代武术门户做大做强的必由之路。

四、武术门户的分化与分裂是中国武术发展的常态。

①门户作为武术社会中的基本单位，本身隐含了稳定性和分裂性。门户成员对自身身份和单位身份的不满足，为新门户的产生提供前提。

②新门户、新拳种、新技术的产生一般由旧门户而来，新门户为摆脱旧门户的束缚而采用谱系再造的手段，从而与旧门户发生争执。从中国武术的整体来看，作为一种文化生产，新门户的产生本身就与旧门户不同；从武术门户的视角来看，新门户的谱系再造技术否定了原有谱系，从而产生了"背叛师门"指责。

③对待武术门户的分化与分裂现象，既要看到新门户在处理谱系时运用的"编造历史"技术，也要看到新门户在促进中国武术百花齐放中新产生的意义。分裂作为武术门户发展的一种趋势，同样是门户统一的重组。

第二节 研究的不足与展望

一、研究的不足

①限于人力和时间，未能对一个民间武术门户的多数骨干成员进行访谈和口述，从而难以完全概括一个门户发展中的困境与问题。同时，由于与部分口述对象相处时间较短，使其在口述过程中难免有所保留，从而在资料的获取方面有所欠缺，对研究的真实和完整产生一定的影响。

②限于篇幅和能力，对老一辈民间武术家如何培养接班人等问题论述不多，在前辈免费"传"和后辈有意识、有担当、有发展的"承"的环节仍需进一步关注和研究。因为门户武术的发展仅靠扩大化的传播仍然不够，必须有部分核心技术的传承人为引导，这或许也是笔者未来的研究方向。

③研究中对新拳种、新门户产生的个人动机尚未深入研究，如戴国斌教授所指出的"武术的研究需要回到拳种产生的现场"，本研究虽涉及了新拳种、新门户的出场技术，但是在更深层面的细节尚有进一步探究的空间，例如，为何新拳种集中在特定时间段爆发，宗师在世时是否为新拳种的产生留下了可能的空间，新旧拳种、门户之间如何协调发展，将争执、矛盾控制到合理的程度，为新、旧两种武术拳种的共同发展创造积极的竞争环境。

④限于时间与精力，研究中着重讨论了门户在当代发展中存在的问题，而对民间武术家的个人发展问题着墨不多，当然，门户的发展在一定程度上是和民间武术家自身的发展联系起来的，梳理二者的关系可能是笔者接下来的努力方向。

二、研究的展望

①从民间武术传播的视角，民间武术家深入中小学课外活动尝试民间武术拳种的教学值得深入研究。河北、河南部分省市的学校已经进行了初步的尝试，取得了一定的效果，在国家武术统编教材、武术师资日益难以满足学校武术教育的现实形势下，引入民间武术家和民间武术拳种是一种有益的尝试；从民间武术家择徒的传承视角，"谈玄授道，贵乎择人"，本研究的民间武术家也发出了"目前尚未找到合适的衣钵传人"的叹息，从中小学儿童、少年开始的大范围民间武术传播，进而选择"有缘人"的传承也是在民间武术步履维艰的现状下另辟蹊径。

②对民间武术家的口述研究尚处于初级阶段。对民间武术家的武术生涯、练功场景、生存状态、乡村治理等方面的研究，可以缩短武术研究中"能练"和"能写"之间的巨大鸿沟，能够更加真实有效地解决武术研究中常见的能写不能练和能练不能写的弊端。从此研究目的出发，民间武术家的口述史研究大有可为，应该是未来一段时间的研究重点。